Eisenberg

Kanban – mehr als Zettel

W0356421

Florian Eisenberg

Kanban – mehr als Zettel

Wie die Methode Ihnen zu echtem Mehrwert verhilft

HANSER

Der Autor:
Florian Eisenberg, Geesthacht

Bibliografische Information der Deutschen Nationalbibliothek:

Die Deutsche Nationalbibliothek verzeichnet diese Publikation in der Deutschen Nationalbibliografie; detaillierte bibliografische Daten sind im Internet über http://dnb.d-nb.de abrufbar.

Lektorat: Brigitte Bauer-Schiewek
Copy editing: Petra Kienle, Fürstenfeldbruck
Umschlagdesign: Marc Müller-Bremer, München, www.rebranding.de
Umschlagrealisation: Stephan Rönigk
Satz: Kösel Media GmbH, Krugzell
Druck und Bindung: Hubert & Co. GmbH & Co. KG BuchPartner, Göttingen
Printed in Germany

Print-ISBN: 978-3-446-45672-3
E-Book-ISBN: 978-3-446-45716-4

Für Ida.
Für Moya.
Für Doreen.

Vorwort

„Ich hätte nie gedacht, wie umfänglich diese Methode ist und wie viele Möglichkeiten sie mir bietet", höre ich am Ende meiner Schulungen fast immer im Feedback. Denn viele Teilnehmer kommen mit einer klaren Meinung über die Kanban-Methode. Sie wollen genauere Details über Board-Design und vielleicht die Limitierung paralleler Arbeit wissen. Sie werden darüber hinaus aber auch noch damit konfrontiert, wozu die Kanban-Methode eigentlich gestaltet wurde: Dienstleistungen in einem komplexen Umfeld zu gestalten und zu verbessern. Ziel ist der Nutzen für die Kunden, die Mitarbeiter und das Unternehmen an und für sich. Das geht über die allgemeine Wahrnehmung deutlich hinaus, bietet aber große Vorteile für die Führungskräfte, die sich um die Einführung kümmern. Statt sich immer nur auf Schätzungen und Bauchgefühle verlassen zu müssen, werden sie nun endlich entscheidungs- und auskunftsfähig. Wenn jemand wissen möchte, wie lange etwas dauert, sind wir wirklich in der Lage, einen verlässlichen Zeitpunkt zu nennen!

Darüber hinaus unterstützt die Methode mit ihren Prinzipien und Praktiken eine moderne Führung. Sie hilft Führungskräften, einer wichtigen Verantwortung nachzukommen: die Mitarbeiter in ihrer Wertschöpfung zu unterstützen und das Arbeitssystem in kleinen Schritten evolutionär weiterzuentwickeln.

Sie halten ein Buch in der Hand, das als Inspirationsquelle geplant wurde – um auch Ihnen zu zeigen, was Sie ohne die Methode vielleicht verpassen. Es sollte eigentlich ganz kurz werden. Schlussendlich ist es doch länger geworden, weil mir während des Schreibens immer wieder weitere Aspekte der Kanban-Methode besonders aufgefallen sind. Ich habe diese Aspekte anfänglich als „klar" empfunden und dann festgestellt, dass sie gar nicht so trivial zu erklären und umzusetzen sind. Und so haben Sie eher ein Beispiel dafür in der Hand, wie die Implementierung der Kanban-Methode aussehen könnte, aber nicht muss. Sie werden auch immer wieder Aspekte moderner Führung finden – oder zumindest dessen, wie ich moderne Führung interpretiere. Lassen Sie sich von allem gerne inspirieren. Ich wünsche Ihnen viel Spaß beim Entdecken, Nachvollziehen und hoffentlich bei einer erfolgreichen Umsetzung.

Ich möchte mich bei meinen Kunden der letzten Jahre bedanken. Sie alle haben auf die eine oder andere Weise Beispiele, Muster, tolle Ideen und manchmal auch *Bad Practices* geliefert. Ohne meine Kunden hätte ich nicht so einen reichen Erfahrungsschatz bezüglich der Herausforderungen dieser Managementmethode aufbauen können.

Vielen Dank an Joshua Buttkus und Oliver Wittmann, die mir mit ihrem Feedback geholfen haben, auf dem Weg zu bleiben und Unklarheiten zu beseitigen. Das Gleiche gilt natürlich insbesondere für meine Frau Doreen Eisenberg. Sie hat außerdem noch die Grafiken beigesteuert. Danke euch allen!

Sie werden wahrscheinlich kein Handtuch beim Lesen dieses Buchs benötigen – auch wenn es so ziemlich das Nützlichste ist, was man auf Reisen durch die Galaxis mit sich führen kann. Das meinte zumindest Douglas Adams in der Romanreihe „Per Anhalter durch die Galaxis" [Ada 2017]. Er beschrieb allerdings, dass auf dem gleichnamigen Reiseführer ein ganz wichtiger Hinweis steht. Er ist auch deshalb wichtig, weil er gerade auch für die Anwendung der Kanban-Methode gilt: **Don't Panic!**

Behalten Sie die Ruhe, falls nicht alles ganz so funktioniert, wie Sie sich das vorstellen. Das ist normal. Es wäre fast schon komisch, wenn es anders wäre! Denken Sie darüber nach, was schief geht, und erzielen Sie immer wieder eine Vereinbarung mit den Beteiligten, es besser zu machen.

Viel Spaß beim Lesen.

Florian Eisenberg

Geesthacht im Sommer 2018

Der Autor

Florian Eisenberg studierte an der Universität Karlsruhe (TH) Informatik, bevor er über Umwege bei der agilen Softwareentwicklung landete. 2012 wurde er zu einem der ersten deutschen Trainer für die Kanban-Methode. Seitdem hat er sich von der reinen Entwicklung entfernt und in vielen Trainings, Workshops und bei Implementierungen Erfahrungen zur Führung in Unternehmen sammeln können. Zunehmend haben Ansätze wie Systemdenken und Komplexitätsdenken bei ihm an Wichtigkeit gewonnen. Sie stellen die Gestaltung des Arbeitssystems als humanen Treiber von Veränderung in den Vordergrund.

Sein Fokus liegt heute auf der Evolution von Organisationen im Spannungs- und Synergiefeld von Mitarbeiter-, Kunden- und Unternehmerzufriedenheit. Essenzieller Bestandteil seiner Arbeit sind Praktiken und Prinzipien für moderne Führung. Die in diesem Buch erwähnten Praktiken und Prinzipien der Kanban-Methode stellen einen Teil dessen dar.

Florian berät insbesondere Führungskräfte bei der Entwicklung ihrer Organisation, der Einführung der Kanban-Methode und unterstützt sie persönlich bei ihrer Transformation zu moderner Führung.

Er bloggt regelmäßig unter *www.kanbwana.de* und teilt sein Wissen durch Veröffentlichungen mit einer immer weiter wachsenden Zuhörer- und Leserschaft. Darüber hinaus spricht er regelmäßig auf Konferenzen.

eins

Jan denkt kurz an den Moment vor vier Monaten zurück, als er zum ersten Mal in diesem Büro saß.

„Herzlich willkommen. Ich bin mir sicher, dass du einen großen Beitrag zum weitergehenden Erfolg unseres Unternehmens leisten kannst. Schön, dass du dabei bist", begrüßte ihn Michael damals mit einem Handschlag im Unternehmen.

„Ziemlich genau vier Monate", denkt er, während Michael sich nun in Rage redet.

„Es kann nicht sein", ereifert sich Michael. „Es kann nicht sein, dass die Leistung des Teams einfach gar nicht besser geworden ist! Wofür habe ich dich denn eingestellt!?"

Vier Monate ist es her, dass Michael und er sich geeinigt hatten, dass Jan den Posten des *Head of Engineering* übernehmen soll. Die Abteilungsleiterposition war ein Aufstieg für Jan. Bei seinem letzten Job war er Teamleiter. Sehnsüchtig denkt er kurz an sein altes Team zurück. Nur Top-Performer, kaum Druck und vor allem nicht dieses Gefühl der Hilflosigkeit. Natürlich war nicht alles easy, aber generell war es schon ein guter Job. Und jetzt sitzt er hier und muss sich anhören, dass sein gerade erst begonnener Job schon auf der Kippe steht. „Probezeit", „performen", „gestalten, nicht nur reagieren" und dass sich die Welt weiter drehe, hört er jetzt von Michael.

Dabei hat alles eigentlich ganz gut angefangen. Er war sich relativ schnell mit Michael einig über die Richtung, in die sich die Abteilung entwickeln sollte – schneller, effizienter, qualitativ besser. Eigentlich ist er die richtige Person dafür!

Michael klärte ihn beim Vorstellungsgespräch über die Marktsituation des Unternehmens auf. Die ist nicht gerade rosig, das war schon damals klar. Aber in den letzten vier Monaten hat sich noch mehr getan. Die Konkurrenz hat viele neue Sachen auf den Markt gebracht. Und das in einer Geschwindigkeit, die *Peaches und Co.* nur blass aussehen lässt. Zum Glück haben sie mit ZeCust einen der Hauptplayer in ihrem Kundenportfolio, sind damit aber natürlich auch direkt abhängig von ihnen. Dieser Kunde kann ihnen im Grunde alles in die Liste der zu erledigenden Aufgaben diktieren und sich dann über die Geschwindigkeit beschweren. Wenn die abspringen, kann *Peaches und Co.* zumachen. Jan seufzt. Es ist tatsächlich so, wie Michael es sagt. Sein Team muss schneller, besser und effizienter werden. Sonst reicht es nicht. Und er würde derjenige sein, der es nicht hinbekommen hat.

Im November schlossen sie den Einstellungsprozess ab und am 1. Dezember fing Jan an. Seitdem ist ziemlich viel schief gegangen. Natürlich hatte sein Vorgänger das Wenigste richtig gemacht. Das war schon klar, sonst stünde das Unternehmen ja besser da. Aber Jan hat es wohl auch nicht richtig gemacht. Andrew, sein Vorgänger, hatte immer eine typische Kapazitätsplanung gemacht. Er hatte die hereinkommenden Aufgaben nach Schwierigkeit und Fachgebiet sortiert. Dann hatte er geguckt, welches der Teammitglieder ausreichende Fähigkeiten besaß, um sie umzusetzen, und sie dann zugewiesen.

„Standard“, dachte Jan in der ersten Woche. Andrew hatte wohl nur nicht richtig und schnell genug umpriorisiert, wenn es darum ging, die Aufgaben dynamisch umzuverteilen.

Dynamisch ist sowieso das Stichwort. ZeCust ist zwar einer der Kunden, aber es gibt noch einige mehr. Die wollen natürlich alle bedient werden. Und nicht nur ZeCust beschwert sich über die Geschwindigkeit, alle anderen auch. Leider muss man auch sagen, dass sie das zu Recht tun. Die Leistung des Unternehmens ist einfach nicht gut. Es braucht teilweise Wochen und Monate, bis kleinere Änderungen fertiggestellt werden und den Kunden erreichen. Das kann die Konkurrenz besser. Jans Abteilung ist dabei einer der kritischen Punkte, an denen es hängt. Das war eben schon so, als er anfing. Seitdem ist es sogar eher schlimmer geworden. So zumindest nimmt es Michael wahr, in dessen Büro Jan gerade immer noch sitzt.

„Jan, ich möchte es wirklich noch einmal ganz klar sagen. Wir haben in deinem Team ein Problem mit der Vorhersagbarkeit. Und mit der Geschwindigkeit sowieso. Marketing, Sales und die Key-Account-Manager beschweren sich bei mir, dass sie nicht wissen, wann irgendwas kommt. So können wir doch kein Geschäft machen! Ihr seid langsam und unzuverlässig. Und ich möchte gerne demnächst auch mal den Bericht über die Qualität sehen. Ich habe neulich mit Jacques gesprochen. Der hat ziemlich geflucht!“ Michael macht eine Pause. „Pass auf. Wenn ich dir irgendwie helfen kann, sag Bescheid. Es ist ja nicht nur dein Hintern, unter dem es heiß wird, wenn es nicht besser wird. Und nun geh und mach es besser. Dafür habe ich dich doch geholt und dir die Verantwortung übergeben. Nun mach was draus.“

Jan steht noch kurz vor der Tür von Jans Büro. Anna, Michaels Assistentin, guckt nur mitleidig zu ihm rüber. Sie kann ihm wohl nicht helfen. Er schnaubt und seufzt gleichzeitig und macht sich auf den Weg zu seinem Arbeitsplatz.

* * *

Als er dort ankommt, ruft er seine Abteilung zu einem Meeting zusammen. Wie immer bringt die Hälfte ihren Laptop mit und klimpert darauf herum, während Jan spricht. Sie sind unter enormem Zeitdruck.

„Wie ihr wisst, bin ich hier angetreten, um den Output des Teams zu verbessern. Ich verstehe leider immer noch nicht, warum es noch nicht besser geworden ist. Wir haben seit Dezember ein paar Sachen versucht: Risikomatrix, Kosten/Nutzen-Analyse, verbesserte Schätzungen. Wir nehmen uns ja deutlich mehr Zeit, damit die Schätzungen besser passen – und noch ein paar Sachen mehr. Ich verstehe nicht, warum es nicht funktioniert. Das ist ja auch nicht das Einzige, was wir versucht haben. Ich erwarte doch nichts Übermenschliches von euch!"

Jan versucht, mit ein paar motivierenden Sätzen seine Mitarbeiter zu mehr Leistung anzuspornen. Aber, so denkt er sich, das würde wohl wieder keinen Effekt haben. Es sind seiner Meinung nach leider nicht die ganz guten Leute dabei. Er hat gehofft, dass er noch zwei bis drei Personen einstellen könnte, die dann den Rest der Mannschaft mitziehen, aber das wird wohl erst einmal nichts. Zu dünn ist die Luft bei *Peaches und Co* schon geworden, um da noch mehr Personal aufzubauen. Er entlässt seine Mannschaft in die Arbeit und bleibt noch kurz alleine im Raum sitzen. „*Make it so*", sagt er leise und denkt an Jean-Luc Picard, den Kapitän der *Enterprise*, der nur Anweisungen geben muss und alles passiert wundersamerweise. Er steht auf und verlässt den Raum. Er hat noch zu viel zu tun, um darüber nachzudenken, welche Lehren Picard ihm eigentlich hätte an die Hand geben können.

* * *

Jan sieht sich um. Es ist 18:30 Uhr und noch immer ist über die Hälfte der Kollegen da. Alle arbeiten konzentriert vor sich hin. Er weiß aber, dass alle trotzdem eigentlich dringend nach Hause müssten. Sie sind geschafft, ausgelaugt, müde. Aber gerade jetzt ist die Zeit endlich mal da, um etwas Arbeit getan zu bekommen. Jetzt, um halb sieben.

„Anja wartet", denkt er. Natürlich wartet sie nicht, sie hat ja selbst genug zu tun. Aber wahrscheinlich ist sie schon im Fitnessstudio und geht danach noch einkaufen. „Komisch", denkt er. „Eigentlich sollten wir beide gleich viel arbeiten. Trotzdem hat sie genügend Freiraum für private Sachen." Sein erster Gedanke ist, dass bei ihr im Unternehmen wohl einfach nicht so auf Leistung geachtet wird. Nicht so viel Druck!

Aber eigentlich weiß er das ja auch besser. Sie arbeitet in einem Start-up, er in einem mittelständischen Unternehmen. „Als ob das Start-up keinen Druck vom Markt bekäme", kommentiert er in Gedanken sarkastisch die Lage. Gerade neulich haben sie allerdings mal wieder eine Release-Party gefeiert. Er und die anderen Partner waren auch eingeladen. „Scheint gut zu laufen, der Laden", hat er noch gedacht. In Jans Firma wird nämlich nie gefeiert. Es wird zwar auch selten releast, aber meistens machen nur alle drei Kreuze und freuen sich, wenn sie nicht übers Wochenende bleiben müssen, um die Fehler raus zu operieren. Denn am Montag, so sagt der Plan, geht es ja direkt weiter. Manchmal bringt er nach einem Release, was einigermaßen im Zeitrahmen geblieben ist, auch mal Berliner mit für die Kollegen. Die freuen sich über ihren Abteilungsleiter beziehungsweise die Zuwendung. Denn ihm scheint es zumindest wichtig zu sein, dass seine Kollegen ihn mögen. Seine Einstellung dazu ist: „Ab und zu mal ein süßes Teilchen, da befassen sich meine Mitarbeiter nicht mit einem neuen Job und überarbeiten ihren Lebenslauf. Mit einer guten Atmosphäre bekommt man sie vielleicht doch noch zu Leistung motiviert." Abgänge kann er zum momentanen Zeitpunkt nämlich gar nicht gebrauchen.

Aber auch das weiß er besser. Jan kennt natürlich auch die anderen Unternehmen in der Stadt. Er hat Freunde, ehemalige Kollegen und Bekannte, die woanders arbeiten und die nicht unter einer ständigen Last stehen. Da ist *Peaches und Co.* aktuell schon in einem besonders ruppigen Fahrwasser.

* * *

„Ich geh dann mal."

Jan schreckt auf. „Wie bitte?" Er sieht den Kollegen an, der den Kopf in sein Büro gesteckt hat. „Entschuldige, Peter, ich war in Gedanken."

„Kein Problem! Ich wollte Bescheid sagen: Ich gehe nach Hause. Ich will meine Kinder ins Bett bringen."

„Ah, ja. Na klar. Ist der Fehler in der Buchung gelöst?"

„Größtenteils. Ich muss eigentlich nur noch aufräumen und ein paar Testfälle schreiben. Aber es ist eingecheckt."

Jan reibt sich über die Stirn. „Ich glaube, das wird nix mit dem Aufräumen. Morgen musst du an die Übersichtsseite. ZeCust hat sich gemeldet. Das Feature muss bald raus!"

ZeCust fordern hin und wieder neue Features an, die dann fristgerecht implementiert werden müssen. Häufig genug sind die Anfragen nicht langfristig eingeplant, sie kommen einfach „on top".

„Aber ich will morgen frei machen. Erinnerst du dich?", holt Peter Jan wieder aus den Gedanken über ZeCust.

„Ach verdammt. Das geht nicht."

„Es muss gehen! Ich habe morgen einen Termin in der Schule. Den kann ich nicht schon wieder verschieben." Peter wirkt besorgt um seine Terminplanung.

Jan erinnert sich: „Stimmt. Das hattest du gesagt. Und ich habe es dir zugesichert. Na gut, ich frage Dimitri, ob er Kapazität hat."

„Danke."

„Keine Ursache", brummelt Jan. Er wird wohl noch etwas länger bleiben und den Projektplan überarbeiten müssen, wenn es jetzt zu einer Verschiebung kommt.

Zur Not wird er selbst in die Tasten hauen müssen. Als ob er dafür noch Zeit hätte – oder überhaupt noch ausreichend qualifiziert ist!

Mittlerweile ist es 19 Uhr. Er merkt, wie müde und hungrig er ist. Er versucht, sich noch einmal zu konzentrieren, und bringt die Umplanung mehr schlecht als recht zusammen. Eine E-Mail noch an Michael, um ihn über die Verschiebung zu informieren, und eine weitere, dass der Monatsbericht erst später kommen wird. Das wird zwar auch weiterhin kein gutes Licht auf ihn werfen, aber er kann jetzt gerade einfach nicht mehr. Dann schaltet er die Lampen in seinem Büro aus, schließt die Tür und geht. Er kommt noch an Holly vorbei, eine der Mitarbeiterinnen aus der Abteilung von Dr. Schmidt. Holly testet häufig die von Jans Abteilung entwickelten Features. Sie haben nicht so viel miteinander zu tun, außer dass sie immer wieder die eigentlich fertigen Sachen zu seinen Leuten zurückschiebt mit dem vernichtenden Verweis: Fehler.

Jan grüßt sie kurz angebunden und verschwindet im Fahrstuhl. Was für ein Tag.

* * *

Abgekämpft kommt er zu Hause an. Seine Frau ist natürlich schon da. Und wie erwartet hat sie vom Sport leicht gerötete Wangen, riecht frisch geduscht und hat eingekauft. Er hat ein schlechtes Gewissen, dass er nicht mal die Spülmaschine ausgeräumt hat. Aber sie freut sich nur, ihn zu sehen.

„Wollen wir noch etwas kochen?“, fragt sie.

„Ja“, sagt er und sinkt am Küchentisch zusammen.

Anja baut sich vor ihm auf: „So nicht, mein Lieber! Hier. Hack’ mal Knoblauch und würfel die Tomaten. Ich habe auch einen anstrengenden Tag hinter mir.“

Jan seufzt wieder. „Bestimmt nicht so schlimm wie meiner“, nuschelt er vor sich hin, während er eine Knoblauchzehe schält.

„Erzähl mal!“, fordert sie ihn auf.

Er hat keine Lust. Eigentlich würde er am liebsten in Selbstmitleid versinken und dabei hirnlos Knoblauch hacken. Aber sie lässt nicht locker. Dabei haben sie verabredet, nicht so viel über die Arbeit zu reden – sie wollen die Arbeit im Büro lassen und zu Hause privat sein! Aber Anja hat immer ein gutes Gespür dafür, wann ihr Mann wirklich bedrückt ist. Deshalb piekst sie ihn so lange, bis er den Grund für seine schlechte Stimmung rauslässt.

„Ich verstehe es nicht. Wir sind unter totaler Volllast. Rein von der Auslastung arbeiten alle meine Teammitglieder an der Obergrenze! Keiner verschwendet Zeit. Wir haben die Kickerpausen abgeschafft. Die meisten machen freiwillig ein paar Überstunden. Trotzdem sind wir mit den geplanten Anforderungen hinten dran und dann kommen noch die unangekündigten Anforderungen von ZeCust und den anderen Partnern. Das Management und der Vertrieb sehen nicht, dass wir total überlastet sind, und nehmen keine Last von unseren Schultern. Stattdessen werfen sie eher noch was drauf.“ Jan blickt sie genervt an.

„Aha. Wie wirkt sich das aus?“, fragt Anja nach. Sie merkt, dass Jan unzufrieden ist, versteht aber noch nicht, was denn eigentlich so schlimm ist.

Jan atmet tief ein und fängt an: „Neben dem Einlauf, den ich heute von Michael bekommen habe?“ Er schnaubt kurz und erzählt: „Du kennst ja Peter. Er hat zwei Kinder, die er gerne abends mit ins Bett bringt. Heute Abend hätte er es beinahe nicht geschafft, wie im Rest der Woche auch schon. Morgen hat er einen Termin in der Schule, den seine Frau nicht erledigen kann. Das erzeugt Probleme bei mir, weil ich fest mit seiner Kapazität gerechnet habe. Jetzt habe ich einen Personentag weniger, um die gesamte Arbeit durchzubekommen. Und das Aufräumen nach der Implementierung, was immer mal wieder passieren sollte, kommt auch keinen Schritt vorwärts. Wir haben einfach keine Zeit. Und mit *den* Mitarbeitern werde ich es wohl auch nicht rausreißen. Die Mannschaft ist leider eher durchschnittlich!

Max und Felix sind auch schon total fertig und Claudia hat seit Ewigkeiten keinen Urlaub gemacht – keine Zeit. Zum Glück macht es ihr nix aus, sie hat ja momentan keinen Freund.“

„Zum Glück?“, unterbricht Anja ihn entsetzt. „Sie muss doch mal Urlaub machen. Sonst wird sie doch krank.“

Daran hat Jan auch schon gedacht. Irgendwann, wenn das aktuelle Projekt fertig ist, würde es mal besser werden.

„Pffft!“, ist Anjas einziger Kommentar während sie in der Soße rührt, die sie mit den Tomaten und dem Knoblauch kocht. Sie sagt, was er eigentlich schon weiß: „Besser wird es nach dem Projekt auch nicht. Ihr habt doch schon den Plan für die nächste Sache. Hast du da ausreichend Urlaub für deine Mitarbeiter und dich eingeplant? Du weißt, dass du eine Sorgfaltspflicht gegenüber deinen Mitarbeitern hast!?“

„Mmmhja.“ Mehr kann Jan nicht sagen. Eigentlich braucht er den Puffer für den Urlaub nämlich, damit die Sachen schnell genug fertig werden. „Transparenz! Wir bräuchten mal mehr Transparenz, damit das Management, die Kunden und der Vertrieb sehen, wie viel wir zu tun haben. Wie macht ihr das eigentlich? Bei euch tritt das irgendwie nie auf!“

* * *

Anja denkt nach. „Doch“, sagt sie. „Doch. Früher einmal war das auch so. Erinnerst du dich nicht mehr dran? Vor drei Jahren waren bei uns auch alle überlastet. Wir haben dann angefangen, die Kanban-Methode einzusetzen. Damit ist es dann stetig besser geworden.“

„Kanban. Das war doch das mit den Zetteln an der Wand. Oder?“, fragt Jan.

Sie stimmt ihm zu. „Das gehört auch mit dazu. Ja! Ja, wir haben auch Platzhalter für unsere Arbeit an der Wand. Aber es ist auch noch viel mehr. Wir haben es beispielsweise geschafft, die Überlastung unserer Mitarbeiter zu reduzieren.

Und nicht nur das. Wir sind auch wirtschaftlich erfolgreicher geworden. Vielleicht solltet ihr das auch mal probieren!?“

„So richtig erpicht bin ich nicht darauf, noch mehr Verwaltungslast auf meine Teammitglieder zu lagern.“

„Das musst du auch nicht. Vielleicht fängst du erst einmal klein an?“

Jan ist eigentlich zu müde, um weiter zu diskutieren. „Ja, vielleicht. Ich guck es mir mal an“, wischt er ihren Vorschlag zur Seite.

Anja ist zwar nicht ganz zufrieden, belässt es aber fürs Erste dabei. Kleine Schritte sind wohl im Moment besser als große Veränderungen. Dafür fehlt Jan das Vertrauen.

„Eine Parallele zur Kanban-Methode!“, denkt sie und schickt ihn, den Tisch zu decken.

* * *

Natürlich ändert sich in den nächsten Tagen wenig. Jan kommt weiterhin erschöpft und spät nach Hause. Am folgenden Wochenende will er eigentlich abschalten, aber er hat wegen der Arbeit Magenschmerzen. Irgendwie ist es noch nicht so richtig geplant. Er weiß einfach für viele Sachen nicht, wo sie momentan stehen. Sind sie fertig oder nicht? Wie lange dauert es noch, bis es fertig ist? Geht er aber zu den Mitarbeitern hin, um sie nach Restaufwandschätzungen zu fragen, unterbricht er sie damit. Darüber hinaus benötigen die Schatzungen auch noch einmal Aufwand, wenn er sie einigermaßen genau haben will. Irgendwie ist das alles total verflochten und unbefriedigend. Er ärgert sich über seine Mitarbeiter und sich selbst!

* * *

Am Sonntag nach dem Frühstück kündigt Jan an: „Anja, ich muss heute eigentlich noch mal ins Büro.“

Enttäuscht sieht sie ihn an. „Jetzt auch am Wochenende? Das wird ja immer schlimmer, Jan.“

„Ja, ich weiß. Ich bin auch nicht zufrieden damit. Aber was soll ich tun?“

Er zuckt mit den Schultern und geht aus der Tür.

Die ganze Zeit hat Anja an das Gespräch vor einigen Tagen zurückdenken müssen.

„Ich hätte da schon eine Idee!“, ruft Anja ihm hinterher. Aber er ist gedanklich schon weit weg, sodass er es nicht mehr hört. Sie wird es wohl später mit ihm besprechen müssen.

* * *

„Hast du dir eigentlich mal Kanban angesehen? Also die Kanban-Methode?“, fragt sie ihn, als sie nach dem Abendessen wieder zusammensitzen.

„Keine Zeit“, entgegnet er mit einem Schulterzucken.

„Aber du denkst schon, dass sich etwas bessern muss, oder?“

„Natürlich“, blafft er. Er hasst solche Suggestivfragen.

„Und was wäre besser? Was glaubst du?“, fragt sie weiter.

Jan ist langsam wirklich genervt. Jetzt muss er sich auch noch über seine Frau ärgern. Sie hilft ihm gerade kein bisschen bei der Lösung seines Problems.

Er fährt sie an: „Wenn ich das wüsste, würde ich es doch so machen! Ich bin doch nicht doof.“

„Nein, das bist du nicht“, entgegnet sie. „Ich meine nicht den Zielzustand. Sondern eher: Welches Ziel verfolgst du mit einem solchen Zustand? Vielleicht formuliere ich es so: Wie würdest du es qualitativ beschreiben, wenn ihr schon alles fertig zum Besseren verändert hättet?“

„Ääh. Das wird gerade ganz schön *meta*. Was meinst du? Dass meine Mitarbeiter und ich nicht mehr so auf dem Zahnfleisch gehen müssen? Dass wir Zeit haben für die Familie? Für den Urlaub? Für qualitativ hochwertige Arbeit?“

„Ja, zum Beispiel. Ich nenne das jetzt erst einmal *nachhaltig*.“

Mit einem sarkastischen Unterton erwidert er: „Ja, dann wäre eine nachhaltige Arbeitsweise ein schönes Ziel.“

Anja freut sich. „Passend! Denn Nachhaltigkeit ist eines der drei Grundziele der Kanban-Methode. Die heißen offiziell ‚Agenden‘. Wir zwei haben schon gemeinsam eine Vereinbarung getroffen, dass sich etwas zum Besseren verändern soll. Wenn wir das können, kannst du das wahrscheinlich mit deinen Mitarbeitern auch.“

„Keine Frage! Die wären begeistert, wenn es besser wird. Aber das restliche Management auch?“

„Wir konzentrieren uns erst einmal auf die Dinge, die wir tatsächlich beherrschen können. Das sind die Teile, die wir unter unserer beziehungsweise unter deiner Kontrolle haben“, bremst sie.

„Gut. Dann jetzt Zettel an die Wand und fertig? Dann wird’s besser? Das glaube ich nicht.“

„Es wird nicht unbedingt alles gleich viel besser. Aber es ist zumindest mal ein erster Schritt. Wichtig ist auch, darüber zu reflektieren, was wir sehen. Die Kanban-Methode empfiehlt ein sogenanntes Kanban-Meeting, häufig auch Daily-Standup genannt.“

„Ah. Das habe ich schon mal gehört. Gibt’s bei dem Kanban-Meeting auch drei Fragen?“, kramt Jan in seinem Halbwissen.

„Jein. Es ist nicht so stark formalisiert. Aber es geht bei diesem Treffen ja darum, einen Überblick über den aktuellen Zustand zu bekommen. Wir wollen Probleme und Risiken aufdecken und die weitere Arbeit planen. Beim Kanban-Meeting bei mir im Team gehen wir die einzelnen Karten an der Wand durch und fragen uns, was jeweils noch getan werden muss, damit eine Karte weiterwandern kann."

Sie zählt die Fragen auf, die sie im Kanban-Meeting beantworten: „Welche Risiken sind da? Welche Dinge müssen wir jetzt adressieren? Wo hängt es gerade? Braucht der Bearbeiter Hilfe? Sind ihm Qualitätsprobleme aufgefallen?"

Jan ist entsetzt. „So viele Fragen! Wenn ich das jetzt für JEDE Karte machen muss, dann dauert das ganz schön lange! Wir haben ja ein bisschen was in Bearbeitung."

Anja kann ihn ein wenig beruhigen: „Das sind einige *unserer* Fragen. Viele davon sind wahrscheinlich für euch auch sinnvoll. Aber überlegt euch im Team doch vielleicht zwei bis drei Kernfragen, die ihr beantworten wollt. Das bringt euch weiter als ein riesiger Fragenkatalog, den ihr nie durchbekommt. Und wie wir die Menge paralleler Arbeit senken können, das kommt später. Bekommt erst einmal einen Überblick."

„Hast du Ideen für Fragen?"

Anja nickt und gibt ihm einen Tipp: „Ihr solltet am besten wissen, ob etwas bald fertig wird, ob etwas blockiert wird und ob vielleicht jemand Hilfe benötigt. Wie gesagt: Besprich das mit deinen Mitarbeitern, was da sinnvoll ist!"

„Okay", sagt er und hat gleich die nächste Frage: „Was kommt dann auf diese Zettel drauf?"

„Dafür müsst ihr als Erstes verstehen, welche Arbeit ihr eigentlich erledigt."

Jan ist verwirrt: „Wieso verstehen? Ich weiß doch, was wir entwickeln. Ah. Jetzt wo ich es sage: Eine Arbeit ist Entwicklung. Eine andere Dokumentation. Dann gibt's noch Absprachen, Berichte, Meetings, ..."

„Stopp!" Anja unterbricht ihn abrupt. „So haben wir auch angefangen. Das ist ziemlich in die Hose gegangen."

„Aber das ist doch die Arbeit, die wir tun!", entgegnet er.

Anja stimmt zu: „Ja, klar. Aber es sind vor allem die Aktivitäten, die ihr durchführt. Die einzelnen Arbeitsinhalte werden dadurch ja nicht beschrieben, oder?"

„Arbeitsinhalte? Du meinst... Features?"

„Ja, beispielsweise. Auf den Arbeitsinhalten werden bestimmte Aktivitäten durchgeführt – wie Entwicklung, Dokumentation und das Testen. Dadurch werden sie von der Idee zum lieferbaren Produkt oder vom Auftrag zur erbrachten Dienstleistung gebracht. Weißt du, die Kanban-Methode zielt sehr stark auf die Verbesserung von Dienstleistungen ab. Wir sehen uns alles aus einer Dienstleistungsbrille an."

„Ob wir nun Dienstleistungen erbringen oder nicht, das sollten wir noch mal diskutieren."

„Ach, glaub mir an dem Punkt einfach mal! Ihr erbringt Dienstleistungen", sagt sie mit einem Augenzwinkern.

Jan wiegt den Kopf hin und her, lässt sich dann aber darauf ein. „Und wie bekomme ich das alles heraus? Also woher bekomme ich die Arbeitsinhalte und die Aktivitäten?", will er als Nächstes wissen. Er ist noch nicht ganz überzeugt, was das alles bringen soll.

„Am besten überlegst du mal zusammen mit deinen Mitarbeitern und Kollegen, welche Arbeiten ihr so erledigt. Für die einzelnen Arbeitsinhalte überlegt ihr euch dann genau, welche Aktivitäten in welcher Reihenfolge ausgeübt werden. Am einfachsten ist es, wenn man sich das einmal grob überlegt und hier und da verfeinert. Dann macht ihr eine Gegenprüfung mit den Sachen, die ihr gerade schon in Bearbeitung habt."

„Ok. Das bekommen wir wahrscheinlich recht fix hin. Aber erklär mir doch mal kurz, was mit dem von vorhin falsch ist!"

„Mit dem ‚Entwicklung, Dokumentation, Meetings, Absprachen als Arbeitsinhalte'?"

„Ja genau."

„Naja, wir haben da die Erfahrung gemacht, dass das zwar hilft, die Arbeit untereinander zu verwalten. Man weiß dann zwar, was jemand anderes macht. Für das Gesamtbild – die Nachverfolgung der wirklichen Aufträge – ist es aber nicht hilfreich. Es wird ja nie der Fluss der Arbeit betrachtet."

„Fluss der Arbeit?", unterbricht Jan.

„Ja, in der Wissensarbeit werden verschiedene Aktivitäten aneinandergereiht, die einen Arbeitsablauf ergeben. Die meisten sagen dazu natürlich Workflow. Im Idealbild fließt die Arbeit ohne Wartezeiten, Unterbrechungen und Blockaden durch diesen Workflow. Diesen Fluss der Arbeit müssen wir betrachten, wenn wir Verbesserung für die Kunden, Mitarbeiter und Stakeholder erzielen wollen." Anja rückt mit ihrem Stuhl ein wenig zurück und streckt sich. „Langsam werde ich müde. Wollen wir ins Bett gehen?"

Jan ist noch nicht so weit: „Ich bin noch nicht überzeugt, dass meine Lösung nicht funktioniert. Sie erscheint mir einfacher! Überzeug mich doch mal!"

Sie streckt sich noch einmal, seufzt kurz und rutscht wieder an den Tisch. „Okay, aber nur kurz!"

Sie macht eine Pause und überlegt.

Dann beginnt sie mit einem Beispiel: „Stell dir mal vor, wir würden bei uns im Haushalt ein Kanban-Board benutzen. Wir erledigen ziemlich viel, wenn wir nicht arbeiten."

„Du zumindest…", antwortet er und rollt mit den Augen. Er hat immer noch ein schlechtes Gewissen.

„Naja, ist ja auch egal. Also wir machen ziemlich viel. Meistens geht es dabei darum, dass wir etwas zu essen kochen, etwas renovieren, dekorieren, etwas mit dem Hund machen oder schlichtweg aufräumen oder sauber machen."

Jan graut es kurz, als er an die Garage denkt, in der sich der Kram nur so stapelt.

Sie fährt fort: „Wir verfolgen bei diesen Arbeiten jeweils ein Ziel: Wir sind satt oder zufrieden mit dem Endergebnis. Das ist der entscheidende Punkt: Das Ergebnis. Dafür führen wir Aktivitäten durch. Nehmen wir das Beispiel ‚Essen kochen': Wir suchen ein Rezept, kaufen ein, räumen alles in den Kühlschrank, schneiden dann zum richtigen Zeitpunkt das Gemüse, kochen, essen, räumen auf. Dann sind wir fertig. Wenn wir einen Arbeitsablauf haben, sind das die einzelnen Schritte. Ich habe die Aktivitäten beschrieben, die das Essen durchläuft. Das ist sogar der Fall, wenn das Essen noch eine abstrakte Idee ist."

„Du meinst, auch wenn wir noch keine Ahnung haben, was wir morgen Abend kochen, müssen wir uns trotzdem Gedanken über das Rezept machen. Dieses Essen wäre also schon jetzt ein Arbeitsinhalt."

„Genau. Sagen wir mal, wir machen es so, wie ich das vorschlage. Dann würden wir so etwas wie ‚Essen Mittwochabend' auf ein Kärtchen schreiben und es vor ‚Rezept suchen' warten lassen. So lange, bis wir ausreichend Kapazität haben, um es zu bearbeiten. Was würden wir auf das Kärtchen schreiben, wenn wir deinem ‚*To Do, Doing, Done*'-Ansatz folgen?"

Jan denkt kurz nach und sagt dann: „‚Rezept suchen Mittwochabend'. Dann würde ich warten, bis wir ein Rezept haben, und dann die notwendigen weiteren Schritte überlegen."

„So ein Trickser!", denkt sie und lächelt ihn an. „Stiehl dich da jetzt nicht so einfach raus. Da kommst du dann nämlich ruckzuck in den Panik-Modus, in dem du dich gerade befindest. Überleg jetzt mal, was wirklich auf die Kärtchen käme!"

„Na gut." Jan fand seinen Ansatz überzeugend. Im Büro funktioniert er ja auch häufig genug: Arbeit möglichst weit nach hinten verschieben. Zumindest initial, wenn er den heutigen Tag retrospektiv betrachtet.

„Okay, dann los." Er überlegt und zählt dann auf: „Das werden ja ganz schön viele Kärtchen: ‚Einkaufen für Mittwochabend', ‚Kühlschrank einräumen Mittwochabend', ‚Gemüse schnippeln Mittwochabend' – zumindest, wenn wir nicht nur Steak braten."

„Fällt dir etwas auf?", unterbricht sie ihn.

Er überlegt kurz, sagt dann aber: „Es steht immer Mittwochabend dabei."

„Genau. Du versuchst durch die Beschriftung eine Zuordnung zu einer Arbeitseinheit zu erzeugen, damit der Überblick nicht völlig verloren geht. Wenn wir zusätzlich noch das Aufräumen einplanen, das Abnehmen der Oster-Deko und dass wir das Schlafzimmer mal streichen wollten, wird das alles ganz schön unübersichtlich."

„Ich verstehe", sagt Jan. „Wir müssten also zum einen die Zuordnung ständig irgendwie tracken. Zum anderen müssten wir die Reihenfolge häufig angucken, damit wir irgendwie geregelt bekommen, dass alles zur richtigen Zeit passiert. Das wäre für mich als Abteilungsleiter natürlich auch wieder ein absoluter Horror. Ein riesiger Aufwand." Er stockt kurz und grübelt dann: „Aber eigentlich mache ich es ja gerade genau so."

Anja nickt: „Wir haben damals sogar versucht, die Abhängigkeiten und die Reihenfolge irgendwie zu visualisieren. Aber das ist dann irgendwie nichts anderes als ein Gantt-Chart an der Wand – es ist auch unglaublich unflexibel bezüglich Änderungen. Stell dir einfach nur vor, du hast eine Aufgabe vergessen. Die muss dann irgendwo mit eingepflegt werden."

„Oh. Ja, das könnte aufwändig werden. Erinnert mich an heute Nachmittag!" Jan überlegt kurz und beschließt: „Ich denke, ich werde das morgen mal mit meinen Mitarbeitern ausprobieren. Zur Not muss ich das selbst im Blick behalten und nachführen. Wäre ja auch nicht anders als heute."

Anja steht auf und geht in Richtung Bad.

„Kommst du?", fragt sie ihn.

„Gleich. Ich muss noch ein bisschen tüfteln."

Als Jan eine Stunde später unter die Decke kriecht, schläft Anja schon lange.

* * *

Nach einer kurzen Nacht ist Jan schon früh wieder auf den Beinen. Er hat viel vor, nachdem er gestern Abend auch schon vorgearbeitet hat. Anja kommt angezogen zum Frühstück.

Er kann kaum erwarten, ihr von seinem Fortschritt zu erzählen: „Guck mal, ich bin schon fast fertig mit dem Kanban-Board. Ich hab's erst mal nur aufgezeichnet und mache es dann im Büro so richtig auf Zetteln. Hier siehst du den Workflow, den ich mir überlegt habe, die einzelnen Aktivitäten. Ich habe einen Kanban-Prozess modelliert. So sollte es eigentlich funktionieren! Ich habe sogar schon darüber nachgedacht, wann eine Arbeitseinheit den Zustand wechseln darf. Damit bekomme ich endlich die Qualitätsprobleme in den Griff."

Sie zieht zischend Luft durch die Zähne ein.

„Jan, ich muss dich leider enttäuschen." Sie sieht ihn mitleidig an. Es tut ihr wirklich leid, dass er sich so viel Arbeit gemacht hat. „Ich muss dich enttäuschen. Ich habe das wohl gestern nicht klar genug gemacht: Was du da erarbeitet hast, das sollten dein Team und die betroffenen Personen machen. Du bist zwar eine dieser Personen, aber eben leider nur eine. Auf dem Board wird der Arbeitsfluss so abgebildet, wie er tatsächlich gelebt wird. Genauso gilt das für die Art der Arbeit, die Regeln und die involvierten Personen. Man muss also erst einmal ein gemeinsames Verständnis über die Arbeit erzeugen, bevor man sich an die Verbesserung machen kann."

Entgeistert guckt er sie an.

„Du meinst, ich muss alles wegwerfen??" Er ist wirklich genervt. „Wofür habe ich mir denn die ganze Arbeit gemacht? Und dann soll ich auch noch meine Kollegen von der Arbeit abhalten, um das Board aufzubauen? Das ist doch Käse." Wütend über Anja und sich selbst schiebt er den Blätterstapel von sich weg.

Sie hebt beschwichtigend die Hände und sagt: „Nun, eigentlich willst du doch ein möglichst genaues Abbild der Realität haben. Dann kannst du herausfinden, wo die Überlastungen auftreten und warum sie das tun. Das kannst du anhand eines idealisierten Prozesses einfach nicht."

Jan versteht, was sie meint, ist aber noch nicht zufrieden. Er ist sogar ziemlich niedergeschlagen, weil es doch irgendwie alles länger dauert, als er gehofft hat.

„Außerdem", gibt Anja zu bedenken, „willst du bestimmt nicht, dass sich deine Mitarbeiter auf einmal überwacht und kontrolliert vorkommen, oder? Da bist du nämlich gerade auf dem besten Weg hin! Insbesondere wird das der Fall sein, wenn du es auch noch fälschlicherweise als Kanban-Prozess betitelst. Da klingt das sofort danach, dass du ein neues Kontrollinstrument einführst."

Er schüttelt träge den Kopf, denn er weiß genau, wie sensibel manche seiner Mitarbeiter darauf reagieren.

Sie fährt fort: „Die Kanban-Methode hat zwei Sätze von Prinzipien. Das eine sind die Prinzipien für Veränderungsmanagement. Da solltest du dir mal die ersten beiden ansehen, wenn du im Büro angekommen bist. Beim ersten Prinzip gucken wir erst mal auf das, was da ist. Das zweite handelt von der Vereinbarung zur Verbesserung. Ich habe jetzt keine Zeit mehr, darüber zu sprechen. Sehen wir uns zum Abendessen?" Ohne eine Antwort abzuwarten, drückt sie ihm einen Kuss auf die Lippen und geht los. Als sie die Tür zuzieht, ruft sie ihm noch ein kurzes „Tschüss!!" zu. Jan bleibt bei seinem Kaffee sitzen. Er lässt resigniert die Schultern fallen und denkt über Toast nach.

„Toast. Eine einfache Sache. Brot rein, Taste runter, Marmelade drauf, essen. Kann ja nicht so schwer sein", geht ihm durch den Kopf. Er nimmt das Brot und steckt es in den Toaster. Kurz überlegt er, wie braun er den Toast haben will, dreht auf Stufe 4 und drückt die Taste hinunter. Warten – daran hatte er gar nicht gedacht. Nachdem der Toast herausgekommen ist, holt er sich Marmelade und Butter aus dem Kühlschrank und verteilt beides auf dem Toast. Mit kurzen Handgriffen verstaut er alles und nimmt seinen geschmierten Toast mit zum Esstisch.

„Sie hat schon wieder Recht. So ein Mist." Jan wird klar, dass er an einige Schritte gar nicht gedacht hatte bei seinem initialen Prozessdesign zum Toast machen:

das Warten, das Auswählen und Holen der Marmelade, die Butter, das Aufräumen.

Er steht auf, greift seinen Toast, holt Schlüssel und Portemonnaie und geht zur Haustür. Im Vorübergehen nimmt er die Jacke vom Haken. Auf dem Sideboard liegen seine Skizzen zum Prozessdesign. „Es kann ja jetzt auch nicht gerade schaden", denkt er und packt auch die ein.

zwei

„Wie passend, dass heute sowieso Abteilungstreffen ist", denkt Jan und geht beschwingten Schrittes durch die Tür zum Büro. Er möchte seinen Mitarbeitern heute das Kanban-Board vorstellen. Am besten wäre, auch noch ihre Zusage zu haben, dass sie es ausprobieren. Anja hat aber irgendetwas über Prinzipien gesagt. Er will sich das doch besser noch einmal ansehen, bevor er da etwas falsch macht. Prinzipienreiterei findet er zwar ganz schlimm, aber angucken kann er sich den Kram ja mal.

An seinem Schreibtisch angekommen, loggt er sich an seinem Computer ein und sucht gleich im Internet nach „Prinzipien Kanban". Da tauchen viele Artikel über Kanban-Systeme in der Produktion auf. Aber das ist nicht das, wonach er sucht. Er versucht es noch einmal mit „Prinzipien Veränderungsmanagement Kanban-Methode". Jetzt findet er einige Artikel, die sich auf die Methode beziehen. Leider stehen in den unterschiedlichen Artikeln auch unterschiedliche Versionen der Prinzipien. Mal sind es drei, mal vier. Verwirrt kratzt er sich am Kopf. Warum können die sich nicht einfach mal festlegen? Er wird Anja später mal dazu befragen müssen. Er nimmt eine Version, die erst vor kurzem publiziert wurde. Er denkt darüber nach, was Anja gesagt hat: „Sieh dir das erste und zweite Prinzip an." Also gut. Hoffentlich haben sie nicht gerade die verändert.

Als erstes Prinzip steht da: „Beginne mit dem, was du gerade tust."

Jan schüttelt den Kopf. „Was für ein Quatsch. Womit soll ich denn sonst anfangen?" Er zischt ein verächtliches „Tsss" durch seine Zähne.

Aber das Prinzip geht noch weiter mit einem Unterpunkt: „Und verstehe die Prozesse, so wie sie aktuell gelebt werden." Es hat auch noch einen zweiten Unterpunkt: „Und respektiere bestehende Rollen, Verantwortlichkeiten und Job-Titel."

Er lehnt sich zurück. Man soll also erst mal nichts antasten. Jetzt versteht er auch, warum er gestern keinen „idealen Prozess" entwerfen durfte. Zumindest versteht er, warum Anja so darauf reagierte. Es widerspricht offensichtlich dem Prinzip. Aber warum sollte man das nicht tun? Er steht auf und geht in die Kaffeeküche. Auf dem Weg dorthin kommt er an Tims Büro vorbei. Tim ist Teamleiter eines der Teams. Mit ihm bespricht Jan gerne berufliche Themen.

„Tim! Guten Morgen! Kommst du mit? Einen Kaffee holen?“, begrüßt Jan seinen Kollegen.

Tim steht auf. Freudig begrüßt er Jan. Er fügt hinzu: „Na klar! Kaffee geht immer.“

Die beiden gehen gemeinsam zur Küche. Jan zögert kurz, entschließt sich dann aber doch dafür, seinen Kollegen um eine Meinung zu bitten: „Sag mal, ich habe was gelesen und ich hätte gerne deine Meinung dazu. Es geht um Verbesserung, Veränderung und Transparenz und so. Eines der Prinzipien ist, dass man mit der aktuellen Situation beginnen soll, statt sich eine bessere Lösung zu überlegen und die einfach zu implementieren. Was meinst du dazu? Was fällt dir dazu ein?“

Tim überlegt kurz. „Weiß nicht“, ist das Erste, was er sagt. „Ich muss bei Verbesserung immer daran denken, wie wir es hier im Unternehmen immer machen. Das funktioniert irgendwie immer eher schlecht als recht.“

„Du meinst die Einführung des neuen Ticketsystems beispielsweise?“ Jan wusste nicht allzu viel darüber, hatte aber einige Geschichten gehört.

Tim nickt. „So etwas zum Beispiel. Da hat man sich ein bisschen über das Problem Gedanken gemacht und dann lange ein Werkzeug gesucht, das möglichst toll klang. Und am Ende ist *das Monster* herausgekommen.“

Die beiden nennen das Ticketsystem nur noch ‚das Monster‘, weil es sehr mächtig und aufwändig ist. Darüber hinaus ist es irgendwie auch verdammt schwer zu kontrollieren. Und vielleicht denken sie dabei immer auch an Godzilla, der aus dem Meer kommt und alles zerstört. Anfangs ist die Assoziation noch witzig gewesen, mittlerweile lässt sie die beiden nur noch zynisch lächeln.

Jan hat in seiner kurzen Zeit hier schon einige Erfahrungen mit dem Monster machen dürfen. Bis jetzt sind die kaum erbaulich gewesen.

Tim fährt fort: „Wir haben unglaublich viel Zeit in Schulungen verbracht. Wir haben eigene Positionen dafür schaffen müssen, um das Ding zu warten. Und die Überzeugungsarbeit, die wir geleistet haben, war auch riesig. Erinnere dich nur daran, wie schwer die Leute aus dem Marketing sich mit diesem Werkzeug getan haben?“ Er zögert. „Ach nee, da warst du noch nicht da! Ich höre die Kollegen noch: ‚E-Mails tun es doch auch!‘ Das haben sie gesagt! Heute rotzen sie in ein Ticket, was sie früher in eine Mail geschrieben haben, und schieben es uns zu. Und freuen sich, weil die Abarbeitung mit mehr Druck passiert.“

Tim ist ziemlich frustriert über die Einführung des Werkzeugs. Obwohl er sie damals noch bereitwillig begleitet hat, möchte er heute kaum noch daran denken.

Jan fällt noch etwas ein: „Und ich erinnere mich an Erzählungen über die letzte Umstrukturierung der Abteilung. Irgendwas war da mit ‚mehr Effizienz‘ und ‚Synergien‘. Es gab wohl schnell eine neue Struktur und noch ein paar weitere Rollen.“

Langsam frustrieren auch ihn die Gedanken. „Das hat auch ziemlich viel Widerstand erzeugt. Und besser ist man wohl auch nicht geworden."

Tim seufzt. „Ja, das war ziemlich bekloppt." Er pausiert kurz und nippt an seinem Kaffee. „Willst du auch Milch?" Jan bejaht und hält Tim seinen Becher hin.

„Wie war das Prinzip, das du vorhin genannt hast?"

Jan stottert etwas: „Beginne mit dem, ... was du gerade tust ... und verstehe die bestehenden Prozesse, ... so wie sie aktuell gelebt werden, und respektiere bestehende Rollen, ... Verantwortlichkeiten und Job-Titel. So oder so ähnlich. Ah, guck mal. Man soll die Prozesse verstehen, so wie sie aktuell gelebt werden. Das ist doch eigentlich mal schlau! Das machen wir hier wohl meistens nicht. Haben wir auch bei meinem ehemaligen Arbeitgeber nicht gemacht."

Tim nickt. „Und Respekt für bestehende Rollen, Verantwortlichkeiten und Job-Titel habe ich auch noch nicht so häufig gesehen! Ich habe so eine Ahnung, dass der Teil des Prinzips mit Widerstand zu tun hat. Ich habe mal was über sozialen Status gelesen. Der wird attackiert, wenn Rollen und so weiter bei Menschen verändert werden. Muss ich dir mal raussuchen."

„Ja, danke. Mach das mal. Wir können also festhalten: Status quo erst mal verstehen und respektieren. Also erst einmal den Widerstand nicht aufkommen lassen. Okay. Hast du Lust, dir auch das zweite Prinzip mit mir anzusehen?"

„Nee, du. Ich muss was arbeiten. Mein Team steht auch schon wieder total unter Feuer. Wir könnten aber gemeinsam zu Mittag essen!?", schlägt Tim vor.

Sie verabreden sich und Jan trottet mit seinem Kaffee zurück zum Büro. Dort wartet auch auf ihn schon eine randvolle Mailbox und die Erinnerung seines Kalenders, dass er in 15 Minuten eine Telefonkonferenz hat. Viel lieber würde er sich jetzt um die Verbesserung der Abteilungssituation kümmern. Aber gerade geht das Abarbeiten der Arbeitslast wohl vor.

* * *

Kurz bevor Jan zum Mittagessen mit Tim verabredet ist, stellt er fest, dass er das zweite Prinzip noch nicht angesehen hat. Zu viel zu tun! Wie ärgerlich! Dabei will er das doch mit Tim besprechen. Also schließt er sein Postfach und stellt sein Telefon auf lautlos. Ohne diese Maßnahmen kann er leider nicht mehr arbeiten, die Unterbrechungen sind einfach zu häufig.

„Schaffe eine Vereinbarung, dass Verbesserung durch evolutionäre Veränderung erzielt werden soll", steht auf der Webseite, die Jan heute morgen schon aufgerufen hat. „Mmmh. Klingt erst mal einleuchtend", denkt er. „Aber vielleicht ist es zu simpel gedacht. Vielleicht teile ich das Prinzip erst einmal in zwei Teile auf: ‚Schaffe eine Vereinbarung', das ist der erste Teil."

Er denkt über Vereinbarungen nach und wie Veränderung bei ihm im Unternehmen stattfindet. Denn meistens gibt es jemanden im Management – oder auch auf der Arbeitsebene –, der eine Veränderung plant oder durchführt. Dann wird versucht, das Buy-in zu bekommen. Jan stockt kurz. Was er hier überlege, sei doch Quatsch, denkt er.

Man kann nicht über eine Vereinbarung nachdenken, wenn man gar nicht weiß, was es für eine Vereinbarung sein soll. Also sieht er sich den zweiten Teil an: „Dass Verbesserung durch evolutionäre Veränderung verfolgt werden soll."

Er kratzt sich am Kopf. „Evolutionäre Veränderung", sagt er halblaut. Dabei geht es ja immer ums Überleben. „Bisschen drastisch für mein Problem", denkt er. Dann denkt er zurück an seinen letzten Termin mit Michael. Ein Misserfolg könnte ihn Kopf und Kragen kosten. Die Karriereaussichten sind nicht mehr optimal, wenn man mal in der Probezeit rausfliegt. Das wird auch noch verstärkt, wenn man Abteilungsleiter ist. Es hat also doch etwas mit Überleben zu tun.

Vielleicht kann er etwas aus dem evolutionären Aspekt herleiten. Wie er aus dem Biologieunterricht damals noch weiß, hat Evolution eigentlich kein Ziel. Es geschehen Mutationen und die am besten angepasste Mutation überlebt.

„Aha! Verbesserung durch evolutionäre Veränderung bedeutet also, dass man sich immer weiterentwickelt. Das macht man mit Veränderungen, die einen nicht vollkommen von dem abbringen, was man ursprünglich mal gemacht hat." Jan ist begeistert: Er hat das Prinzip entschlüsselt.

Es wird klar, dass da die Vereinbarungen darüber beschlossen werden müssen: Man muss ja auch was verändern. Also Buy-in schon vorher holen, denn wer würde sich schon gegen kleinschrittige Verbesserung mit viel Ausprobieren stemmen?

Tim schaut zur Bürotür herein. „Kommst du? Ich warte schon fünf Minuten!" Jan hat sich verspätet.

* * *

Beim Mittagessen stellt Jan seine kurze Theorie vor.

„... also wird Veränderung in kleinen Schritten gemacht und man erzielt immer Verbesserungen – gemessen an den Anforderungen, die man tatsächlich hat!" beendet er seine Ausführung.

Tim runzelt kurz die Stirn und gibt dann zu Bedenken: „Aber was passiert mit den evolutionären Experimenten, die nicht erfolgreich sind? Um in einer komplexen Umgebung wie der Natur zu überleben, muss man ja ziemlich viel parallel ausprobieren. Ich erinnere mich da an ein Beispiel mit Giraffen, die immer längere Hälse bekommen haben. Irgendwann haben da welche nicht mehr ausreichend Futter bekommen. Und zwar, weil sie von oben nicht mehr ordentlich an das Futter rankamen! Zu lange Hälse!"

„Die sterben dann wohl ab", entgegnet Jan und muss schlucken.

„Erklär mal unserem Management, dass unerfolgreiche Experimente absterben. Bei unserer ‚gleich einmal richtig'-Mentalität mit Hang zur Effizienz."

Jan schaufelt seine Nudeln in sich hinein. Mit vollem Mund philosophiert er: „Aber wenn die Experimente so klein sind, dass es nix ausmacht, wenn sie schiefgehen, wäre es ja egal."

Tim nickt. „Das stimmt." Pause. „Jetzt mal Butter bei die Fische. Das ist ja alles total abstrakt. Wie sieht das denn in der Realität aus?"

Jan blickt ihn an. „Ausprobieren", sagt er verschwörerisch und stopft sich eine weitere Portion Nudeln in den Mund.

* * *

Später hat Jan seine Mitarbeiter zum wöchentlichen Abteilungsmeeting versammelt. Normalerweise sprechen sie hier die Woche durch, was ansteht und welche Aufgaben erledigt werden müssen. Jan fragt auch immer den Status ab, um zu wissen, was er den internen und externen Kunden sagen kann. Er hat den Kanban-Teil für ganz zum Schluss aufgehoben – er will erst den unangenehmen Teil durchbekommen. Heute scheint es allerdings noch träger zu sein als sonst. Jan stöhnt frustriert auf. „Warum geht das eigentlich nicht einfacher? Ich will doch eigentlich nur wissen, wann die Sachen fertig sind!"

Peter blickt auf. „Ja, es ist frustrierend. Aber wir können noch so gut schätzen: Wenn etwas schiefläuft oder wir eine Zulieferung brauchen oder das Testsystem mal wieder nicht deployt wird, sind alle unsere Schätzungen im Eimer. Und es bedeutet für uns ja auch immer wieder Mehraufwand", beschwert er sich.

„Ich weiß doch", antwortet Jan. „Ich bin damit unzufrieden, dass unsere Schätzungen so wenig mit der Realität zu tun haben. Wir haben einfach eine echt geringe Vorhersagbarkeit. Termine schaffen wir doch immer nur, wenn wir umpriorisieren und etwas anderes dann später kommt."

Die anwesenden Mitarbeiter nicken einhellig. Es ist schon lange her, dass sie mal Zeit in Qualität investiert oder sich Gedanken über die langfristige, technische Entwicklung gemacht haben.

Peter meldet sich wieder zu Wort: „Ja, oder halt mit Überstunden. Die schieben wir ja auch zuhauf. Ich bin froh, wenn ich meine Kinder abends mal wach sehe."

„Jetzt", denkt Jan. „Jetzt ist der richtige Moment." Er hat sich schon gefragt, wie er die Kanban-Methode anbringen könnte. „Ich habe von meiner Frau gehört, dass sie Kanban-Systeme einsetzen, um ihre Arbeitslast und Termine und so zu managen. Sie sagt, es ginge dabei darum, Unzufriedenheiten zu adressieren und Lösungswege zu finden. Dabei wird kein vorgefertigtes Rahmenwerk benutzt, sondern eine Lösung für den eigenen Kontext erarbeitet. Also zumindest soweit ohne Rahmen, dass kein bestimmter Zielprozess implementiert werden muss."

Jens, ein eher stiller Mitarbeiter, ist sichtlich unwohl in seiner Haut.

„Jens, was ist los?", spricht Jan ihn direkt an.

„Ich habe von Kanban gehört, dass es irgendwas mit Board an der Wand zu tun hat und Produktion und so. Wir machen doch aber keine Produktion hier! Es ist nun mal nicht so, dass wir Autos zusammenschrauben! Müssen wir uns jetzt hier einen Fertigungsprozess überlegen, den wir dann strikt einhalten müssen? Ich meine, es gibt ja immer auch Rückfragen und dann bleibt mal was liegen und dann muss man mal eben was für dich oder Jacques machen ...“ Jacques ist der Key-Accounter für ZeCust, den Hauptkunden.

Jan blickt hilflos durch den Raum. Dann erinnert er sich an das erste Prinzip: ‚Beginne mit dem, was du gerade tust.‘

„Nee“, sagt er, „wir müssen uns keinen neuen Prozess überlegen. Wir müssen erst einmal die Prozesse verstehen, wie sie aktuell gelebt werden. Wir beginnen mit dem, was wir gerade tun – und wie wir es tun. Und dann schauen wir, welche Probleme wir denn eigentlich so haben. Dann überlegen wir uns Lösungen dazu.“

„Verstehe. Aber kannst du das nicht machen?“, fragt Jens zurück.

„Da muss ich dich leider enttäuschen, ich brauche da eure Hilfe. Wir können uns das allerdings ein bisschen einfacher machen, ich habe schon etwas vorbereitet. Aber kommen wir gleich dazu. Ich möchte erst einmal mit euch besprechen, was ich vorhabe.“

Er sieht in die Gesichter seiner Mitarbeiter und sucht nach Einverständnis. Es scheint auch niemand etwas dagegen zu haben, dass er etwas vorstellt.

„Also, ich habe die Idee, dass wir bei uns ein Kanban-Board aufhängen. Auf dem visualisieren wir unsere Arbeit. Ich möchte sehen, welche Schritte unsere Arbeit durchläuft beziehungsweise welche Aktivitäten darauf ausgeführt werden. Wir sollten wissen, wo sich die Arbeit befindet und wie viel wir parallel bearbeiten. Insbesondere sollte klar werden, woher eigentlich die ganze Überlast kommt. Ich habe das Gefühl, dass die Überlast auch etwas mit unseren verzögerten Lieferterminen zu tun hat. Dafür müssen wir aber unsere Arbeit mit Tickets, also Karten, repräsentieren und die dann über das Board bewegen.“

„Noch mehr Overhead bei der Arbeit kann ich kaum gebrauchen!“ Endlich meldet sich auch mal Claudia zu Wort. Sie meckert: „Und aufstehen muss ich dann auch ständig!“

„Ein bisschen Bewegung bei der Arbeit kann uns allen nicht schaden. Das erhöht die Blutzufuhr zum Gehirn!“, witzelt Jan und bereut seine flapsige Art gleich wieder. Empathisch sagt er: „Entschuldige. Ich verstehe, was du meinst. Ich glaube, dass wir uns da langsam vorwärtsbewegen und es einfach mal ausprobieren müssen. Kannst du dich darauf einlassen, dass wir das mal zwei Wochen als Experiment machen? Wenn es nix bringt, bin ich der Erste, der es wieder abhängt.“

Claudia überlegt kurz, kann sich dann aber mit zwei Wochen arrangieren.

Nachdem das geklärt ist, machen sie sich an die Arbeit. Jan begleitet den Prozess. Zuerst überlegen sie gemeinsam, welche Arbeitstypen sie erledigen. Jan hat sich vor dem Termin noch etwas schlau gemacht. Sie müssen identifizieren, welche Dienstleistung sie eigentlich wem erbringen. Wo kommt die Arbeit her? Welche Eigenschaften hat sie? Wer möchte sie erledigt haben? Nach einigem Diskutieren haben sie drei Arbeitstypen gefunden: Features, Bugs und Wartungsarbeiten. Features und Bugs kommen von außerhalb: Features werden vom Kunden über die Fachabteilung eingebracht, Bugs melden die Kunden direkt an Jans Abteilung. Die Wartungsarbeiten werden typischerweise von den eigenen Mitarbeitern hineingebracht: Jemandem fällt etwas auf und sie beschließen im Abteilungsmeeting, was davon umgesetzt wird. Leider haben sie in der Vergangenheit wenig Wartungsarbeiten durchführen können, da sie mit anderen Dingen überladen sind.

Für jeden der drei Arbeitstypen überlegen sie sich, welche Arbeitsschritte dabei ausgeführt werden. Jan achtet darauf, dass sie nicht den gleichen Fehler machen wie er am Abend zuvor und nicht nur „To Do", Doing" und „Done" als Status existieren. Sie folgen allerdings einem Top-Down-Ansatz: Sie nehmen genau diese drei Status auseinander und überlegen gemeinsam, welche verschiedenen Zustände von „To Do" es gibt. Die meisten Dingen liegen bei ihnen erst einmal herum, bevor sie es sich dann wirklich vornehmen. Es gibt also ein Backlog und einen „Als Nächstes"-Zustand. Beim „Doing" müssen sie sich etwas mehr Mühe geben, denn Claudia merkt an: „Features, Bugs und Wartungsarbeiten folgen doch unterschiedlichen Workflows!" Daran hatte Jan bei seinem Prozessdesign am Morgen gar nicht gedacht. Mit Post-its versuchen sie so gut wie möglich einen initialen Entwurf ihrer Workflows zu modellieren.

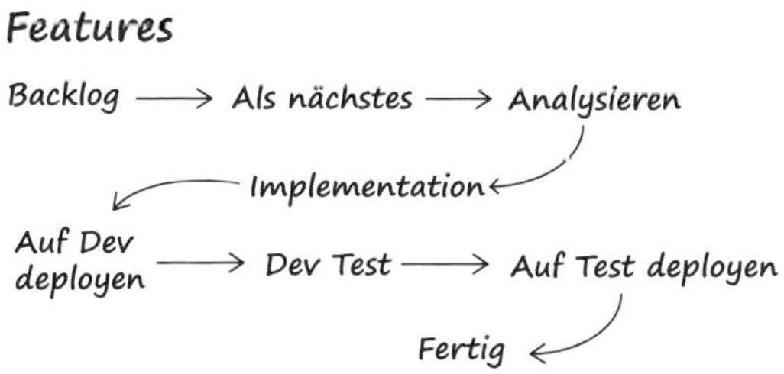

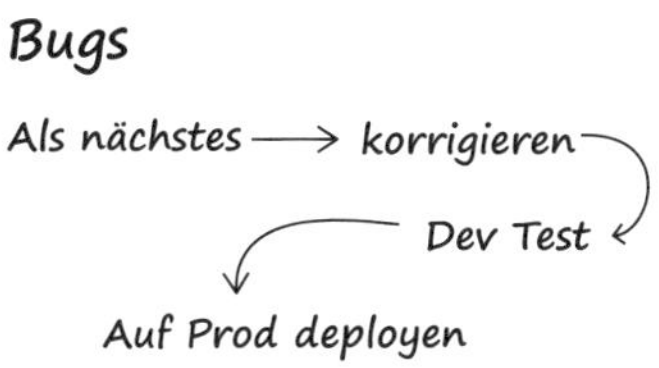

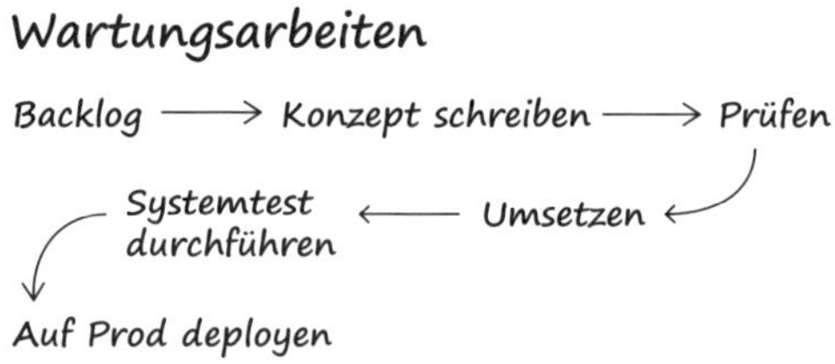

Jan sieht sich die Workflows noch einmal an. „Ich hatte noch ein ‚Peer Review' nach der Implementierung überlegt. Mit Peer-Review meine ich, dass sich jemand noch einmal den Inhalt des Tickets anguckt. Was meint ihr dazu?"

Die meisten Kollegen nicken. Nur Peter merkt an: „Bei wie vielen Tickets machen wir das denn tatsächlich!? Ich weiß, dass wir so ein Review eigentlich gerne machen wollen. Aber wollten wir hier nicht den Ist-Zustand abbilden?"

Jan ist ein wenig verärgert, weil schon wieder einer seiner Vorschläge kritisiert wird. „Na gut. Wir müssen es nicht einführen, aber Peters Anmerkung bringt mich auf eine Idee. Lasst uns mal ins ‚Monster' gehen und mal die einzelnen Tickets raussammeln und den verschiedenen Spalten zuordnen. Da sehen wir recht schnell, welche Dinge wo hineinpassen und welche nicht. Quasi ein Reality-Check!"

Er klebt die Überschriften an ein Whiteboard, das sie kurz vorher noch schnell geleert haben. Peter holt seinen Rechner und Claudia nimmt einen Stift und Post-its. „Feature 325: ‚Anmeldenamen des Nutzers ändern'", diktiert er Claudia. „Muss noch mehr auf dieses Ticket drauf für dieses Kanban?", fragt sie, nachdem sie fertiggeschrieben hat.

Jan schüttelt den Kopf und sagt: „Ich glaube nicht. Das reicht erstmal für unser Kanban-Board. Helft ihr anderen mal mit, die Features, Bugs und die Wartungsarbeiten auf Post-its zu bekommen? Gelb für Features, Bugs sind weiß und Wartungsarbeiten grün." Schnell haben sie die Arbeit aus dem elektronischen System auf die Wand übertragen.

Peter hält drei Post-its in der Hand und sieht Jan entschuldigend an. „Du hattest doch Recht", sagt er. „Bei diesen drei Tickets wird tatsächlich ein Peer Review gemacht. Wir sollten die Spalte doch einführen und beobachten, warum wir sie überspringen – und ob das schlimm ist."

Jan freut sich und stimmt dem Vorschlag zu.

Nachdem Peter die Korrektur vorgenommen hat und alle Haftnotizen am Whiteboard kleben, müssen sie erst einmal eine kurze Pause machen. Sie holen sich einen Kaffee und einige nutzen die Zeit, um schnell ihre E-Mails zu checken. Als sie alle wieder in den Raum kommen und sich vor dem Whiteboard versammeln, herrscht Stille.

Jan ist der Erste, der sie durchbricht: „Wow."

Peter nickt langsam.

Jan fragt erstaunt: „Wusstet ihr, dass wir so viel parallel bearbeiten?“

Seine Mitarbeiter drucksen etwas herum. „Naja. Schon. Also, ich habe es noch nie so explizit gesehen, aber im Gefühl hatte ich es schon“, sagt Claudia.

Jan antwortet: „Klar, im Gefühl habe ich es auch. Aber wie sollen wir das denn alles fertigbekommen? Wir haben ja noch nicht mal die nächsten, geplanten Tickets gesammelt und hingeklebt.“

Etwas ratlos stehen sie so beisammen. Peter durchbricht die Starre: „Tja. Sollen wir's jetzt wieder abhängen?“, provoziert er sarkastisch.

„Das ging mir eben auch durch den Kopf. Aber das wäre ja Quatsch. Wir wollen uns ja verbessern.“ Jan hat den Sarkasmus wohl übersehen. Er fährt fort: „Und das bedeutet wohl, der unangenehmen Wahrheit ins Gesicht zu sehen. Wir sind überlastet und die Warteschlange vor unserem ‚Arbeitssystem‘ ist gerammelt voll. Da verwundert es nicht, dass die Kunden wissen wollen, wann ihre Arbeit endlich fertig wird. Und dass wir selbst keine Wartungsarbeiten mehr durchbekommen.“

Jemand fragt: „Und was machen wir jetzt damit, Jan?“

Er zieht die Schultern hoch und lässt sie wieder fallen. Gerade weiß er nicht weiter. „Vielleicht reicht das aber auch schon mal für den Anfang.“

Skeptisch sehen ihn seine Mitarbeiter an. Er versucht, Zeit zu gewinnen und sagt: „Ich meine, jetzt wissen wir zumindest sehr genau, woran wir arbeiten und dass das wohl zu viel ist.“

„Ja, das stimmt“, sagt Peter unruhig. „Aber wir wollten doch etwas verbessern. Sich das Elend nur immer und immer wieder anzusehen, bringt ja auch nix.“

Er will noch etwas Produktives aus dem Treffen machen. „Wie wäre es denn“, fährt er fort, „wenn wir noch mal darüber sprechen, warum wir das alles machen? Du hast ja vorhin diese Kanban-Methode angebracht, als wir über die Überlastung und die vielen Unterbrechungen gesprochen haben. Vielleicht sollten wir genau **die** mal visualisieren. Dann können wir nämlich so etwas wie Daten darüber sammeln, wie häufig wir Dinge zurückstellen, weil wir nicht mehr weiterarbeiten können. Wenn wir ehrlich sind, ist das doch auch eigentlich der Grund, warum wir so viel parallel machen! Wenn es an einer Stelle nicht weitergeht, fangen wir etwas Neues an. Sonst leidet ja die Effizienz. Das passiert recht häufig. Mit den Daten können wir dann vielleicht eine Veränderung erzielen!? Dann haben die anderen auch mal die Transparenz!“, schließt er seine Ausführung. Er sieht aufgeregt aus und sprüht vor Hoffnung.

Jan blickt ihn an und überlegt. Dann stimmt er zu: „Du hast Recht. Damit können wir anfangen. Ich habe noch eine weitere Idee. Ich bin ja eigentlich dafür zuständig, solche Probleme auch zu lösen. Wie wäre es denn, wenn wir morgens jeweils die Blockaden mal besprechen – dann kann ich mich direkt darum kümmern. Ich bekomme ja sonst zu wenig mit.“

Alle stimmen zu. Sie einigen sich darauf, die Probleme und Blockaden mit roten Haftnotizen an den Tickets zu markieren und den Grund für die Blockade darauf zu schreiben. Als sie das für das gesamte Board einmal gemacht haben, leuchtet es in einem leichten Rotschimmer. Sofort entdecken sie, dass einige Dinge die gleichen Blockadeursachen haben: ein fehlendes Testsystem, falsche oder undeutliche Spezifikationen. Ein paar Mal tauchen fehlende Rückmeldungen von der Fachabteilung auf.

„Tja, bezüglich des Testsystems können wir wohl wenig tun. Aber mit den Spezifikationen und den Rückmeldungen kann ich sicher mal nachforschen.“ Jan hat jetzt wieder ein wenig mehr Energie. Peter hat ihn mit seinem Enthusiasmus angesteckt.

Er erinnert alle an die Verabredung: „Und morgen sprechen wir noch mal, auch falls etwas Neues dazugekommen ist. 9:30 Uhr?“

Das Treffen löst sich auf, nachdem sie sich auf den Termin verständigt haben. Die Mitarbeiter gehen zurück zu ihren Schreibtischen und auch Jan geht wieder in sein Büro. Er überlegt, wie er mit der Implementierung der Verbesserungsmaßnahmen weitermachen soll. Wahrscheinlich sollte er mal mit Anja darüber sprechen, wie es jetzt weitergeht. Er hat keine Ideen mehr. Vielleicht hat sie noch Input aus dieser Kanban-Methode.

Es ist kurz nach 17 Uhr und eigentlich könnte er nach Hause fahren. Bevor er seinen Rechner zusammenklappt, um ihn in die Tasche zu packen, sieht er sich allerdings die Webseite mit den Prinzipien noch einmal an. Er liest sich die ersten beiden Prinzipien für Veränderungsmanagement der Kanban-Methode noch einmal durch. Danach kommt noch das dritte Prinzip: „Fördere Führungsverhalten auf allen Ebenen.“ Jan beschließt, sich später damit zu befassen.

Auf der Seite steht auch eine Liste der Praktiken der Methode:

1. Visualisiere.
2. Limitiere die Menge paralleler Arbeit.
3. Manage den Fluss.
4. Mache Prozessregeln explizit.
5. Implementiere Feedback-Zyklen.
6. Erziele Verbesserung kooperativ, entwickle experimentell.

„Eine ganz schöne Liste, die wir da abarbeiten müssen“, denkt er. „Aber zumindest mit der Visualisierung haben wir angefangen. Vielleicht reicht das ja schon.“

drei

Jan kommt nach Hause und wirft seine Laptoptasche in die Ecke. Er ist erschöpft und freut sich auf ein Abendessen und einen entspannten Abend. Anja ist zum Glück schon da und bereitet gerade das Essen vor. Mit einem Lachen im Gesicht begrüßt sie ihn und fragt, wie sein Tag war.

Er setzt sich an den Tisch. „Interessant", lautet sein zögerliches Resümee.

„Oh? Was meinst du?"

„Naja, Tim und ich haben uns die Prinzipien für das Veränderungsmanagement angesehen und ein paar Dinge herausgefunden."

Er erklärt ihr, was sie besprochen haben, und sieht sie dabei genau an. Es zeigt sich kein Widerspruch in ihrem Gesicht: Stattdessen nickt sie sogar ab und zu. „Doch nicht alles falsch, was wir uns so überlegt haben!", denkt er erleichtert.

Er fährt fort und erzählt über den Fortschritt, den er in seiner Abteilung gemacht hat, und den Abschluss seines Tages.

„Und dann haben wir erst einmal beschlossen, das zu beobachten und dann daraus zu lernen!", beschließt er seinen Bericht.

„Das klingt schon ziemlich gut. Beim letzten Punkt kann ich dir aber noch ein paar Hinweise geben, wenn du willst. Du hast doch eben von den Praktiken der Kanban-Methode gesprochen. Weißt du noch, wie die zweite heißt?", neckt sie ihn lehrerhaft.

Er denkt kurz nach und erinnert sich: „Die Menge der parallelen Arbeit zu limitieren, war das, glaube ich."

Sie nickt: „Ja, genau!"

„Schön und gut, aber was sollen wir denn da limitieren, Anja? Mal ehrlich: Wir gehen in der Arbeit doch unter."

„Lass mich erst einmal zu Ende kochen. Dann können wir essen und danach erkläre ich es dir."

„Stimmt!", entfährt es ihm. „Essen hat erst einmal eine höhere Prio."

* * *

Als er Messer und Gabel weglegt und sich satt zurücklehnt, fragt er nach: „So. Limitierung paralleler Arbeit. Was bedeutet das?“

Anja schmunzelt und verlangt dann verschmitzt: „Warte! Tisch abräumen und die Küche aufräumen gehören auch zum Kochen und Essen dazu.“

Er grummelt: „Was soll das denn jetzt?“

„Ich erkläre es dir gleich. Lass uns kurz aufräumen.“

Sie räumen die Küche schnell gemeinsam auf und setzen sich dann wieder an den Tisch. Anja hat ein paar Blätter Papier und einen Stift mitgebracht.

„Dir ist es wahrscheinlich nicht aufgefallen, aber ich habe eben die Menge paralleler Arbeit limitiert. Solange wir noch nicht mit der Vorbereitung, dem Essen und der Nachbereitung der Mahlzeit fertig waren, haben wir noch nicht über Kanban sprechen dürfen. Am Anfang hast du noch gesagt, dass Essen Prio hat. Aber als es dann ans Aufräumen ging, wolltest du gerne etwas Neues anfangen.“

Sie wartet, bis er mit einem Nicken sein Verständnis zeigt. Dann setzt sie ihren Gedankengang fort: „Wenn wir die Nachbereitung nicht gemacht hätten, sondern über Kanban gesprochen hätten, wäre sie eventuell bis morgen liegen geblieben. Irgendwann wären wir ja mit dem Thema fertig gewesen und hätten keine Lust mehr auf das Aufräumen gehabt. Ich schätze, dann hätten wir wahrscheinlich ferngesehen oder wären ins Bett gegangen. Vielleicht hätten wir auch das Thema WIP-Limitierung andiskutiert und dann beiseitegelegt.“

Jan unterbricht sie: „WIP?“

„Ah, entschuldige. WIP ist parallele Arbeit. WIP steht für ‚Work in Progress‘. Die einzelnen Dinge – Essen, Kanban, Fernsehen, zu Bett gehen – sind in der Kanban-Welt ja angefangene Arbeitseinheiten. Sie heißen Work-in-Progress oder kurz WIP. Die Arbeitstypen und die Workflows dazu habt ihr heute modelliert. Und ich kenne uns ja. Ich wusste, dass wir nach unserem Gespräch keine Lust mehr auf das Aufräumen der Küche haben würden. Und so habe ich den WIP begrenzt: kein Arbeitsgespräch bevor wir nicht mit unserer Aufgabe ‚Essen‘ fertig sind. Quasi nur eine aktive Arbeitseinheit zum selben Zeitpunkt.“

„Und du hast somit dafür gesorgt, dass die Qualität unserer Wohnung hoch bleibt! Ich muss also nur WIPs einführen, um die Qualität zu steigern?“

„WIP-Limits heißen die. Und nein, irgendwelche Zahlen reichen da nicht. Da musst du auch eine generelle Haltung des Qualitätsfokus dahinter stellen. Dann könnt ihr auch die Qualität steigern. Aber generell ist es schon der richtige Gedanke. WIP-Limits sind zu mehreren Dingen gleichzeitig gut. Das erste wäre beispielsweise die Frage, ob wir die Qualität unseres Produkts wirklich hoch halten können, wenn wir etwas Neues anfangen würden.“

„Ja klar, da gehen ja auch immer Integrationsrisiken einher“, merkt Jan an.

Anja nickt zwar, merkt aber an: „Du denkst ein bisschen zu technisch, aber du hast Recht: Viel parallele Arbeit bedeutet eventuell Querbeziehungen, Abstimmungen, man vergisst, woran man arbeitet etc.“

Sie macht eine kurze Pause und denkt kurz nach.

„Die Kanban-Methode und Work-in-Progress-Limits lassen sich natürlich auf mehr als nur Softwareentwicklung anwenden“, fährt sie fort. „Die Prinzipien bleiben gleich. Das Anwendungsgebiet ist sehr breit. Eigentlich fällt alles hinein, bei dem eine Dienstleistung erbracht wird. Bei uns in der Firma werden Sales, IT-Ops, Marketing mit Kanban gemacht und sogar die HR-Leute haben hier und da Anwendungen gefunden. Wobei das etwas ungenau ist. Korrekt müsste ich immer sagen, dass sie die Kanban-Methode anwenden. Das verschlucke nicht nur ich häufig.“

„Mmmh. Das klingt spannend, zumindest der Teil, dass mehr als nur die Entwicklung das macht. Aber du wolltest mir jetzt was zu den Vorteilen erklären.“

Anja lächelt. „Nicht so ungeduldig! Geht ja gleich los. Pass auf.“ Sie malt drei mal drei Kästchen untereinander:

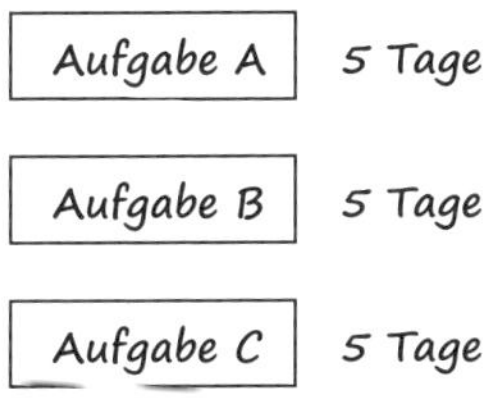

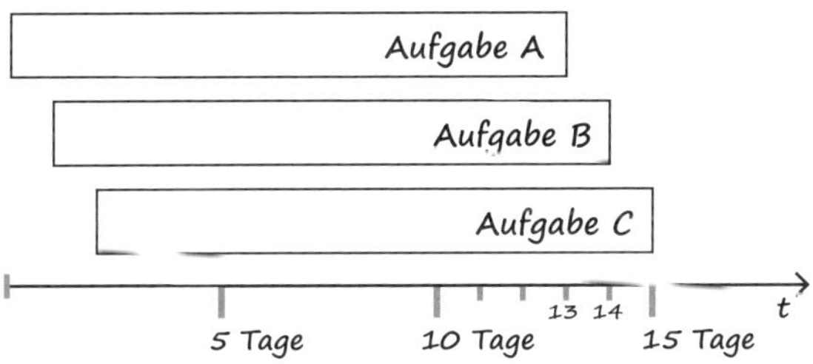

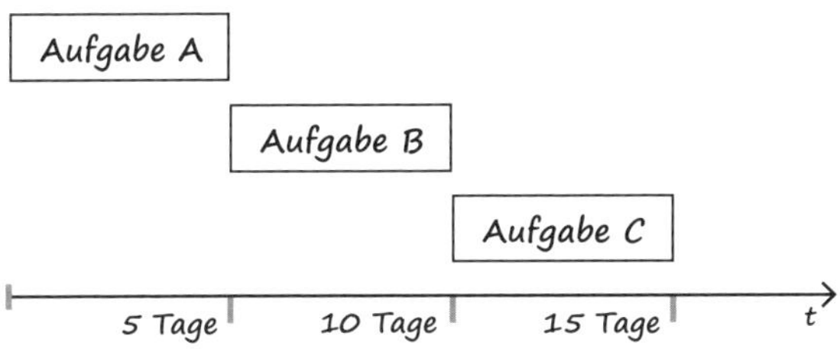

„Wir haben drei Aufgaben, so wie diese hier. Nehmen wir mal an, die dauern – reine Arbeitszeit – jeweils etwa fünf Tage. Und wir fangen alle drei in etwa gleichzeitig an und wechseln immer hin und her zwischen den Aufgaben. Dann werden alle drei in etwa zur gleichen Zeit fertig. Richtig?“

Jan nickt: „Pi mal Daumen, ja.“

Anja fährt fort: „Wenn wir die jetzt alle sequentiell, also nacheinander bearbeiten, sieht das Bild anders aus. Erst wird eines fertig, dann das Zweite und zum Schluss das Dritte.“

Jan zieht zischend Luft durch die Zähne ein. Er protestiert: „Aber das ist doch voll unfair dem dritten Paket gegenüber. Es wurde spät angefangen und spät fertiggestellt. Die anderen werden bevorteilt!“

Er blickt seine Frau entrüstet an. Die aber schmunzelt nur und erklärt: „Naja. Im ersten Fall waren alle drei spät: dreizehn, vierzehn und fünfzehn Tage sind die Durchlaufzeiten ab der initialen Zusage. Jetzt ist nur noch eines spät. Es dauert fünfzehn Tage. Durchschnittlich sind wir von 14 Tagen auf zehn Tage runter.– Was hättest du als Kunde lieber?“

„Stimmt auch wieder. Das heißt, sequentiell ist besser!“, stellt Jan fest. Aber seine Frau schüttelt den Kopf.

„Nein, nicht immer. Wenn man sich strikt daran hält, nur eine Sache gleichzeitig zu bearbeiten, kann man nicht weiterarbeiten, wenn eine Blockade auftritt. Wenn zum Beispiel...“

„... ein Testsystem nicht verfügbar ist!“, fällt Jan ihr ins Wort. „Ist gerade heute mal wieder bei uns passiert. Klar, da können meine Leute nicht einfach herumsitzen. Die brauchen ja auch eine gewisse Auslastung.“

Anja stimmt ihm zu: „Ja, man muss da allerdings noch etwas berücksichtigen. Darüber sprechen wir gleich. Erstmal zu den Grundlagen. Die Durchlaufzeit ist die Zeit, die von der Auftragsannahme bis zur Auslieferung vergeht. Wenn wir die optimieren wollen, müssen wir die Menge paralleler Arbeit begrenzen – beziehungsweise optimieren.“

„Leuchtet ein: Je weniger man parallel macht, desto schneller gehen die einzelnen Dinge durch.“

„Aber man muss etwas vorsichtig sein. Unser Kanban-Coach hat damals das Bild einer Autobahn verwendet. Packt man sie zu voll, kommt alles zum Stehen. Wird sie aber unter Gebühr beansprucht, wird sie unrentabel. Dann wäre man vielleicht mit einer Landstraße viel besser bedient gewesen.“

Jan nickt wieder und Anja fasst zusammen: „Kurzfristig können wir die Durchlaufzeit mit der Begrenzung beziehungsweise der Senkung von paralleler Arbeit verbessern. Mit geringerer Durchlaufzeit sinken die Änderungsrisiken, Integrationsrisiken und so weiter.“

„WIP-Limits“, sagt sie und macht eine kurze Pause. Sie will auf den Aspekt der Blockaden zurückkommen: „Die haben einen weiteren Effekt. Du hast vorhin das Testsystem erwähnt. Tritt das Problem häufig auf bei euch?“

„Ja, schon. Aber wir können da leider wenig dran ändern“, antwortet Jan.

„Stell dir mal vor, ihr habt drei Aufgaben, die irgendwie blockiert sind. Was würdet ihr normalerweise tun?“

„Natürlich etwas Neues anfangen. Ich will ja nicht, dass meine Mitarbeiter rumsitzen. Es gibt genug zu tun.“

Sie grinst. „Typisch. So, jetzt stell dir mal vor, ihr habt euch ein Limit von fünf gegeben. Drei sind blockiert, zwei in Bearbeitung durch andere Mitarbeiter. Vorausgesetzt, du könntest etwas an den Problemen ändern, was würdest du tun?“

Jan überlegt kurz und fragt noch mal kurz nach, ob sie nichts Neues ziehen dürften, was Anja verneint. Dann sagt er: „Der Fall ist heute ganz ähnlich aufgetreten, eine Zuarbeit aus einer anderen Abteilung war nicht da. Aber wir haben keine WIP-Limits. Ich habe dann aktiv eingegriffen und das Problem beseitigt. Dafür bin ich ja auch da.“

„Genau!“, bestätigt Anja ihren Mann. „WIP-Limits zwingen uns noch mehr als vorher, uns mit dem Problem auseinanderzusetzen und die entstehenden Risiken zu adressieren. Statt etwas Neues zu beginnen, müssen wir erst einmal die bestehenden Blockaden lösen. Man sollte ja davon ausgehen, dass das, was man früher begonnen hat, eine höhere Priorität hat als das später Gestartete.“

Jan nickt wieder. Und doch ist er nicht ganz zufrieden: „Ich finde, ihr macht euch das mit dem WIP und dem Kanban ein bisschen zu einfach. Klar, Problem beheben. Haken drunter. Aber was ist, wenn sich die Blockade nicht lösen lässt – wie zum Beispiel das Testsystem, auf das wir immer wieder warten müssen!?“

Anja lehnt sich zurück und hebt die Hände.

„Jan, sei mir nicht böse, aber mir reicht es für heute. Ich möchte gerne noch ein bisschen was Seichtes als Abendunterhaltung haben. Nicht immer nur Kanban-Methode. Ich werde ja schließlich von deiner Firma nicht dafür bezahlt!“ Sie lacht ihn an. „Ich gebe dir aber noch einen Tipp: Was machst du, wenn du zur Arbeit fährst und es wird an einem Punkt der Strecke über einen langen Zeitraum gebaut? Du setzt dich ja auch nicht erst einmal in den Straßengraben und heulst.“

Jan muss bei der Vorstellung lachen. Dann fährt Anja fort: „Und zu spät zur Arbeit kommst du deswegen auch nicht regelmäßig. In den Momenten nimmst du dir statt des Wegs zur Arbeit ja auch nichts Neues vor. Dabei hast du noch andere Sachen auf der To-Do-Liste. Zum Beispiel müsstest du auch noch mal zum Herrenausstatter fahren. Weil du ja noch Schuhe für Karls Hochzeit kaufen musst. Das wäre ausgemachter Quatsch, das statt der Arbeit anzufangen. Ganz besonders, weil auf dem Weg jetzt zufällig mal eine Baustelle liegt. Und was macht man, wenn man beim Tierarzt immer lange warten muss?“

Sie steht auf und lässt ihn mit diesen Denkanstößen sitzen. Sie schlendert zum Sofa und verkriecht sich mit dem Tablet und einer Decke. Kurz danach hört er nur noch das leise Stimmenwirrwarr der Serie, die Anja guckt. Ab und zu raschelt eine Chipstüte.

Jan bleibt am Tisch sitzen und grübelt. Was man wohl mache, wenn man beim Tierarzt immer lange warten muss. Er jedenfalls würde immer einfach genügend Zeit einplanen. Wäre ja Quatsch, wenn er gleich wieder weg muss, ohne dass ihr Hund Sam den Tierarzt – beziehungsweise andersherum – gesehen hat. Ausreichend Zeit einplanen und die Wartezeit akzeptieren. Das ist seine Strategie. Er macht sich eine Notiz: „Genügend Zeit einplanen."

Was sie wohl mit dem Tipp mit der Straße meine, fragt er sich. Er malt sich in Gedanken aus, was er in der Situation macht. Es existieren offensichtlich mehrere Lösungsmöglichkeiten. Die erste wäre „Augen zu und durch". Da muss man dann aber immer auch genügend Zeit einplanen. Er unterstreicht seine Notiz zweimal. Seine Schlussfolgerung scheint sich zu bestätigen.

Die zweite Möglichkeit wäre natürlich, eine andere Route zu fahren. Die benötigt vielleicht eigentlich etwas mehr Zeit als seine Stammroute. Aber mit der Baustelle könnte die Alternativroute schneller sein. Übertragen auf seine Arbeit würde das bedeuten, dass man Dinge nach einem anderen Workflow macht, wenn der Hauptflow irgendwie blockiert ist. Das bedeutet natürlich, dass man erkennen muss, wenn der Fluss blockiert wäre – wiederum das Argument für die WIP-Limits. Jan schreibt „Andere Routen verwenden" unter seine erste Notiz. Gerade bei Baustellen, die länger den Verkehr behindern, ergibt es Sinn, sich eine Ausweichroute zu suchen.

„Anja, eine Frage musst du mir noch beantworten!", ruft er seiner Frau zu.

Sie schaut vom Sofa herüber. „Ich muss hier gar nix!" Sie grinst – ein gutes Zeichen. „Aber schieß los. Eine letzte Frage."

Jan formuliert in seinem Kopf und stellt dann seine Frage: „Ich habe das mit dem Tierarzt und dem Zeiteinplanen ja verstanden. Aber woher soll ich denn wissen, wie lange ‚genügend Zeit' ist?"

Anja sieht ihn an und sagt belustigt: „Von der schnellen Sorte bist du heute aber nicht! Natürlich musst du das messen. Dann schaust du, wie die Zeiten verteilt sind. Wie häufig welche Wartezeit auftritt und so weiter. Beim Tierarzt wissen wir doch, dass wir da normalerweise eine halbe Stunde im Wartezimmer sitzen. Aber ab und zu ist es doch eher mal eine Dreiviertelstunde. Wenn du einen wichtigen Termin danach hast, planst du eher mit der Zeit, die in 90% der Fälle gehalten wird – also zum Beispiel 45 Minuten. Da hast du eine große Sicherheit und eventuell danach etwas freie Zeit. Wenn es dir eher egal ist, ob du den Termin danach erreichst, reicht dir vielleicht auch die 60-prozentige Wahrscheinlichkeit. Das sind dann eher 25 oder 30 Minuten."

Jan kratzt sich kurz am Kopf und entgegnet: „Stimmt, das ist eigentlich echt einfach. Endlich mal etwas Positives, was aus den Wartezeiten beim Tierarzt herauskommt. Ich übertrage das mal auf mein Testsystem. Da muss ich herausfinden, wie lange es typischerweise blockiert ist."

„Und am besten schaust du auch noch, wie häufig die Blockade passiert. Und du könntest auch die Gesamtdurchlaufzeit für alle Tickets herausfinden, die durch das Testsystem müssen und dann damit rumrechnen. So. Mir reicht es jetzt. Lass mich in Ruhe meine Serie gucken!" Sie dreht sich ihrem Tablet zu.

„Ach", fügt sie dann doch noch hinzu, „es gibt noch eine Möglichkeit, mit Blockaden umzugehen: Wegsprengen!" Mit diesen Worten lässt sie Jan wieder alleine sitzen.

„Blockaden wegsprengen. Die ist witzig!", denkt sich Jan und muss grinsen bei dem Gedanken. Alles freisprengen mit roten Dynamitstangen, wie Wile E. Coyote aus der Zeichentrickserie Looney Tunes mit dem Roadrunner. Amüsiert steht er auf und streckt sich. Auch er hat für heute genug vom Management mit der Kanban-Methode.

„Das Sprengen kann warten", denkt er sich und nimmt sich vor, morgen mit seinen Mitarbeitern über WIP-Limits und Blockaden zu sprechen.

* * *

Als er am nächsten Morgen ins Büro kommt, muss Jan erst einmal einen Abstecher zur Kaffeemaschine machen, bevor er überhaupt seinen Rechner hochfahren kann. Er hat schlecht geschlafen – vor allem, weil er schlecht geträumt hat. „Blockaden wegsprengen. Pffft", hat er noch kurz zu seiner Frau gesagt, bevor er ins Büro gefahren ist. Denn in seinem Traum hat er heute Nacht Testsysteme, Meetings und ganze Abteilungen weggesprengt. Sobald es an seinen Schlaf ging, war das Bild nicht mehr amüsant. Was sie wohl damit gemeint hat?

Er brummelt seinen Mitarbeitern nur ein kurzes „Guten Morgen" entgegen. Er setzt sich mit einem dampfenden Kaffee in der Hand an seinen Schreibtisch. Als er seine E-Mails öffnet, findet er dort eine Nachricht von Anja. Der Inhalt: *„http://de.wikipedia.org/wiki/Binger_Loch* :-* Anja".

Mehr nicht. Er öffnet den Link und liest den Wikipedia-Artikel. Darin steht, dass das Binger Loch eine Engstelle im Rhein sei. Jahrhunderte lang stellte sie eine massive Gefährdung für den Schiffsverkehr dar. Der Rhein überquert hier ein Quarzit-Riff, das quer zum Flusslauf liegt. Schiffe konnten dort nicht passieren, weil sie Gefahr liefen, aufzusetzen und zerstört zu werden. Die Lösung, die seit der Römerzeit gewählt wurde: die Schiffe entladen und die Ladung auf die andere Seite des Riffs zu bringen, um sie dann wieder auf Schiffe zu verladen. Ziemlich aufwändig – insbesondere für eine Wasserstraße mit diesem Verkehrsaufkommen.

„Warum haben die das Riff nicht einfach weggesprengt?", denkt Jan und ihm geht sofort ein Licht auf. Jetzt weiß er, warum Anja ihm den Link geschickt hat.

Er liest weiter: Es war teuer und gefährlich, das Riff zu bearbeiten, die Werkzeuge waren nicht geeignet und erst im 17. Jahrhundert war man mit einer ersten Sprengung erfolgreich. Die hat allerdings nicht das komplette Riff erledigt, sondern nur einen kleinen Teil. Die verschiedenen Versuche hatten dann mehr oder minder gute Auswirkungen – inklusive der Verlandung einiger Teile des Rheins – bis dann erst in den 1970er-Jahren eine ausreichend große Scharte gesprengt werden konnte. Nun ist es ihm klar: Natürlich können sie das Testsystem nicht einfach ersetzen. Aber falls die verursachten Kosten ausreichend hoch sind, kann man auch so eine große und aufwändige Investition wie ein neues Testsystem rechtfertigen. Maßnahmen für andere Probleme wären so etwas wie die Ausbildung eigener Spezialisten oder die Klärung mit den Fachbereichen, dass bestimmte Entscheidungen lokal getroffen werden können. Jan ist zufrieden. Ein tolles Beispiel! Er antwortet seiner Frau kurz: „Danke!!! :-*"

Seine Müdigkeit ist weg. Motiviert steht er von seinem Schreibtisch auf. Natürlich würden sich nicht alle Probleme dadurch lösen, aber zumindest der Denkansatz hilft ihm schon einmal.

* * *

Es ist auch schon fast Zeit für das Daily-Standup. Anja hat ihm gestern noch einmal in Erinnerung gerufen, dass dieses Meeting offiziell „Kanban-Meeting" heißt. Den Grund hat er aber nicht ganz verstanden. Irgendetwas mit verfügbaren Kapazitäten. Er geht einfach mal davon aus, dass sich das noch aufklären wird.

Wie sie gestern besprochen haben, geht er mit seinen Mitarbeitern den aktuellen Zustand der Arbeit noch einmal durch. Es hat sich nicht so viel bewegt seit dem gestrigen Abend. Claudia meldet sich allerdings mit einer neuen Blockade: „Jacques antwortet seit einigen Tagen nicht auf eine E-Mail von mir. Ich komme da aber ohne seinen Input nicht weiter, obwohl ich genau an diesem Punkt jetzt eigentlich weiterarbeiten muss. Ich klebe mal einen neuen, roten Zettel darauf."

Nachdem sie die Ursache auf den Blockademarker geschrieben hat und diesen am zugehörigen Ticket aufgeklebt hat, sagt sie: „Ich habe jetzt erst mal nichts mehr zu tun, so lange sich die Blockade nicht behebt. Ich ziehe mir dann mal das nächste Ticket."

Auf diesen Moment hat Jan schon ein bisschen gewartet. Er bittet Claudia, die neue Arbeit in der Eingangsspalte hängen zu lassen und schreibt eine dicke 20 über die „Implementieren"-Spalte. „Das, liebe Kollegen, ist ein sogenanntes WIP-Limit! WIP steht für Work-in-Progress. Das ist also Arbeit, die bereits angefangen wurde. Wir limitieren jetzt die Menge paralleler Arbeit. Ich möchte, dass wir nur noch so viel anfangen, wie wir auch fertigstellen." Er blickt in die Runde.

„Aha. Und was mache ich jetzt?", fragt ihn Claudia.

„Gute Frage. Lass uns mal schauen. Mmh. Braucht irgendwer Unterstützung? Nein?" Seine Hände zittern ein wenig. Er hofft, dass sein Experiment gut geht.

Kein Kollege meldet sich. Wollen sie ihn jetzt auflaufen lassen? Er wartet noch kurz und fragt dann: „Worüber sind unsere Kunden am meisten unzufrieden?“

Peter ist der Erste, der antwortet: „Wir sagen, dass wir liefern. Aber dann liefern wir zu spät oder das Falsche.“

„Genau!“ Jan freut sich über das Beispiel mit Jacques. „Und Jacques mit seinem Kunden ZeCust ist einer, der immer ganz laut schreit, wenn die Sachen nicht fertig sind.“ Die anderen nicken. „Ein WIP-Limit beschränkt die Dinge, die wir parallel in Bearbeitung haben. Es hält uns dazu an, erst etwas fertigzumachen, bevor wir etwas Neues anfangen. Ich kann euch das gleich noch mal an Littles Gesetz aus der Warteschlangentheorie zeigen. Aber jetzt ist wichtiger: Wir müssen das, was wir begonnen haben, erst einmal zu Ende bringen. Claudia, ich möchte, dass du versuchst, irgendwie eine Antwort von Jacques zu bekommen. E-Mail, Telefon, Instant-Messenger oder du gehst rüber in das andere Gebäude, direkt an seinen Platz. Und zur Not wartest du dort, bis er wieder da ist. Falls du immer noch nicht weiterkommst, möchte ich, dass du dich mit anderen Blockaden beschäftigst. Am besten, du bringst irgendetwas wieder in einen aktiven Zustand oder machst mir einen Plan, wen ich zur Not anhauen muss.“

„Und was ist mit der neuen Arbeit, die wartet doch auch schon?“ Claudia ist noch nicht überzeugt. „Ich meine, das ist doch total ineffizient, wenn ich nicht programmiere.“

Jan nickt. „Das ist es wohl. Aber wir kommen ja auch nicht vorwärts, wenn wir ganz viel anfangen und nichts fertigstellen – mal übertrieben gesagt.“

„Na gut, dann bombardiere ich mal Jacques. Braucht ihr sonst noch was von mir? Soll ich noch Kaffee holen“, fragt Claudia mit einem sarkastischen Unterton.

Einige schütteln den Kopf, andere sagen nichts. Aber Jan möchte das Meeting nicht mit Claudias sarkastischem Ton enden lassen.

„Ich weiß, dass das jetzt gerade etwas unangenehm für dich ist. Danke, dass du es trotzdem mitmachst!“, zeigt er seine Wertschätzung. Claudia nickt kurz und scheint sich besser zu fühlen. Jan beendet das Kanban-Meeting und alle gehen an ihre Arbeitsplätze. Er überlegt, ob das sonderlich effektiv war. Aber falls Claudia tatsächlich Jacques mal ein bisschen auf die Füße treten kann, ist das sicher hilfreich. Der meckert nämlich gerne über die zu späte Fertigstellung und ist dabei selbst ein ganz großer Blockierer.

* * *

Eine halbe Stunde nach dem Meeting, während Jan sich durch die anstehende Arbeit pflügt und sie nach Wichtigkeit sortiert, kommt Claudia vorbei.

„Jacques war an seinem Platz. Er ist ans Telefon gegangen und hat mir die Frage beantwortet. Naja, größtenteils. Er kommt gleich hier rüber und wir besprechen es nochmal im Detail.“ Sie sieht erstaunt, aber fröhlich aus. „Komisch, dass sich diese Blockade so leicht lösen ließ“, sagt sie.

Auch Jan freut sich: „Das war ja einfach."

Doch seine Freude dauert nicht lange: Gerade als Claudia das Büro verlässt, kommt auch schon der Nächste rein: Dimitri, der Backendentwickler.

„Ich habe jetzt auch eine Blockade und ich komme nicht weiter. Die Anforderungen stimmen schon wieder nicht und die Ansprechpartnerin in der Fachabteilung ist im Urlaub. Warte ich jetzt bis zum nächsten Stand-Up. Oder darf ich mir jetzt schon was Neues ziehen?"

Jan fährt sich durchs Haar. Es ergäbe ja keinen Sinn, bis zum Stand-Up zu warten. Dimitri soll ja nicht tatenlos herumsitzen. Aber das WIP-Limit zu überschreiten, wäre auch doof. „Hast du mal mit jemand anderem in der Fachabteilung gesprochen?", fragt er zurück.

Dimitri pampt: „Nein, ich weiß nicht, wer dort zuständig ist. Und sowieso: Wieso soll ich mich jetzt kümmern, nur weil die es schon wieder verbaselt haben?" Er ist offensichtlich nicht sehr gut gelaunt.

Jan kann das verstehen: Die Anforderungen dieser Fachabteilung sind immer sehr schwammig und man muss den Mitarbeitern dort dann erst alles aus der Nase ziehen. Er schickt Dimitri zu den Kollegen zurück.

„Guck mal bitte, wen du unterstützen kannst, während ich die Lage kläre. Ich muss wohl mal mit Rudolf sprechen."

Er macht sich direkt auf den Weg zum Chef der Fachabteilung. Vielleicht muss denen ja einfach mal jemand auf die Füße treten. Bei Jacques hat es ja auch geklappt.

* * *

Jan muss kurz vor der Tür warten, weil Rudolf sein Telefonat noch beendet. Mit einem entschuldigenden Gesichtsausdruck bittet Rudolf seinen Kollegen kurz darauf hinein. „Du weißt ja, wie das ist. Alle wollen was, nichts geht vorwärts. Da seid ihr ja auch nicht ganz unschuldig dran!"

Jan ist wie vor den Kopf gestoßen. „Wir? Wir versuchen doch alles Mögliche. Aber wenn eure Spezifikationen …" Er unterbricht und denkt an das zweite Prinzip: ‚Schaffe eine Vereinbarung, dass Verbesserung durch evolutionäre Veränderung erzielt werden soll.'

„Rudolf, genau deswegen bin ich zu dir gekommen: Ich möchte mit euch zusammen unsere Leistung verbessern. Wir merken gerade, dass viele, die unsere Dienste in Anspruch nehmen, unzufrieden sind."

„Das kannst du aber laut sagen, Jan. Ständig muss ich die Kunden vertrösten!"

„Ach, ich dachte immer, die schlagen zuerst bei uns auf. Ich muss nämlich auch ständig mit ihnen sprechen. Naja. So kann man sich wohl täuschen. Jedenfalls verwenden wir gerade so eine neue Methode, um Probleme im Fluss der Arbeit deutlich zu machen. Dabei haben wir herausgefunden, dass die Zusammenarbeit mit deiner Abteilung nicht immer reibungslos verläuft: Wir warten auf euch und anscheinend wartet ihr auch auf uns."

Rudolf schaut Jan verdutzt an und fragt dann nach: „Ihr wartet auf uns?"

„Ja. Wir haben das Problem, dass bei uns ganz häufig der Fluss stockt, weil wir auf Rückmeldung oder Klärung durch deine Mitarbeiter warten. Das kann erst spät während der Entwicklung passieren. Oder schon, wenn gerade erst etwas Neues angefangen wird. Das ist gerade heute der Fall. Wenn wir dann warten müssen, dauert es für euch länger und wir schaffen den zugesagten Liefertermin nicht."

„Das ist ja interessant. Meine Mitarbeiter versuchen natürlich so gut wie möglich zu beschreiben, was sie benötigen. Das schreiben sie auch in das Anforderungsdokument. Das liegt dann bei euch."

Jan ergänzt: „Und es liegt auch ziemlich lange bei uns rum. Ich weiß. Und wenn wir dann damit anfangen, seid ihr schon viel weiter. Oder das Projekt ist für euch abgeschlossen. Oder die Mitarbeiter sind im Urlaub. So wie heute: Andrea ist nicht da, Dimitri braucht eine Antwort."

„Er soll mal Sonja fragen. Die kennt sich auch gut aus. Aber noch mal zum generellen Problem: Wir könnten wahrscheinlich jemanden zur Verfügung halten, der sich mit den Anforderungen auskennt, wenn wir wüssten, wann ihr anfangt, daran zu entwickeln."

Jan seufzt. „Das ist immer schwer zu sagen. Es kommt ja auch immer viel von der Seite. Welchen Vorlauf benötigt ihr denn?"

Rudolf überlegt kurz. „Ich frage mal nach. Bevor ich hier Quatsch erzähle, warte mal kurz." Er ruft Sonja an.

Rudolf lehnt sich in seinem Stuhl zurück, der gefährlich quietscht. Als Sonja sich meldet, begrüßt Rudolf sie freundlich und fragt sie nach dem Vorlauf.

Jan hört natürlich nur die eine Seite des Telefonats: „Zwei Wochen? Minimal? ... Ja, das hätte ich auch so im Gefühl gehabt. ... Ok. Danke ... Bis später!"

Rudolf legt auf. „Das hast du ja gehört. Also wenn ihr zwei Wochen vor Beginn sagen könnt, an welchem Tag ihr wahrscheinlich anfangt, etwas zu entwickeln, dann können wir da die betreffende Sachbearbeiterin oder den Sachbearbeiter freihalten."

„Das klingt doch schon mal gut. Wir sind noch nicht so verlässlich, dass ich das garantieren kann. Aber da wollen wir hin! Und wenn ihr uns dabei so helft, werden wir da sicher schnell besser." Jan steht auf. „Rudolf, danke sehr! Es ist toll, wenn wir lösungsorientiert zusammenarbeiten können."

„Das finde ich auch. Ist doch irgendwie besser, wenn es vorwärts geht."

* * *

Jan geht beschwingt die Treppe hoch zu seinen Mitarbeitern. Stolz will er ihnen berichten, was passiert ist und dass Dimitri Sonja anrufen soll. Der winkt ihn aber nur nebenbei weg. „Lass mal, ich bin gerade mit Claudia an dieser Sache. Wenn wir das jetzt knacken, können wir danach meine Sache wahrscheinlich schneller machen. Claudia kümmert sich dann um den Frontend-Teil und ich um das Backend. Wenn wir das dann später kurz mit Sonja durchsprechen, ist das ruckzuck fertig! Danke aber erstmal für deine Hilfe.“

Jan steht verdutzt da. Haben seine Mitarbeiter sich gerade selbst organisiert?

vier

„*Slack.*" Jan zieht die Stirn kraus. „Was meinst du damit? Heißt ‚*slack off*' nicht so etwas wie nachlässig werden? Ich fühle mich auf den Arm genommen. Ich will doch nicht, dass meine Teammitglieder nachlässig werden!"

Anja lächelt ihn verschmitzt an. Sie sitzen gemeinsam im Wohnzimmer. Anja hat es sich auf dem Sofa gemütlich gemacht und die Füße hochgelegt, während Jan ihr gegenüber auf einem der Sessel sitzt. Ihr Hund Sam liegt auf dem Teppich zwischen ihnen und schläft.

„Ja und Nein, mein Lieber. Slack ist neben dem, was du meinst, auch ein Begriff aus dem *Drum-Buffer-Rope*, einem Produktplanungssystem aus der Engpasstheorie. Es lohnt sich, das auch bei Wikipedia nachzulesen. Oder eben in Gold ratts Buch[1] ‚Das Ziel' selbst! Jedenfalls wird das Bild eines Seils verwendet, das die Aufträge durch die Produktion zieht. Wenn eine Produktionsstation schneller ist als die folgende, hängt das Seil zwischen ihnen quasi durch. Das nennt man Slack. Da weiß die schnellere Station, dass sie einen Gang herunterschalten muss."

„Ein durchhängendes Seil. Du willst mich wirklich auf den Arm nehmen!"

Sie schüttelt den Kopf: „Nein, nein! Wirklich. Der sogenannte Slack tritt auf, wenn man nicht weiterarbeiten kann. Das kann sein, weil die folgende Station noch keine Kapazitäten frei hat. Zum einen ist Slack gut. Zum anderen tritt es in WIP-limitierten Systemen zwangsläufig auf, wenn Arbeit und Bearbeitung nicht vollständig homogen sind."

„Moment! Du sagst, dass Slack gut ist. Das lasse ich so nicht gelten. Lass mich mal nachdenken, warum dieser Freilauf gut sein könnte. Ich will doch, dass meine Mitarbeiter ordentlich ausgelastet sind!"

„Prinzipiell ja", sagt Anja, „aber!"

„Jaja, ich verstehe. Es ist nicht entweder oder. Also wenn ich mit dem Hund beim Tierarzt sitze und warte, daddel ich meistens auf dem Handy rum. Ich lese ein

---

1 [Gold 2013]

bisschen *Spiegel Online* oder ein bisschen Twitter. Dann ärgere ich mich, dass ich die Zeit so verschwendet habe. Aber ich könnte in der Zeit auch etwas Sinnvolles machen. E-Mails lesen oder nach einem neuen Tierarzt suchen, bei dem ich nicht so lange warten muss."

„Hey, hey, hey! Mal nicht so schnell. Den Tierarzt wechseln wir jetzt nicht. Der ist gut!"

„Ist ja schon gut. Es war doch nur ein Beispiel." Jan denkt weiter. „Wenn meine Mitarbeiter also nicht weiterarbeiten können, weil ein WIP-Limit zugeschlagen hat, dann könnten sie auch etwas Sinnvolles tun. Also neben Spiegel Online und so weiter." Jan stockt kurz, um nachzudenken. Sein Gesicht hellt sich auf und er erzählt stolz: „Sie könnten sich, so wie Dimitri das heute gemacht hat, um so etwas wie das Unterstützen der Kollegen kümmern." Er freut sich. Slack scheint toll zu sein.

Anja stimmt ihm zu: „Ja, genau. Es kann immer mal passieren, dass wir in den Slack kommen und dann nicht weiterarbeiten können. Dann sollten wir uns so bald wie möglich daran machen, das gesamte Arbeitssystem zu unterstützen. Das kann eben sein, die Kollegen zu unterstützen. Oder einen Engpass zu beheben. Bei meinen Kollegen und mir hängt es zum Beispiel immer wieder beim Test. Wir haben einfach ein paar Tester zu wenig. Es ist aber auch schwierig, qualifizierte Leute zu finden. Wenn bei uns die Dinge fertig sind und auf den Test warten, schließen wir uns mit denen kurz und nehmen ihnen einige Aufgaben ab. Natürlich testen wir nicht unsere eigenen Sachen. Aber die Testautomatisierung nehmen wir ihnen beispielsweise immer wieder gern ab."

„Also ist Slack genau der Weg, um mit den Blockaden umzugehen, die durch die WIP-Limits entstehen. Aber warum lassen wir die WIP-Limits nicht einfach weg? Dann würden wir doch nicht in die Situation kommen."

Anja stutzt. „Das hatten wir doch schon: Wegen der kürzeren Durchlaufzeit, der begrenzten Kapazität und der Kopplung von Ausgang und Eingang! Aber die Blockaden treten nicht wegen der WIP-Limits auf. Die treten wegen den organisatorischen Problemen und Abhängigkeiten auf. Die Limits sind der selbstauferlegte Zwang, dass wir aktiv managen. Der Slack tritt genau wegen der WIP-Limits auf. Er wird sichtbar, weil die Bearbeitungskapazitäten begrenzt sind. Beziehungsweise hindern uns Blockaden daran, unsere Tickets fertigzustellen. Der Slack hilft also, das Gesamtsystem schneller zu machen."

„Es erscheint unangenehm. Es hilft uns aber. Weil wir in der Zeit die organisatorischen Mängel adressieren können. So können wir den Slack quasi wieder abschaffen", entgegnet Jan.

„Das hast du ganz richtig erfasst. Aber wir werden Slack eigentlich nie komplett ausräumen können. Zumindest, wenn wir mit den WIP-Limits sehr nah an die Kapazitätsgrenzen gehen. Und selbst dann müsste alles ziemlich homogen sein!"

Jan steht auf und geht zum Kühlschrank. „Willst du auch ein Bier? Ich habe noch eine Sache, die ich mit dir durchsprechen will.“ Als er zurückkommt, hält er ihr eine Flasche hin.

Anja will eigentlich nicht zugeben, dass es ihr Spaß macht, ihrem Mann mal ein bisschen auf die Sprünge zu helfen. Da sind sie sich wohl doch zu ähnlich. Sie nickt ihm zu, nimmt das Bier und den Flaschenöffner in Empfang. Als er sich wieder hinsetzt, knufft sie ihn in die Seite: „Diese Beratungsleistung wird übrigens teuer, mein Lieber. Ich erwarte mindestens ein Essen außer Haus! Pro Woche eigentlich!“

„Wenn das funktioniert, kann ich dir nicht genug danken. Ich habe nämlich folgendes Problem.“ Er atmet einmal tief durch und beginnt dann zu erzählen.

„Ich war vor einigen Tagen bei Rudolf wegen der Anforderungen. Das Gespräch ist gut gelaufen!“, berichtet er.

Motiviert durch diesen Erfolg ist er noch zu zwei seiner anderen Stakeholder gegangen: Jessica und Sebastian. Die beiden Treffen sind deutlich schwieriger verlaufen. Beide sind unzufrieden mit der Bearbeitungsgeschwindigkeit seiner Abteilung und wie lange sie auf implementierte Anforderungen warten müssen. Bei Jessica ist er einfach nur auf taube Ohren gestoßen, als er um Kooperation gebeten hat. Sebastian hat ihn mit einem Hinweis auf die Wichtigkeit seiner Anforderungen vor die Tür befördert. Typisch Marketing! Natürlich will Sebastian alles haben und das sofort. Er hat noch gesagt, dass es ihm egal sei, dass die anderen auch etwas von Jans Team wollen. Jan solle doch einfach mal seine Abteilung zum Performen bringen.

„Ui. Das klingt ja nicht gut.“ Anja sieht Jan an und sagt dann: „Nun, sie werden schon ihre Beweggründe haben.“

„Das hilft mir jetzt nicht weiter!“, beschwert sich Jan frustriert. Slack wäre ja super, aber wenn die Anforderer immer neue Dinge in die Bearbeitung stupsen, wird es nichts mit einem ‚durchhängenden Seil‘.

„Ich kann dir keine einfache Lösung bieten“, sagt Anja mit hochgezogenen Schultern. „Aber ich kann dir zumindest erzählen, was wir gemacht haben. Wir hatten nämlich auch so einen ‚Sebastian‘.“

Jan schaut sie interessiert an und Anja fährt fort: „Also: Ihr arbeitet ja alle in einer Firma. Das heißt, es bringt ja eigentlich nichts, um eine begrenzte Ressource zu konkurrieren und immer nur die eigenen Dinge zu sehen. Ihr habt nun mal die Begrenzung. Da wird mehr Druck auch nicht zu einem besseren Ergebnis führen – eher im Gegenteil. Mein Lieblingsspruch dazu ist: ‚Realität ist das, was nicht weggeht, wenn man die Augen schließt.‘ Wir haben unsere Stakeholder damals zusammengeholt und miteinander sprechen lassen.“

Jan schüttelt den Kopf. „Da kommt doch nie etwas bei raus. Die sind sich doch alle drei nicht ganz grün.“

„Ja, das war bei uns auch so“, antwortet Anja. „Wir haben uns da mit unserem Kanban-Coach drüber ausgetauscht und er hat uns an das zweite Prinzip erinnert: ‚Schaffe eine...‘“

Jan vollendet ihren Satz: „‚... Vereinbarung, dass Verbesserung durch evolutionäre Veränderung verfolgt wird.‘ Verstehe. Ihr habt eure Stakeholder in einen Raum gesetzt und mit ihnen erst einmal die Vereinbarung geschmiedet?“

„Genau. Es bringt nichts, gegen den Widerstand anzukämpfen. Wir müssen die Menschen dort engagieren, wo sie sind. Und eben diese Vereinbarung schließen. So schwer dir das jetzt auch fallen mag: Das fängt mit dem Respekt für Sebastians Bedürfnis an.“

„Du hast Recht. Das wird mir schwerfallen.“ Jan sieht den glatten Typen aus dem Marketing vor seinem inneren Auge. Er bemerkt seine Abneigung.

Anja unterbricht ihn, damit er sich nicht hineinsteigern kann: „Ich weiß, mein Lieber. Da bist du nicht so der Beste drin. Aber du wirst das schon wuppen. Vielleicht bittest du ja Tim mal dazu, quasi als Moderator?“

An Tim hat Jan noch gar nicht gedacht. Dabei ist er eigentlich ein guter Moderator. Morgen wird er ihn mal fragen.

* * *

Natürlich ist Tim bereit, seinem Kollegen zu helfen. Jan und er haben auch in der kurzen Zeit schon genug gemeinsam durchgemacht. Genug, um zu wissen, wie sehr sie manchmal auf die Hilfe des anderen angewiesen ist. Er sagt Jan zu und dieser beginnt sofort mit der Organisation.

Gerade als Jan die Einladung zum Termin verschicken will, muss er daran denken, was Anja gestern Abend noch gesagt hat: „Wenn du die drei zusammenbringen willst, denk daran, dass es am besten persönlich passiert. Ein Austausch über Telefon oder Videokonferenz ist bei weitem nicht so effektiv. Da geht leider ganz viel in der Kommunikation verloren. Beim Telefon noch mehr als bei einer Videokonferenz.“

Also steht er auf und trottet los. Er will zuerst bei Rudolf vorbeischauen, den er schon als Verbündeten verbucht hat. Als er in dessen Büro reinguckt, schaut Rudolf grimmig zurück. „Was willst du denn jetzt schon wieder? Noch mehr Verbesserungen?“, fragt er genervt.

Jan muss kurz durchatmen. So eine schlechte Laune hat er vom Chef der Fachabteilung nicht erwartet. Dann nickt er und sagt: „Ja, tatsächlich noch mehr Verbesserung. Ich möchte die drei Hauptquellen für Anforderungen zu einem Gespräch bitten. Das sind Jessicas, Sebastians und deine Abteilung. Ich möchte klären, wie unsere Kapazität am besten verteilt werden sollte.“

Rudolf schnaubt kurz und sagt dann: „Ich verstehe, dass das sinnvoll ist. Aber heißt das, dass unsere Anforderungen noch langsamer durchkommen?“

„Das kann ich dir nicht genau sagen, Rudolf. Aber wenn ihr drei zusammensitzt, ist es wahrscheinlich, dass wir zum Wohle der Firma optimieren, oder?"

„Ja, wahrscheinlich. Okay. Ich bin dabei. Auch wenn ich nicht so richtig Lust habe, wie ich ausdrücklich erwähnen möchte! Aber weißt du eigentlich, wie viel Arbeit ihr so verrichten könnt? Also wie effektiv es bei euch hinten rauskommt?"

Jan stutzt. Natürlich weiß er, wie viele Mitarbeiter er hat und wie viel die arbeiten. Aber wie viele Aufträge auch fertiggestellt werden, ist ihm nicht klar. „So aus dem Kopf jetzt nicht", muss er zugeben.

„Aha", brummelt Rudolf. „Es wäre gut, zu wissen, mit wie viel ich denn eigentlich rechnen kann. Denn wenn ich mit Jessica und Sebastian auch noch teilen muss, dauern die Dinge ja vielleicht noch länger."

* * *

In Gedanken geht Jan weiter zu Jessica. Auf seinem Telefon macht er sich Notizen, welche Informationen er noch beschaffen muss. Über Jessica weiß er, dass sie eigentlich nicht mit ihm zusammenarbeiten möchte. Versuchen muss er es trotzdem.

„Hallo, Jan! Entschuldige, dass ich dich neulich einfach ignoriert habe. Das war nicht so nett. Aber deine Leute gehen mir so auf den Keks. Und wenn wir dann auch noch deren Arbeit machen sollen, geht's mit mir durch."

Wieder ist Jan verwirrt. „Das macht doch gar nichts", stammelt er, obwohl es ihn ziemlich getroffen hat, dass sie die Zusammenarbeit verweigert hat. „So ist es manchmal. Erzähl mal bitte, was dich so frustriert an meiner Truppe!?"

„Naja, zum einen: Die Dinge dauern ewig! Das geht mal gar nicht."

Jan nickt zustimmend und Jessica fährt fort: „Außerdem habe ich das Gefühl, auf einem Haufen Anforderungen zu sitzen und keine davon wird gemacht. Immer ist irgendwer wichtiger und unsere Sachen bleiben liegen. Es dauert also zu lange und die Menge ist zu gering. Und wenn ich schon dabei bin: Die Qualität ist ja auch eher mäßig. Wir müssen alles zwei- bis dreimal zurückschicken!"

„Hmm, davon weiß ich leider nichts. Das tut mir leid. Aber lass uns doch was daran ändern. Ich möchte gar nicht, dass ihr unsere Arbeit macht. Dafür haben wir ja eigentlich meine ausreichend qualifizierten Mitarbeiter. Aber ich würde gerne mit den drei Personen sprechen, die hauptsächlich für unsere Arbeitslast verantwortlich sind. Das sind Sebastian, Rudolf und du. Wir sollten mal über die Verteilung der Kapazität beziehungsweise etwas allgemeiner die Verbesserung der Abarbeitung sprechen. Kann ich dich dabei mit einplanen?"

„Du, wenn ich da am Ende mit einem größeren Stück des Kuchens herauskomme, bin ich dazu bereit. Da setze ich mich auch mit Sebastian und Rudolf zusammen. Es muss nur fair laufen und ich muss mehr bekommen!"

Jan antwortet: „Ich kann dir nicht versprechen, ob das Stück des Kuchens größer wird. Aber zumindest, dass wir fair und zum Wohle der Firma miteinander etwas vereinbaren."

„Das hört sich nicht ganz so rosig an, wie ich es haben möchte. Aber ich bekomme das schon hin", grinst Jessica. „Schauen wir mal."

Jan ist begeistert: „Super, ich lade dich ein! Schön, dass du dabei bist!"

***

Von zwei Erfolgen beschwingt geht Jan weiter, um Sebastian zu treffen. Anja hat Recht, es geht doch einfacher, persönlich mit den Kollegen zu sprechen. Es ist auch schwieriger, jemanden persönlich abzuwimmeln als per E-Mail eine Terminabsage zu verschicken. Als wichtigsten Aspekt hat er aber das Angebot über ein faires Gespräch mit Aussicht auf Verbesserung der Performance im Gepäck. Wer könnte da schon Nein sagen?

***

„Nein." Sebastian schüttelt den Kopf. „Ich setze mich doch nicht mit den Kollegen hin, um zu beschließen, dass meine Projekte nicht fertig werden."

„Das wollte ich gar nicht ..."

Jan wird sofort unterbrochen: „Es ist echt wichtig, dass alles zum richtigen Zeitpunkt kommt", schmettert Sebastian ihm entgegen.

„Das verstehe ich ja", will Jan besänftigen. „Ich bin mir völlig im Klaren darüber, dass man uns viel anlasten kann: lange Laufzeit, mangelnde Vorhersagbarkeit, mäßige Qualität und vielleicht sogar einen zu geringen Durchsatz." Dann pausiert er kurz, um sein Eingeständnis wirken zu lassen.

Sebastian nickt und Jan fährt fort: „Und ich weiß auch, wie wichtig das Marketing ist. Ihr bestimmt das Gesicht unserer Firma nach außen. Und wenn ihr Dinge versprecht, sollten wir als Firma die auch halten können."

„Das stimmt." Sebastian zögert. Jan merkt, dass sich Sebastian ernst genommen und verstanden fühlt.

„Ich will doch nur das Beste für die Firma", stellt der Leiter des Marketings fest.

Jan bestätigt ihn: „Das weiß ich. Und wir versuchen, euch dabei zu unterstützen."

„Das klappt nicht so gut. Das weißt du auch, ne?"

Jan nickt still.

Sebastian sieht auf seine Uhr. „Ich muss gleich los. Schafft ihr unsere Anforderungen nun?"

„Wie sollen wir das schaffen? Wir haben auch noch Rudolfs und Jessicas Anforderungen."

„Machen! Einfach mal das Team durchsteuern! Was weiß ich denn? Ich muss mit den Anforderungen rechnen können!“ Sebastian wird wieder merklich fahriger.

„Das bekommen wir hin. Ich möchte erst einmal nur, dass Rudolf, Jessica und du sich mit mir hinsetzen und reden. Wir müssen Klarheit über die Aufteilung erreichen und wie wir Verbesserungen allgemein vorantreiben. Kann ich dich dazu einladen?“

Jan merkt, wie Sebastians Widerstand sinkt, denn er sagt: „Na gut, wir können uns ja mal darüber unterhalten. Mir ist einfach wichtig, dass es vorwärts geht und ich meine Versprechen auch halten kann.“

„Ja, das möchte ich auch“, stimmt Jan ihm zu.

„Ok. Ich muss los. Schickst du mir einen Termin? Guck mal bitte in meinem Kalender, dass ich Zeit habe. Wenn ich mich danach auf eure Zusagen verlassen kann, ist es die Zeit wohl wert. Wenn nicht, muss ich wohl zu Michael eskalieren.“ Bei dem Gedanken wird Jan sofort heiß. Aber er hat keine Zeit, sich hineinzusteigern, denn Sebastian springt auf: „Ich muss jetzt wirklich los.“

Jan nickt und lässt Sebastian alleine, damit der seine Sachen packen kann. Auf dem Weg zurück zu seinem Arbeitsplatz kann er sich trotz Sebastians Drohung am Ende ein leichtes Grinsen nicht verkneifen. Er hat es wirklich geschafft: Rudolf, Jessica und sogar Sebastian wollen zu seinem Meeting kommen. Jetzt noch Tim briefen und es kann losgehen.

***

Zwei Tage später sitzen die fünf Kollegen zusammen. Alle haben einen Kaffee vor sich stehen. Jan hat ein paar Kekse organisiert. Tim eröffnet das Meeting, indem er die Kollegen begrüßt und die Zielsetzung erklärt: „Wie ihr alle wisst, ist die Kapazität von Jans Abteilung beschränkt. Er hat nur eine begrenzte Menge von Mitarbeitern. Die bekommen nur eine begrenzte Menge an Arbeit fertiggestellt. Wir wollen heute darüber beraten, wie diese Kapazitäten verteilt werden sollen. Soweit ich weiß, ist das vorher noch nie gemacht worden, oder?“

Er blickt fragend in die Runde. Während Jan leicht den Kopf schüttelt, zucken die anderen nur mit den Schultern.

Rudolf merkt an: „Ich bin jetzt seit über zehn Jahren hier in der Firma. Dass wir mal Beschränkungen diskutieren, ist neu.“

„Na dann wird es ja mal höchste Zeit“, stellt Tim fest. „Denkt mal an das Kassensystem in einem Supermarkt. Überlegt bitte einmal, wie das funktioniert.“

„Naja“, sagt Sebastian, „wenn zu viele Leute anstehen, klingelt jemand und eine weitere Kasse wird geöffnet.“

Jan blickt Tim verwundert an. Das ist eigentlich nicht die Richtung, in die er das Treffen gestalten wollte. Aber Tim geht auf Sebastians Anmerkung ein: „Da hast du Recht. Das ist in unserer Umgebung ja nicht immer so einfach machbar: Wir haben hochspezialisierte Mitarbeiter und haben schon so Probleme, ausreichend gute Leute zu finden. Aber im Supermarkt werden Mitarbeiter vorgehalten, die auch an der Kasse arbeiten können, das stimmt. Und in Zeiten niedriger Last werden die dann für beispielsweise die Regale verwendet."

„Was willst du uns mit dem Beispiel sagen?" Jessica wird langsam unruhig.

Tim fährt fort: „Ach ja, entschuldige bitte. Bei einem Supermarktkassensystem haben wir eine Menge von Kassen. An diesen Kassen werden Kunden bedient. Optimalerweise treten keine bis geringe Wartezeiten auf. Aber manchmal ist der Laden halt voll und es bilden sich Warteschlangen. Zum einen ist es nicht hilfreich, wenn dann alle nach vorne drängeln und unbedingt bedient werden sollen. Zum anderen ..."

Rudolf unterbricht ihn: „Tim, komm mal bitte zum Punkt."

Jan fragt sich, ob es wirklich eine gute Idee war, Tim als Moderator dazuzunehmen. Da erklärt dieser: „Äh, ja. Okay. Also die Kapazität von Jans Team ist beschränkt. Sie schaffen nur eine bestimmte Anzahl von Arbeitsaufträgen pro Woche. Wir sollten mal diskutieren, wie diese Menge aufgeteilt werden soll. Da werden sich eventuell Rückstaus ergeben. Die gibt es eigentlich ja jetzt schon. Vielfach sind sie verdeckt. Aber die Kapazität der Abteilung sollte ordentlich aufgeteilt werden. So, dass ihr alle eure Ergebnisse bekommt und es am Ende der Firma besser geht."

Jessica springt in die erste entstehende Pause: „Jo. Ich bekomme viel zu wenig. Eigentlich benötigt meine Abteilung pro Woche etwa drei entwickelte Anforderungen. Tatsächlich bekommen wir aber maximal alle zwei Wochen drei Anforderungen! Das geht nicht. Und die Qualität ist auch ziemlich mies. Wir haben ziemlich viele Fehler, die noch offen sind. Es werden schon auch immer wieder ein paar geschlossen, aber dass wir damit beim Kunden aktiv sind, ist schon bedenklich. Peinlich!"

Tim spricht Jan an: „Weißt du eigentlich, wie die aktuelle Lieferfähigkeit deines Teams ist?"

Zum Glück hat sich Jan noch vorbereitet und die Daten aufbereitet: „Ja, weiß ich. Jessica hat ziemlich Recht: Wir liefern ihr pro Woche etwa 1,5 Anforderungen. Sebastian bekommt drei pro Woche und Rudolf 5,5. Insgesamt also 10 Anforderungen, die wir pro Woche fertigstellen."

Jessica, Sebastian und Rudolf gucken sich erst gegenseitig an. Dann richten sich die Blicke auf Jan und Tim.

„Und nun?", fragt Sebastian.

„Naja, passt das denn so?", stößt Tim zur Diskussion an. Jan befürchtet das Schlimmste. Dabei hat er noch gar nicht erwähnt, dass seine Abteilung selbst auch noch Bedarf hat.

„Eben nicht! Wie gesagt, ich brauche eigentlich drei Anforderungen pro Woche. Also doppelt so viel!", stellt Jessica fest.

Rudolf schiebt sich die Brille hoch und blickt in die Runde. „Naja“, beginnt er. „Ich denke mal, wenn es wichtig genug wäre, könnten wir mal ein wenig mit unserem Bedarf heruntergehen. Ich bekomme zwar auch zu wenig, aber proportional wohl viel. Und eure Bereiche sind auch wichtig. Das sehe ich ein. Es gibt ein paar Dinge, die können wir direkt mit den Kunden verhandeln. Da werden die schon ein bisschen vom Gas runtergehen können. Manchmal zahlt sich ja doch aus, dass ich hier schon so lange im Unternehmen bin. Kurze Beziehungen und lange Dienstwege zum Kunden oder wie das war.“ Er lacht kurz über seinen eigenen Witz. Auch die anderen wirken etwas gelockert. Das ist auch dringend notwendig in dieser angespannten Runde.

Sebastian schaut nachdenklich drein. „Ich glaube nicht, dass ich irgendwas opfern kann“, sagt er. „Ich bin mir sogar ziemlich sicher. Wir haben da schon ein paar Investments angestoßen für Werbekampagnen. Da müssen wir uns drauf verlassen können. Aber wenn wir uns in zwei bis drei Monaten nochmal darüber unterhalten wollen, kann ich meine Planung ja auch anpassen. Vielleicht müssen wir bis dahin auch mal mit der Geschäftsführung über den Fokus sprechen.“

Zwei bis drei Monate. Jan kalkuliert. So lange hat er wahrscheinlich noch Zeit. Dann nähert sich das Ende seiner Probezeit und der Termin, zu dem er wohl spätestens rausfliegen würde, wenn das Experiment schiefläuft.

„Rudolf, wie viel kannst du mir denn übergeben? Ich bräuchte noch 1,5 Anforderungen pro Woche mehr, um mein Business ordentlich abzuschließen. Dann stimmen meine Zahlen“, lenkt Jessica die Diskussion wieder auf ihr Thema.

„Nun, ich denke, eine pro Woche könnte ich wohl opfern. Mehr wird leider nicht gehen. Aber dann stimmen zumindest bei allen die Zahlen einigermaßen. Und Sebastian treibt ja auch das New-Business, also die Neukundenakquise. Da sollten wir wohl nicht räubern.“ Jessica und Sebastian nicken.

Tim gibt zu bedenken: „Aber haben wir überhaupt die Kapazität auf allen Ebenen, um die Neukunden dann auch anzubinden?“

Die Teilnehmer der Runde zucken mit den Schultern. Aber statt darüber zu diskutieren, wollen sie es erst einmal bei ihrer früheren Entscheidung belassen: Sie wollen die getätigten Investments nicht opfern.

Rudolf merkt an: „Es erscheint aber sinnvoll, dass wir generell mal über das Geschäft reden. Irgendwann. Ich habe das Gefühl, dass noch nicht ganz klar ist, in welche Richtung es insgesamt geht. Oder nur Michael. Keine Ahnung.“ Er zuckt mit den Schultern.

Jessica sagt: „Na gut. Es scheint, als könnte ich heute nicht mehr herausholen. Und ich sehe ja auch eure Bedarfe und dass die sinnvoll sind. Wenn das nicht so wäre, hätten wir hier ja auch noch eine ganz andere Diskussion.“

Sie lacht und die angespannte Stimmung lockert sich weiter auf. Den Teilnehmern der Runde ist anzusehen, dass sie es gut finden, dass die Bedürfnisse und

Erwartungen geklärt wurden und auch akzeptiert wurden. Dass alle an einer Auswahl für die Zukunft mitgearbeitet haben, würde ihnen vielleicht später noch klarer werden.

Aber Jessica ist noch nicht ganz fertig: „Apropos Spaß haben."

Jan runzelt die Stirn, denn niemand hatte etwas von Spaß haben gesagt.

Aber Jessica spricht unbeirrt weiter: „Ich muss ja mal sagen, dass unser Produkt beim Kunden nicht so viel Spaß macht."

Die beiden anderen Abteilungsleiter stimmen ihr nickend zu. „Grauenhaft", „unter aller Sau" und „peinlich" fallen in kurzen Abständen in der Diskussion. Alle sind sich einig, dass die Qualität besser werden muss. Aber das hat ja Michael schon neulich gesagt, erinnert sich Jan.

„Ich sehe noch nicht, wie wir", er deutet auf sich, „die Qualität deutlich stärken können. Zumindest ohne, dass wir die Qualitätssicherung verbessern. Die kloppen uns da nur ein paar lieblose Fehlerberichte rüber. Da müssen wir jedes Mal erst wieder suchen, was die überhaupt meinen."

„Das könnt ihr ja irgendwie hinbekommen. Das ist nicht unser Thema. Uns ist es nur wichtig, dass die Qualität stimmt. Sonst müssen wir uns gar nicht mit der Konkurrenz messen. Langsam und schlecht sind zusammen eine miese Kombination", fasst Rudolf die Sicht der drei zusammen, während Jessica und Sebastian zustimmend nicken.

„Okay, ich werde schauen, was sich machen lässt." Jan ist noch nicht überzeugt, dass seine Mannschaft das wirklich lösen kann. Er wird sich wohl mit Dr. Schmidt zusammensetzen müssen, der Chefin der Qualitätssicherung.

Nachdem sich die Kollegen voneinander verabschiedet haben, bleiben nur noch Tim und Jan im Raum sitzen.

„Zufrieden?", fragt Tim ihn.

Jan überlegt, zuckt dann mit den Schultern und sagt: „Naja, ich glaube, den großen Wurf durften wir jetzt nicht erwarten. Aber eigentlich ist das schon ein gutes Ergebnis. Danke dafür."

Tim nimmt die Danksagung gerne entgegen und bemerkt: „Ist schon spannend, wie hilfreich es war, ein gemeinsames Verständnis über die Bedürfnisse und Erwartungen und Rahmenbedingungen herzustellen."

„Ja. Das stimmt. Jetzt verstehe ich auch endlich, warum Sebastian so treibt."

Er steht auf. „So. Es gibt viel zu tun. Fang schon mal an!", witzelt er und lacht. Freundschaftlich gibt er Tim einen Klaps auf die Schulter. „Die Supermarktgeschichte, ne? Die hättest du dir sparen können!"

Tim wird ein wenig rot und entgegnet: „Ja, verstehe. Da steckt aber ganz schön viel drin. Müssen wir mal drüber sprechen. Ich habe ein bisschen weiter über die Kanban-Methode gelesen. Hast du schon die Dienstleistungsprinzipien gesehen?"

Etwas verwirrt schüttelt Jan den Kopf. „Die sind mir wohl bei den vielen Prinzipien und Praktiken untergegangen. Jetzt noch mehr Prinzipien??"

„Ja. Und wenn ich es richtig interpretiere ist es auch ziemlich zentral zur ganzen Methode. ‚Verstehe und fokussiere dich auf die Erwartungen und Bedürfnisse deiner Kunden', lautet das erste Dienstleistungsprinzip." Tim blickt konzentriert an die Decke. „Das zweite war ... Moment ... ‚Manage die Arbeit, lasse die Mitarbeiter sich um die Arbeit herum selbst organisieren.' Das dritte ist mir gerade entfallen."

Jan rollt mit den Augen: „Prinzipien, Prinzipien, Prinzipien. Ich werde wohl nicht drum herumkommen, mir auch diese mal anzusehen." Er schiebt sich einen der übrig gebliebenen Kekse in den Mund und macht sich auf den Weg zu seinem Büro.

* * *

„Ich muss mir das alles mal strukturiert aufschreiben", denkt er, als er dort ankommt. Er geht zum Whiteboard.

„Blablabla. Haut alles nicht hin!", sagt er laut, als er seine Kapazitätsplanung für den kommenden Monat sieht. Die hat er vor einer Woche noch dort aufgezeichnet, um einen besseren Überblick zu bekommen. Er nimmt ein Tuch und wischt mit großen Schwüngen alles ab.

„Alte Zöpfe muss man abschneiden." Das hatte sein ehemaliger Chef irgendwann mal gesagt. Jetzt wollte er erst einmal ein bisschen Struktur in sein Verständnis der Methode hineinbekommen.

Nachdem er im Internet noch einmal nachgelesen hat, listet er die drei sogenannten „Prinzipien für Veränderungsmanagement" auf:

1. Beginne mit dem, was du gerade tust,
   - und verstehe die Prozesse so, wie sie gerade gelebt werden,
   - und respektiere bestehende Rollen, Verantwortlichkeiten und Job-Titel.
2. Schaffe eine Vereinbarung, dass Verbesserung durch evolutionäre Veränderung verfolgt wird.
3. Fördere Führungsverhalten auf allen Ebenen.

Gerade das letzte Prinzip ist ihm noch etwas rätselhaft. Das würde er wohl mal genauer ansehen müssen. Genauso das dritte Prinzip der Dienstleistungsprinzipien, die er danebenschreibt. Die hat er mittlerweile recherchiert:

1. Verstehe und fokussiere dich auf die Bedürfnisse und Erwartungen deiner Kunden.
2. Manage die Arbeit. Lasse die Mitarbeiter sich um die Arbeit herum selbst organisieren.
3. Entwickle die geltenden Regeln, um die Ergebnisse für die Kunden und das Unternehmen zu verbessern.

Darunter schreibt er schwarz die beiden Praktiken, die er nun schon implementiert hat:

1. Visualisiere die Arbeit.
2. Limitiere die Menge paralleler Arbeit.

Und in Rot:

3. Manage die Arbeit.
4. Mache Prozessregeln explizit.
5. Implementiere Feedback-Zyklen.
6. Erziele Verbesserung kooperativ, entwickle experimentell.

Jan tritt einen Schritt zurück. Zum Glück hat er noch viel Platz auf dem Whiteboard. Er hat so ein Gefühl, dass das erst der Anfang seiner Reise ist. Er wirft den Stift in den vorgesehenen Behälter und geht nach draußen. Als er sein Büro verlässt, sagt er zu sich selbst: „Mal sehen, was ich noch so unterstützen kann."

fünf

„Jan!“

Jan zuckt zusammen. Michael. Auf den hat er eigentlich gerade keine Lust.

„Jan, warte mal. Ich wollte mal kurz mit dir sprechen. Kommst du gerade mal mit in mein Büro?“

Etwas drückt in Jans Magengegend. Hat sich einer der drei Abteilungsleiter über sein Vorgehen beschwert? Ist das schon das Ende?

„Ich habe vorhin Sebastian an der Kaffeemaschine getroffen. Er hat mich deinetwegen angesprochen“, fängt Michael an, als Jan gerade die Tür geschlossen hat. Jan hat es geahnt. „Dieser“, denkt er gerade noch.

„Er ist von deinem Führungsstil recht angetan gewesen. Er meinte, du würdest das schon irgendwie geregelt bekommen. Und sogar Jessica war froh, dass du da bist. Was hast du denn mit denen angestellt?“ Michael lehnt sich zurück. „Irgendetwas scheinst du richtig zu machen. Wie auch immer du das in dieser Zeit hinbekommen hast.“

Jan sieht Michael verwundert an. „Ja, ähm“, stottert er. „Ich, ähm, habe nur mit ihnen über Verteilung und Kapazitäten gesprochen. Ich glaube nicht, dass wir irgendetwas total Abwegiges versprochen haben. Insofern denke ich, dass wir da schon gemeinsam erfolgreich sein werden.“ Er fragt sich insgeheim, ob er gerade zu sehr faselt.

„Ich habe natürlich auch Rudolf gefragt. Der hat aber nur gebrummelt, dass das schon in Ordnung sei, so wie du das machst, und dass ich meine Finger da rauslassen soll.“ Michael ist ein wenig konsterniert. „Naja. Ich will ja auch nicht in den anderen Bereichen meine Finger drin haben. Ich wollte nur mal hören, ob du jetzt die Revolution ausgerufen hast. Was genau hast du denn gemacht?“

„Tja, Chef. Ich habe mich ein bisschen mit der Kanban-Methode beschäftigt. Da werden virtuelle Signale verwendet, um die Verfügbarkeit von Kapazität anzuzeigen.“ Jan freut sich, dass Michael was lernen möchte.

„Kanban, wie? Ist das nicht so ein Agile-Kram? Ich habe da noch einen guten Kumpel, Pierre, der ist *Agile Coach*. Den könnte ich mal zum Gespräch bitten. Ich verknüpfe euch beide mal.“

Jan merkt, wie er sich einerseits über die Initiative seines Vorgesetzten freut, andererseits hat er ein bisschen Angst davor, was – oder wer – da auf ihn zukommt.

„Danke, Michael. Es wäre zwar wahrscheinlich sehr hilfreich, einen Coach hier zu haben. Aber wenn er nicht so viel Ahnung von der Kanban-Methode hat, möchte ich da nicht so stark experimentieren. Ich lerne gerade ganz viel aus einer anderen Firma. Vielleicht komme ich noch mal auf dich zu wegen eines Coaches."

Michael wehrt ab: „Nee, nee. Pierre würde wahrscheinlich nur mal auf einen Kaffee zum Challengen vorbeikommen. Und du hast Recht, wahrscheinlich ist er da nicht ausreichend qualifiziert. Er ist hauptsächlich mit agilen Methoden unterwegs. Und selbst wenn es einfacher mit einem Coach ginge: Momentan haben wir nicht das Geld, um uns einen zu leisten."

Jan nickt stumm. Noch jemanden, der wenig Ahnung hat und Jan Fragen stellt, auf die er keine Antwort hat, kann er momentan nicht gebrauchen. Er hat allerdings das Gefühl, dass ihm ein paar Grundlagen zum Management der Wissensarbeit fehlen. Da würde er sich später mal weiter schlau machen müssen.

„Michael, war's das? Ich würde jetzt wieder in meine Abteilung zurückgehen!?"

„Ja, mach, dass es weitergeht! Effizienz, Jan! Effizienz ist der Schlüssel."

„Das dachte ich früher auch", schießt es Jan durch den Kopf, als er schnell aus der Tür tritt und diese hinter sich schließt. Effizienz. Jan schnaubt und erntet einen kritischen Blick von Anna.

„Ich schnaube gar nicht über Michael!", entschuldigt er sich mit einer Notlüge bei der Assistentin seines Chefs und läuft ein paar Schritte aus ihrer Sichtweite heraus. Trotz allem, was heute nicht so gut gelaufen ist, ist er ein wenig stolz und fühlt sich wieder etwas sicherer in seinem Job.

Es ist viertel nach sechs. Ausgelaugt entschließt er sich, nach Hause zu gehen. Er geht noch kurz an seinem Arbeitsplatz vorbei und holt seine Jacke. Auf dem Weg nach draußen schlägt ihm die noch kühle Luft des Aprils entgegen. „Ein bisschen mehr frischer Wind würde wahrscheinlich nicht schaden. Aber nicht mit Pierre", denkt er und setzt sich ins Auto.

* * *

Als er zu Hause ankommt, ist Anja noch nicht da. Jan ist ganz verwundert. Normalerweise schiebt sie keine Überstunden. Früher ist das anders gewesen, aber die Firma seiner Frau setzt ja schon etwas länger auf Kanban-Systeme. Umso überraschender kommt die Schwankung. Jan zuckt mit den Schultern und holt den Staubsauger. „Naja", denkt er sich, „dann überbrücke ich die Zeit mit etwas Nützlichem. Quasi Slack." Er muss kichern. Nerdwitze über die Kanban-Methode. Ihm ist auch nicht mehr zu helfen.

* * *

Zwei Stunden später blitzt die Wohnung. Jan hat den Hund bereits ausgeführt und das Abendessen gekocht. Er hat seine Mahlzeit gerade beendet, als Anja nach Hause kommt. Sie hat ihm kurz vorher eine Nachricht geschickt, dass sie gleich da sei. Jetzt steht sie in der Tür. Sie sieht müde aus und ist schlecht gelaunt.

„Oh je. Setz dich hin, iss etwas, sonst beißt du mir ja den Kopf ab", sagt Jan nach einer kurzen Begrüßung. Seine Frau wird immer unerträglich, wenn sie unterzuckert ist. Während Anja das Essen in sich hineinschaufelt, schweigen beide. Irgendwann setzt sie sich zurück und hält sich den Bauch. Endlich lächelt sie ein wenig und sagt: „Boah, das habe ich jetzt gebraucht. Danke."

Jan ist erleichtert. Der Abend könnte doch noch entspannt werden.

„Tut mir leid, dass ich mich nicht früher gemeldet habe. Wir hatten ein Expedite."

„Ein was?", fragt Jan.

„Ein Expedite. Fastlane, Express-Ticket. Wie auch immer man es nennen möchte. Ein Ticket, das ganz schnell fertig sein muss. So bald wie möglich!"

„Die habe ich am laufenden Band!" Jan denkt an seine Auftraggeber.

„Nee, du hast eher dringende Standard-Tickets. Ein Expedite ist ein Ticket, das normalerweise nicht eingeplant wird. Es muss schnell fertig werden, alle sind darauf fokussiert. Bei uns hat sich eine riesige Möglichkeit ergeben. Aber wir mussten es heute noch fertigstellen. Da haben alle mit angepackt und das Ding durchgerockt. Morgen gehe ich dann auch später zur Arbeit."

Jan schaut verwirrt. „Expedite, Standard. Ist das auch alles Teil der Kanban-Methode? Oder wo kommen die Begriffe her?"

„Ja. Das sind sogenannte Serviceklassen. Sie gehören in etwa zur Praktik ‚Manage den Fluss der Arbeit'. Sie bestimmen die Pull-Strategie. Aber lass uns da bitte wann anders drüber sprechen. Ich habe keine Lust mehr auf Arbeit."

„Na gut." Jan ist etwas enttäuscht. „Darf ich dir trotzdem von meinem Meeting erzählen?"

Anja zuckt mit den Schultern und guckt ihn müde an. Gekonnt ignoriert er, dass sie sich kurz die Augen reibt. Er erzählt ihr vom Treffen der Auftraggeber und auch von Michaels Lob.

„Das hört sich doch ganz gut an, Jan. Glückwunsch. Hast du schon so viel Vorschussvertrauen bekommen? Verlassen sie sich darauf, dass du aufpasst, dass jeder seinen Anteil bekommt?"

„Wie meinst du das? Natürlich vertrauen die mir, dass ich aufpasse."

Anja erinnert sich kurz. „Bei uns war es am Anfang so, dass wir einmal die Woche die Auftraggeber zusammengebeten haben und jeder die Anforderungen mitgebracht hat, die ins Produkt sollten. Da wurde klargemacht, welche davon nun selektiert wurden und welche Zusage gegeben wird. Bei uns heißt das Commitment-Meeting."

Jan ist irritiert. Commitment? Ein Versprechen geben? „Ich glaube, das brauchen wir nicht."

„Doch, doch. Braucht ihr. Vertrau mir. Und jetzt lass mich damit in Ruhe. Ich schau jetzt noch ein bisschen in die Glotze und gehe dann ins Bett. Danke fürs Putzen übrigens. Bist ein Schatz!"

Sie steht auf, bläst ihm einen Kuss zu und verzieht sich ins Schlafzimmer. Jan sieht ihr hinterher. Das wird er wohl mal recherchieren müssen, wenn er aus seiner Frau heute Abend keine weiteren Informationen herausbekommt. Dann blickt er auf den Tisch und die Küche. „Na toll, das hat sie aber schlau hinbekommen", denkt er. Nichts ist aufgeräumt und er ist alleine. Aber er weiß, wie anstrengend manche Tage sind. So steht er auf und beginnt alleine mit dem Aufräumen.

* * *

Die nächsten Tage sind geprägt von konzentriertem Arbeiten. Jans Mitarbeiter treffen sich morgens vor dem Board und halten mit ihm ihr Kanban-Meeting ab. Dabei diskutieren sie, welche Tickets einen besonderen Fokus bekommen und wo Jan unterstützen muss. Die Selbstorganisation steigt, seine Mitarbeiter arrangieren sich untereinander und Jan ist enthusiastisch. Es scheint voranzugehen. Mittlerweile ist die Verwendung des Kanban-Boards von seinen Mitarbeitern größtenteils akzeptiert. Wie sie bei der Einführung besprochen haben, haben sie den Nutzen des Boards kritisch evaluiert. Während die Mitarbeiter die Visualisierung der Arbeit als sehr angenehm empfinden, stören sich einige etwas an den WIP-Limits. Sie führen immer wieder zu unangenehmen Situationen, die sie aber meist schnell auflösen können. Im Gegensatz zum Kanban-Board hat sich das Kanban-System noch nicht so richtig festgesetzt. Der Nutzen für die Mitarbeiter und die Stakeholder wird noch nicht allen ganz klar.

Insbesondere die Spalte „als Nächstes" ist momentan Jans Sorgenkind. Mehr und mehr Tickets stauen sich hier auf. Jan versucht nach bestem Wissen und Gewissen, die richtigen Tickets zu priorisieren. Trotzdem ruft zwischendrin immer mal wieder jemand an und fragt erbost, was denn mit seiner oder ihrer Anforderung sei. Die sei nun langsam dringend!

„Wir haben es doch nun transparent. Warum funktioniert das nicht?", will Peter wissen. Verärgert stellt er fest: „Die müssen doch hier nur mal vorbeigucken. Oder ins Ticketsystem schauen, da steht es auch noch mal drin."

Jan stimmt ihm zu: „Eigentlich schon. Aber hauptsächlich kommen die Anforderungen aus den Abteilungen von Sebastian, Rudolf und Jessica. Die wissen eigentlich Bescheid. Ich werde mal nachfragen."

Sie beenden das Kanban-Meeting und Jan geht los.

Er lädt Rudolf, Sebastian und Jessica in einen WhatsApp-Chat ein – „Input@Jans Crew“.

Hallo Leute, ich habe ein Thema, was ich mit Euch noch besprechen muss.

Jessica
Ich auch. Es ist noch nicht schneller geworden. Eigentlich habe ich mehr zugesagt bekommen.Das muss doch dann auch schneller werden.

Sebastian
Ich habe kürzlich einen Haufen von Anforderungen rübergestellt. Die liegen jetzt bei Euch. Msg me, sobald die fertig sind. Natürlich ASAP.

Rudolf
Was für ein Thema hast Du?

Ich glaube, wir müssen uns noch mal über den Eingangskanal unterhalten. Kaffee bei Hertha? Um 10:30h? Ich lade Euch ein.

Jessica
K, treffen uns vor der Tür.

Rudolf
Okay

Sebastian
Spontan, aber ich bekomme es hin.

Um kurz nach halb elf stehen Jessica, Rudolf und Jan an der Tür. „Gehen wir schon mal los? Sebastian weiß ja, wo es ist“, schlägt Jessica vor.

Die drei laufen ein paar Meter, als Sebastian von hinten zu ihnen stößt.

„Sorry, ich musste noch kurz mal ... Hände waschen.“ Sebastian wird ein wenig rot.

Jan lacht. „So viel Zeit muss sein.“

„Ich hätte gerne einen Cappuccino“, bestellt er bei Herta. „Jessica, du bestimmt Latte Macchiato? Wie ist es bei euch beiden?“

„Kaffee schwarz, bitte!“, bestellt Rudolf.

„Für mich bitte einen doppelten Espresso“, ruft Sebastian der drahtigen Kioskbesitzerin zu. Die nickt lächelnd und macht sich an die Bestellungen.

***

Als sich die vier mit ihrem Kaffee auf den Weg um das Gebäude gemacht haben, lässt Jan die Katze aus dem Sack: „Leute, ich weiß, wir haben die Aufteilung gemacht. Jessica bekommt 2,5 Anforderungen pro Woche, Rudolf geht ein bisschen runter und Sebastian bleibt konstant. Aber irgendwie funktioniert das nicht. Ihr, beziehungsweise eure Abteilungen, überschwemmt uns mit Anforderungen. Ich muss die alle durchgucken und die wichtigsten selektieren.“

„Wieso selektieren? Die sind alle wichtig!“, wirft Sebastian ein.

„Ja, ich weiß.“ Jan grinst. Das hatte er schon erwartet. „Wichtig – ja. Aber ich verstehe nicht immer, wann die zeitlich dran sein müssen.“

Jessica schlägt schnell vor: „Ich schreibe dir ´ne Deadline dran. Schaffe ich für jedes einzelne Ticket.“

Wieder muss Jan grinsen. „Ach, weißt du, ‚Bis morgen‘ kann ich selbst drauf schreiben!“ Die vier lachen. Jan denkt, dass es eigentlich angenehm sei, mit ihnen zu arbeiten.

Rudolf hat eine Idee: „Wenn ich davon ausgehe, dass ich fünf Anforderungen pro Woche geliefert bekomme, kann ich so viele ja auch vorne reinstecken. Das Verhältnis sollte ja am Eingang das Gleiche sein wie am Ausgang, oder?“

„Außer irgendjemand hält sich nicht an die Regeln!“, wirft Sebastian ein und beäugt die drei anderen übertrieben kritisch.

Jan denkt über Rudolfs Aussage nach. „Stimmt. Wir haben außerdem so etwas, das nennt sich WIP-Limits.“ Er blickt in verwirrte Gesichter – die drei kennen natürlich keine WIP-Limits! Er setzt seinen Gedanken aber erst einmal fort: „Da können eigentlich gar keine weiteren Sachen von der Seite hereinkommen. Gut, Fehlerbehebungen vielleicht. Aber die sind nicht so dramatisch.“ Um die Verwirrung von kurz vorher etwas aufzuklären, vertröstet er: „Die WIP-Limits koppeln Ausgang des Arbeitssystems und seinen Eingang. Ich erzähle euch mehr, wenn ihr uns im Kanban-Meeting besuchen kommt.“

Die drei Anforderer gucken überrascht. „Noch mehr Meetings?“ Sebastian winkt ab. „Mein Terminplan ist schon *end-to-end* voll.“

„Oh, Mister Businesskasper! *Fully booked schedule, note* ich mal. Brauchen Sie nicht noch ’nen Folienhäschen zur Unterstützung? Äh, als *Support*?“, zieht Jessica ihn auf.

Sebastian springt darauf an und fragt sie: „Ach, bewirbst du dich?“

Jessica kontert grinsend: „Nee, ich dachte eher an Rudolf!“

„Hey, lasst mich da raus!“, beschwert der sich grimmig.

Jan bringt sie zurück in die Diskussion über Eingang und Ausgang: „Ihr müsst euch das wie ein Rohr denken. Jetzt mal nicht Abwasserrohr. Wir machen ja werthaltige Sachen. Eher wie ein…“

„… Gartenschlauch. Was am einen Ende reingeht, geht am anderen Ende raus. Wenn kein Loch drin ist“, unterstützt Rudolf ihn.

„Genau, Gartenschlauch. Wir haben also Eingang und Ausgang. Wir sichern euch zu, dass jeder einen bestimmten Anteil am Ausgang bekommt. Also vielleicht stellen wir uns einen unterteilten Gartenschlauch vor. Quasi mit kleineren Röhren. Und da bekommt eben jeder am Eingang einen Anteil, der so groß ist wie der Ausgangsanteil.“ Jan blickt sie an und die drei nicken langsam. Er ist sich nicht ganz sicher, ob sie es verstanden haben, fährt aber fort: „Nun habt ihr jeweils einen großen Eimer mit Anforderungen, die durch den Schlauch sollen.“

Jessica unterbricht ihn: „Eher ’nen Swimmingpool!“

„Umso schlimmer!“, treibt Jan weiter. „Ich glaube, allen ist die Tatsache bewusst, dass ihr die Swimmingpools nicht einfach in den Schlauch pressen könnt. Um die Pools aber langsam zu leeren, soll ich aus diesen drei Swimmingpools nun die dringlichsten Dinge heraussuchen. Ich kenne aber eure Dringlichkeit nicht.“

Während der letzten Tage hat Jan immer mal wieder Zeit gehabt, zu recherchieren. Das Commitment-Meeting, von dem Anja gesprochen hatte, hat ihm keine Ruhe gelassen. Aber das ist ja bei den meisten Sachen so, die Anja in den letzten Wochen bei ihm angestoßen hat.

Das Commitment-Meeting hat auch den Namen Replenishment-Meeting. Es dient dazu, die Eingangsspalte wieder aufzufüllen. Jan hat bis heute Morgen nicht verstanden, wozu das notwendig sein soll oder warum da die Anforderer vor Ort sein sollen.

Er erklärt: „Ich habe folgende Idee: Wir treffen uns einmal die Woche und ihr sagt mir, welche der Anforderungen, die ihr habt, als Nächstes gemacht werden sollen. Die anderen betrachten wir gar nicht. Ihr könnt sie also als ‚nicht angefangen‘ ansehen. Ihr sagt in diesem wöchentlichen Meeting, welches die wichtigsten Anforderungen sind. Wir geben dann unsere Zusage, ein *Commitment*, dass wir auch nur an diesen arbeiten. Natürlich, nachdem wir die früheren alle fertiggestellt haben.“

Sebastian kratzt sich am Kopf und sagt dann: „Lass mich raten. Wir geben dann auch unser Commitment, dass wir uns auch daran halten?“

„So funktioniert es wohl. Ein beiderseitiges Versprechen“, beantwortet Jan Sebastians Frage.

Rudolf nimmt einen Schluck seines Kaffees und sagt dann: „Wir haben ja ZeCust, immerhin unser wichtigster Kunde. Manchmal kann Jacques, der Key-Accounter, da nicht sagen: ‚Leute, wir müssen noch ’ne Woche warten, ich komme gerade aus dem Meeting!‘ Das ist nicht vermittelbar.“

Die drei anderen nicken. „Dafür müssen wir noch eine Lösung finden. Tritt das häufiger auf?“ fragt Jan.

„Ach, es geht. In den letzten Wochen zum Glück nicht“, antwortet Rudolf.

Sebastian wirft ein: „Ich habe auch so ein paar Sachen mit echt fixen Deadlines. Da müssen wir uns auch noch ’ne Lösung überlegen! Da muss klar sein, dass die zum richtigen Zeitpunkt fertig sind. Sonst zahlen wir die Marketingkampagne für nix und verärgern auch noch die Kunden. Das Image ist dann ganz schnell komplett hinüber.“

Jessica wirft ein: „Aber das ist anders als das von Rudolf.“ Dieser nickt und sie spricht Sebastian direkt an: „Deine, ich sage mal ‚termingebundenen‘, Dinge sind, nun, termingebunden. Und eben auch einplanbar, oder? ZeCust schießt aber manchmal so unplanbar dazwischen. Rudolf kann die nicht einplanen. Du hingegen bist einfach nicht kompetent genug für die Planung!“

„Wir müssen alles berücksichtigen“, beschwichtigt Jan. Er ist darauf bedacht, keine Frustration und Konkurrenz zwischen den drei aufkommen zu lassen. „Lasst uns das noch mal wann anders diskutieren. Rudolf und Sebastian, könnt ihr beiden das in die WhatsApp-Gruppe schreiben, sobald es soweit ist? Ich würde gerne dann damit umgehen.“ Die beiden zucken mit den Schultern und signalisieren Zustimmung.

Jan lenkt das Gespräch noch einmal zurück: „Dann lasst uns noch mal über das Commitment-Meeting sprechen. Bekommen wir das vielleicht Mittwoch um 10:30 Uhr hin?“

„Wenn du wieder Kaffee ausgibst“, witzelt Sebastian, „komme ich gerne. Aber um 10:30 Uhr habe ich mit meiner Abteilung eigentlich Jourfixe. Anscheinend bin ich hier als“, er hebt die Hände, macht Gänsefüßchen in die Luft und äfft Jessica nach, „end-to-end gebookter Businesskasper der Schedule-Bottleneck.“

Jessica lacht laut auf und knufft ihn in die Seite. „Wir halten fest: Sebastian kümmert sich um den Termin“, zwinkert sie ihm zu. Sebastian muss grinsen und Jan ist froh, dass die Konkurrenz zwischen den beiden spielerisch ausläuft.

Sie sind mittlerweile wieder im Büro angekommen und Sebastian verabschiedet sich mit den Worten: „Ja, okay, ich kümmere mich darum. Ihr bekommt einen Termin. Erstes Treffen dann morgen?“ Jan nickt und Sebastian biegt in Richtung der Marketingabteilung ab.

Als er verschwunden ist, sagt Rudolf mit hochgezogenen Augenbrauen: „Wow, kooperativ, aktiv. Bin ich gar nicht gewohnt von ihm. Das hast du gut hinbekommen, Jan.“

Jan wird rot und stammelt: „Ähm. Ich, ähm, habe da doch fast gar nix, also ...“

Rudolf hebt beschwichtigend die Hand: „Alles prima. Du hast definitiv deinen Teil geleistet.“ Er geht und Jessica schließt sich mit einem kurzen Winken in Jans Richtung an.

„Erst kurz vor 11 und schon so ein erfolgreicher Tag“, freut sich Jan und geht zurück in seine Abteilung.

* * *

„Jan, gut, dass du da bist. Wir haben ein Problem.“ Gerade hat sich Jan in einen Stuhl plumpsen lassen, da kommt Peter durch die Tür gestürmt. Er sieht aufgeregt aus.

Seufzend sieht Jan mit einem Blick auf seinen Rechner. Sein E-Mail-Postfach hat eine beängstigende Größe angenommen.

„Ich wollte eigentlich noch was geschafft bekommen“, denkt er. Er rafft sich auf und geht hinaus. Sollte es doch kein erfolgreicher Tag werden?

„Was ist denn das Problem? Und hätte es nicht bis nach dem Mittag warten können?“ Er bedauert, nach einem ausgelassenen Frühstück nicht wenigstens noch ein Schokocroissant bei Herta zum Cappuccino bestellt zu haben.

„Claudia hält sich nicht an die Regeln! Sie ignoriert die WIP-Limits! Die will gar nicht, dass es besser wird“, bellt Steffi ihn an.

„Oh je“, denkt er, „Zickenkrieg?“

Er bedeutet Steffi, dass er die Situation übernimmt, und geht zu Claudia.

Sie sitzt mit rotem Kopf an ihrem Computer und schnauft: „Ich kann schon wieder nicht weiterarbeiten, Jan! Blockade im Testsystem. Da kann ich doch nicht einfach rumsitzen und nix tun!“

Jan setzt sich neben sie und wirft den neugierigen anderen einen scharfen Blick zu, sodass die sich an ihre Arbeitsplätze verziehen. „Kann ich mit dir sprechen?“, fragt er Claudia.

Die zuckt mit den Schultern. „Wenn's sein muss. Aber ich hätte da 'ne Anforderung, die muss gemacht werden. Wohin kann ich die Zeit buchen, während der wir sprechen?“

Er kratzt sich am Kopf. Das Zeitbuchungssystem hat er ganz vergessen. Da würde er sich später noch mal drum kümmern müssen. Das würde eine große Veränderung erfordern. Aktuell fehlt der Firma das Vertrauen und auch die Dringlichkeit, um es abzuschaffen. Trotzdem sieht er immer wieder die negativen Effekte.

„Ich mach dir 'nen Ticket, darauf kannst du buchen. Lass uns sprechen. Wollen wir in mein Büro gehen?“

„Ok.“ Claudia stimmt zu und die beiden lassen sich kurz darauf auf den Stühlen in Jans Büro nieder.

„Worum geht es hier?“, fragt Jan sie.

„Ständig laufe ich in Blockaden rein! Das weißt du auch. Wir haben schon beim Standup-Dings darüber gesprochen. Da musst du mal was dagegen tun. Jedenfalls gucken mich die Kollegen schon ganz krumm an. Weil ich ständig warte. Und nicht arbeite, sondern quer durchs Unternehmen latsche, um Informationen zu sammeln. Ich bin doch hier nicht als Brieftaube angestellt! Wenn die anderen einmal ihren Job ordentlich machen würden!“ Claudia hat wieder einen roten Kopf vor Aufregung. Jan lässt sie erst einmal Dampf ablassen und hört ihr aufmerksam zu.

„Dann könnte ich auch effizient meinen eigenen Job machen“, beendet sie ihren Satz. „Michael betont immer wieder – neulich erst wieder –, dass Effizienz der Schlüssel sei! Und arbeite ich effizient? Nein, ich renne rum. Das freut zwar meinen Health-Tracker“, sie deutet auf das Gerät an ihrem Handgelenk, das ihre Bewegungen misst, „aber ich werde ja hier nicht für den Sport bezahlt. Sondern für ordentliche Arbeit. Effizient, konzentriert. Ich bin keines von beiden.“

Nach einer kurzen Pause lässt sie einen Beweggrund für ihre Aufregung durchblicken: „Hier sind schon Kollegen gegangen, weil sie nicht ordentlich ausgelastet waren. Und ich meine ‚gegangen worden‘! Oder weil sie zu lange für ihre Aufgaben gebraucht haben. Dabei arbeiten hier ALLE normalen Mitarbeiter am Limit.“ Sie deutet in Richtung der Arbeitsfläche.

Jan merkt, dass er wohl zu schnell vorgegangen ist. Er hat kein ausreichendes Einverständnis von Claudia eingeholt. Er hat gegen das zweite Prinzip verstoßen. Manchmal könnte er sich ohrfeigen.

Er versucht die Situation zu retten: „Ich schätze deine Arbeit sehr, Claudia. Du bringst uns weiter. Du machst Sachen möglich, die waren vor ein paar Wochen hier undenkbar. Ich kann das momentan noch nicht mit Zahlen belegen. Aber die Zeit von wann wir eine Aufgabe anfangen bis zum Abschluss ist runtergegangen. Das ist unter anderem dein Verdienst!“

Claudia sieht geschmeichelt aus, behält aber die ärgerlich kraus gezogene Stirn bei.

Jan erklärt: „Wir waren bis vor kurzem eine Abteilung, die tatsächlich auf die Auslastung geguckt hat. Ich habe auch schon gehört, dass mein Vorgänger Andrew einige Mitarbeiter für geringe Auslastung und subjektiv schlechte Arbeitsleistung abgestraft hat. Ich habe das nicht vor.“

Wie kann er das glaubhaft machen? Claudia ist aktuell zu emotional, als dass er sie auf einer sachlichen Ebene erreichen kann.

„Verstehe ich es richtig, dass du Angst davor hast, eine schlechte Beurteilung zu bekommen?“

Sie nickt.

Jan muss kurz durchatmen. Zumindest kann er mit Claudia darüber sprechen.

„Ich merke schon, wie sich die Arbeitsweise verändert, Jan. Und ich will mich da auch nicht dagegenstellen. Aber ich weiß ja auch nicht, wie lange du dann noch hier bist. Und wer weiß, was nach dir kommt?“

Er muss kurz schlucken. „Ich gehe mal davon aus, dass ich hier unbegrenzt eingestellt wurde. Das kann natürlich sein, dass ich irgendwann mal gehe oder gehen muss. Bis dahin garantiere ich dir aber, dass meine Idee nicht auf euch zurückfällt. Dafür werde ich persönlich verantwortlich gemacht werden. Ich überlege mir noch, wie ich das klarstelle."

Claudia nickt wieder und Jan ergreift die Möglichkeit: „Sag mal. Da du so viel unterwegs warst, hast du bestimmt mit vielen Menschen gesprochen. Die haben bestimmt gefragt, warum du jetzt persönlich bei ihnen vorsprechen musst, oder?"

„Ja, die meisten waren etwas überrascht, wenn ich da in der Tür stand."

„Was hast du ihnen dann gesagt? Warum wir das machen?"

„Naja, wir haben ja irgendwann mal über die Arbeitstypen gesprochen. Du erinnerst dich?"

Wie könnte Jan die ersten Schritte beim Aufsetzen des Kanban-Systems vergessen?

Claudia fährt fort: „Ich habe noch ein bisschen gelesen, was es damit auf sich hat. Die Arbeitstypen sind ja quasi Dienstleistungen, die wir erbringen. Bei der Kanban-Methode gibt es ja wohl dieses Dienstleistungsparadigma. Wissensarbeit ist Dienstleistung; Dienstleistung besteht aus einzelnen Schritten, die einen Workflow darstellen können; und, naja, dass eine Dienstleistung einen Auftraggeber und einen Auftragnehmer hat. Typischerweise nimmt der Auftraggeber das Resultat dann auch entgegen – oder zumindest zur Kenntnis."

Da war die Dienstleistung wieder. Jan machte sich eine kurze Notiz, dass er das Team darauf weiter fokussieren sollte.

„Und was hast du dann damit gemacht?", will er wissen.

Sie grinst. „Ich habe es ein bisschen als Druck verwendet. Ich bin zu mehreren Leuten hin, die Aufträge bei uns in der Pipeline hatten und die blockiert waren oder sonst etwas. Naja. Und dann habe ich sie nach ihrer Unterstützung gefragt. Wie du das bei Rudolf doch auch gemacht hast. ‚Liebe XYZ, dein Auftrag liegt bei uns in einer Warteschlange. Er wartet darauf, dass du dich darum kümmerst. Wenn du ihn schnell fertig haben möchtest, dann kümmere dich bitte schnell darum. Dann können wir ihn auch schnell weiterbearbeiten', habe ich gesagt. Die Hälfte wusste es nicht – da sind wohl die Benachrichtigungen im E-Mail-Postfach untergegangen – und die andere Hälfte hatte die Dringlichkeit wohl falsch eingeschätzt. Die haben sich dann aber auch drum gekümmert. Insbesondere, als ich gesagt habe, dass wir auf ihre Rückmeldung warten und entsprechend nichts Neues für sie anfangen."

Jan ist beeindruckt. „Hast du super gemacht. Du solltest ein Abzeichen bekommen. ‚Super-Hintern-Treterin' oder sowas", witzelt er.

Claudia muss lachen und entgegnet: „Ich mag meinen normalen Job eigentlich lieber. Den würde ich jetzt auch gerne weitermachen."

„Ja natürlich. Danke, dass du dir Zeit genommen hast. Und danke für deinen kritischen Input!“, sagt er laut, als er ihr die Tür aufhält. Die kleine Frau geht an ihm vorbei und es kommt ihm vor, als sei sie gerade durch sein Lob um fünf Zentimeter gewachsen. Jetzt wurde es Zeit, das auch noch zu verankern.

***

Er schließt die Tür, setzt Kopfhörer auf und lässt ein paar Takte Chopin auf sich wirken.

Er starrt auf die Notiz auf seinem Schreibtisch. „Dienstleistung, Team fokussieren“, steht dort.

An seinem Laptop öffnet er eine E-Mail und adressiert sie an Michael, Rudolf, Sebastian, Jessica und seine Abteilung.

```
Von: Jan

An: Michael, Jessica, Rudolf, Sebastian, team-dev@peachesandco.de

Betreff: Dienstleistungsorientierung

Liebe Kollegen,

im Zuge unserer Bemühungen, unsere Kollegen und insbesondere unsere Kunden besser zu bedienen, habe ich mich entschlossen, meine Abteilung dienstleistungsorientiert aufzustellen. Für die wenigsten von Euch kommt dies als Überraschung. Ihr habt bereits alle daran mitgewirkt. Danke für Eure Unterstützung.

Wir fokussieren uns ab sofort auf die Erwartungen und Bedürfnisse unserer Kunden und versuchen, diese zu erfüllen. Das bedeutet, dass der Fokus insbesondere nicht auf der Auslastung einzelner Mitarbeiter liegt. Ihr werdet also meine Mitarbeiter bei Aktivitäten sehen, die nicht ihrer Spezialisierung entsprechen. Das wird von mir verantwortet und ist explizit so gewünscht.

Erwartungen und Bedürfnisse sind ein gutes Stichwort. Falls Ihr seht, dass wir diese irgendwo nicht erfüllen, bitte ich Euch, das an mich zu adressieren. Ich werde dann, gemeinsam mit meinen Mitarbeitern und Euch Stakeholdern, unsere Dienstleistung verbessern.

Viele Grüße

Jan
```

Er klickt auf „Senden“ und denkt über das Risiko nach, das er gerade eingegangen ist. Er hat gerade gegen ein uraltes Paradigma dieser Firma verstoßen: Fokus auf den Fluss der Arbeit statt auf Mitarbeiterauslastung.

„Hoffentlich geht das gut“, denkt er.

***

In seinem Postfach erscheint kurz darauf eine Antwort auf seine Mail.

```
Von: Michael Schmidt

An: Jan

Betreff: Re: Dienstleistung

Hallo Jan,

können wir bitte spätestens in drei Wochen ein Review machen? Obwohl ich den gestalterischen Aspekt gut finde, brennt mir die Hütte zu sehr für große Experimente mit der Effizienz.

Grüße

MS
```

„Jetzt gilt es wohl zu beweisen, was die Kanban-Methode kann“, schießt es Jan durch den Kopf und er merkt, dass diese Spannung zum ersten Mal positiv in seinem Bauch kribbelt.

* * *

Während des Mittagessens wird normalerweise nicht über Arbeit gesprochen. Aber als Jan fragt, ob er sich dazusetzen darf, sind Claudia, Peter und Dimitri mitten in einer hitzigen Diskussion. Dimitri lädt ihn mit einer Handgeste ein, unterbricht seinen Redefluss aber nicht: „Und ich sage dir, jetzt mit dem WIP-Limit herunterzugehen, wäre Schwachsinn! Da sitzt doch ein Viertel der Leute nur rum!“

Claudia blafft: „Schwachsinn!? Das ist überhaupt kein Schwachsinn. Erinnerst du dich an die Anforderung neulich? Da haben genau wir beide zusammengearbeitet, weil eine andere Sache blockiert war! Das andere Ticket hat dann quasi nur noch auf dich gewartet!“ Sie sucht nach Zustimmung in Dimitris Gesicht. Als er anfängt zu nicken, fragt sie: „Was müsste passieren, damit wir mit dem WIP-Limit heruntergehen können?“

Jan ist erstaunt über den neu gefundenen Enthusiasmus bei Claudia. „Vom Saulus zum Paulus und das in kürzester Zeit“, denkt er.

Peter mischt sich ein: „Warum sollten wir eigentlich mit den Limits heruntergehen?“

Claudia nimmt eine Serviette und schreibt eine Gleichung darauf:

$$\text{Durchlaufzeit} = \frac{\text{WIP}}{\text{Durchsatz}}$$

„Seht ihr? Die Dienstleistungsorientierung sagt uns: Kunden haben das Bedürfnis nach Geschwindigkeit. Sonst würden sie doch nicht so häufig nachfragen! Da müssen wir ganz klar mit dem WIP runtergehen, um die Durchlaufzeit auch zu senken!“

Jan sekundiert: „Es stimmt, was Claudia sagt: Die Kunden haben ein Bedürfnis nach Geschwindigkeit. Und darüber hinaus nimmt die Wahrscheinlichkeit einer Repriorisierung ab. Und dass sich die Auftraggeber doch noch was anderes überlegen. Man könnte also auch sagen, dass kürzere Durchlaufzeiten unsere Agilität verbessern!“

„Okay“, sagt Dimitri unsicher. Er ist noch nicht überzeugt. Er sieht sich die Gleichung an und deutet auf den Bruch. „Aber können wir nicht einfach den Durchsatz steigern?“

„Nun“, antwortet Jan, „das versuchen wir schon länger. Aber ohne neue Mitarbeiter wird das nicht funktionieren. Die bekommen wir nicht. Dafür steht das Wasser zu hoch.“ Er hält seine flache Hand neben seinen Hals und deutet einen steigenden Wasserspiegel an. „Oder wir müssten die Fehler reduzieren. Aber...“

Peter unterbricht: „Das könnten wir. Wenn wir weniger Wechsel zwischen den Aufgaben haben, wäre uns schon mal geholfen. Einmal konzentriert an einer Sache gearbeitet, da wird die doch schneller fertig. Und wenn dann noch ein Zweiter...“

„... oder eine Zweite“, führt Claudia den Satz fort.

„Oder eine Zweite“, wiederholt Peter, „daran mitarbeitet, reduzieren wir die Fehler doch wahrscheinlich.“

„Wahrscheinlich. Das klingt ganz schön vage, wenn auch nachvollziehbar.“ Jan ist besorgt. „Könnt ihr das mal eher zwei Wochen ausprobieren, bevor wir das jetzt festnageln?“

Claudia lacht. „Na klar. Vorhin habe ich ja noch in deinem Büro die Praktik gesehen: ‚Erziele Verbesserung kooperativ, entwickle experimentell.‘ Ist doch klar, dass wir jetzt gemeinsam was beschließen und dann später mal draufgucken.“

„Aber wohl nicht ohne den Rest der Kollegen“, zieht Dimitri das Gespräch wieder an sich und lenkt dann das Thema zu den Limits zurück: „Gehen wir mit dem WIP runter, geht auch die Durchlaufzeit runter. Und wir müssen uns aktiver um die Blockaden kümmern. Klingt nachvollziehbar. Aber stimmt die Gleichung denn?“

„Das ist das Gesetz von Little!“, entrüstet sich Claudia. „Natürlich stimmt das. John D.C. Little bewies das Gesetz 1961. Das war im Rahmen der Warteschlangentheorie. Heute können wir das Gesetz auch auf Kanban-Systeme übertragen.“

„Na gut“, sagt Dimitri, „dann will ich dem guten alten John mal glauben.“ Er lacht. „Und dir, Claudia!“

Sie wird rot und muss auch lachen. Jan möchte den Moment nicht ungenutzt verstreichen lassen und will noch einmal nachfragen: „Claudia hat gefragt, was passieren müsste, damit wir mit den WIP-Limits runtergehen können. Ich könnte es einfach bestimmen und ihr guckt, wie ihr damit zurechtkommt. Aber das wäre wohl keine kooperative Verbesserung.“

„Aber experimentell!“ Auch Peters Stimmung ist mittlerweile locker. Er erinnert sich: „Dimitri hat vorhin schon einen Aspekt genannt. Zusammenarbeit. Wir müssen die Zusammenarbeit stärken, wenn wir mit den WIP-Limits runtergehen wollen.“

Der gerade Genannte hat noch Zweifel: „Jan, kannst du das vielleicht mal auf die Agenda für unser nächstes Abteilungsmeeting bringen? Ich kann mir jetzt schon vorstellen, dass es gut wäre. Aber ich möchte gerne mal sehen, was die Kollegen denken.“

„Klar!“, sagt Jan, „Keine Änderung ohne die Kollegen. Kooperativ und experimentell! Ich setze es auf die Liste.“

Er macht eine kurze Pause.

„Ist mir jetzt ein wenig peinlich, aber ich habe eine Veränderung ohne euch gemacht. Ich habe mit den Anforderern, quasi den Dienstnehmern, vereinbart, dass wir auch die Eingangsspalte limitieren.“

Die drei Mitarbeiter sehen ihn an.

Claudia ist die erste, die spricht: „Naja, kann ja nicht alles in Demokratie verlaufen.“

Dimitri zuckt mit den Schultern: „Also ehrlich gesagt, das stört mich weniger. Wenn die sich ein bisschen zurücknehmen müssen, schadet das nicht.“

Jan hakt ein: „‚Die‘ – also Rudolf, Sebastian und Jessica sind uns da schon genauso entgegengekommen. Auch wenn es zu ihrem Besten ist, glaube ich. Wir sitzen im gleichen Boot, also bitte nicht so abfällig über die Kollegen sprechen.“

Dimitri entschuldigt sich kleinlaut. Claudia hat das Ganze schon durchgerechnet: „Wir haben ja typischerweise einen Durchsatz oder eine quasi Abflugrate von 9–10 Tickets – ohne die Fehler – pro Woche. Das heißt, die Spalte ist auch auf 10 limitiert?“

Jan nickt: „Genau. Wobei ...“

„... wir ja auch mal mehr schaffen. Sollten wir da nicht einen Puffer schaffen?“ Peter runzelt die Stirn. „Und es geht ja auch mal weniger durch!“

Jan stimmt ihm zu. „Wahrscheinlich sollten wir das tun. Obwohl wir gegebenenfalls auch mal spontan unter der Woche nachfüllen könnten. Aber ich werde das morgen ansprechen. Danke für den Hinweis, Leute!“ Er macht sich eine mentale Notiz. „So, eigentlich wird hier nicht über Arbeit gesprochen. Ist ja kein Working-Lunch!“, fordert er die drei auf.

„Ich war neulich in so einer Burgerbar. Knaller!“ Dimitri ist erpicht darauf, das Thema Essen zu vertiefen. Peter stimmt ein und nachdem sie geklärt haben, welches Lokal gemeint ist, bestätigt er die Qualität der Bar. Sie vertiefen sich in Zutaten für gute Burger und so schweift das Thema ab und sie reden nicht weiter über die Arbeit.

Als alle ihre Mahlzeit beendet und die Tabletts zurückgestellt haben, gehen sie gemeinsam zu ihren Arbeitsplätzen zurück.

„Ich finde es gut, Jan, dass du uns bei vielen Dingen so stark mit einbeziehst. Andrew hat das nicht gemacht. Das ermutigt jeden hier, glaube ich, auch mal selbst etwas voranzutreiben oder aufzuzeigen!“, lobt Peter, kurz bevor er an seinem Arbeitsplatz angekommen ist.

„Danke! Das freut mich. Wir schaffen das gemeinsam.“ Jan freut sich über das Lob und denkt: „Fördere Führungsverhalten auf allen Ebenen – Veränderungsmanagement-Prinzip Nummer drei. Check!“ Er biegt seinerseits in sein Büro ab und sieht sich die fünf anderen Prinzipien an. Fehlt nur noch das dritte Prinzip der Dienstleistungen „Entwickle die Regeln, um die Ergebnisse für die Organisation und die Kunden zu verbessern.“

Aber dafür ist sicherlich noch wann anders Zeit.

sechs

Am nächsten Vormittag trifft sich Jan wieder mit Jessica, Sebastian und Rudolf. Heute steht wie besprochen das Replenishment auf dem Plan. Sie wollen die Eingangsspalte strukturiert befüllen.

„Passt euch die Zeit so? Ich bin gerade mit meinem Jour Fixe durch und kann jetzt gut ein wenig produktives Arbeiten gebrauchen“, begrüßt Sebastian die anderen. Er hat sich wie zugesagt um den Termin gekümmert.

Jessica ist irritiert: „Sollen wir uns zu einem anderen Zeitpunkt treffen? Oder was meinst du mit ‚produktiv‘?“

Jan lächelt und Sebastian erklärt: „Nein, ich habe das Gefühl, dass wir vier gemeinsam tatsächlich gut vorankommen. Ich habe mehr Vertrauen, dass meine Marketingkampagnen gut durchkommen.“

„Das ist gut. Aber dann lass uns jetzt mal ein bisschen was schaffen.“ Rudolf klappt seinen Laptop auf.

„Nicht ganz so schnell, ihr drei!“, wirft Jan ein. „Wir müssen doch noch ein bisschen was vorbereiten. Er hat vierzehn fast leere Kästchen auf das Whiteboard gezeichnet. Sechs davon sind mit einem R markiert, vier mit S und die letzten vier mit einem J.

Er erklärt: „Das sind die freien Plätze für eure Arbeitsaufträge. Ich habe vier mehr reserviert als ausgemacht, denn wir haben neulich viel über den Durchschnitt gesprochen. Meine Mitarbeiter haben mich dann aber darauf hingewiesen, dass unser Durchsatz auch mal schwankt. Manchmal kommen in einer Woche mehr Tickets durch, in anderen Wochen weniger. Ich wäre gerne auf den Fall vorbereitet, dass wir mal einen höheren Durchsatz haben.“ Er zeigt mit dem Finger in die Runde und erklärt: „Dann müssen wir uns nicht ad-hoc zu einem Meeting verabreden.“

Sebastian nickt. „Bekäme ich wahrscheinlich gar nicht unter so spontan.“

Jessica lacht leise und zieht ihn mit „Busy Businesskasper?“ auf.

Jan ignoriert den Seitenhieb und verteilt Post-its und Stifte. Er bittet sie: „Wenn ihr also einmal die jeweils sechs beziehungsweise vier wichtigsten Anforderungen mit uns teilen würdet, wäre ich höchst erfreut!“ Er grinst einladend.

„Müssen wir das jetzt echt auf Papier bringen? Kann ich dir nicht eine E-Mail schicken?“ Sebastian ist entsetzt.

Darauf ist Jan schon gefasst und antwortet: „Das klingt jetzt erst mal fürchterlich ineffizient und alles. Aber unser Board, auf dem wir unsere Dienstleistung abbilden, ist auch haptisch. Wir haben da echt gute Erfahrungen mit gemacht.“

Diesmal kann Rudolf sich ein Grinsen nicht verkneifen und neckt Sebastian: „Nur, weil du so ne Sauklaue hast...“

Sebastian schnauft auf und gibt sich beim Schreiben Mühe.

„Nur den Titel?“, fragt Rudolf.

„Am besten auch noch die ID aus dem Ticketsystem. Dann können wir es zumindest zuordnen. Und falls eine Deadline existiert, sollte die auch drauf. Als Startdatum könnt ihr den heutigen Tag aufschreiben. Daran orientieren wir uns beim Ziehen der Tickets. So bekommen wir die alle einigermaßen in Reihenfolge wieder heraus. Darüber hinaus können wir analysieren, welche schon lange hängen.“ Jan überlegt, ob weitere Informationen für die Tickets notwendig sind. „Das war's, glaube ich.“

Keiner der drei hat ein Ticket mit Deadline. „Wie ungewöhnlich“, denkt Jan.

Als alle Tickets an der Wand hängen, stellt er noch einmal fest: „Das sind jetzt die wichtigsten Sachen. Wenn wir die in, sagen wir mal, zwei Wochen durchbekommen, werden wir keine Umpriorisierungen bekommen?“

„Zwei Wochen? Kann ich dich darauf festnageln?“, fragt Jessica.

„Nun, ich habe noch nicht so viele Daten analysieren können. Aber es könnte gut sein.“

Rudolf ist neugierig: „Die Daten würde ich gerne mal sehen. Falls sich da was zum Positiven oder Negativen ändert, hat das ja Einfluss auf uns.“

Jan stimmt zu. „Lasst mich da mal sammeln“, sagt er. „Dann bereite ich das auch gerne für euch auf.“

Jessica muss noch einmal nachhaken: „Und wir können uns darauf verlassen, dass ihr nur daran arbeitet?“

„Gehen wir mal davon aus, dass wir uns beide an die Abmachung halten. Wir geben die Zusage, nur daran zu arbeiten. Ihr gebt aber eure Zusage, nichts Weiteres von der Seite einzuschieben. Dann wird es so passieren.“

„Das ging flott! Danke, Jan, für die Moderation. Jetzt ran an die Arbeit. Ich brauche den Kram!“ Sebastian ist schon wieder unter Zeitdruck und läuft mit einem Winken in die Runde aus der Tür. Auch die anderen beiden verabschieden sich und Jan sammelt die Tickets ein.

* * *

Immer wieder hat Jan in letzter Zeit im Kanban-Meeting wegen liegengebliebener Aufgaben nachfragen müssen. Es ist immer schwer, einen Verantwortlichen zu finden, wenn eine unangenehme Aufgabe ansteht. Meist schauen die Mitarbeiter betreten auf den Boden oder starren aufs Board. Jan hat dann selten Geduld und spricht in vielen Fällen die Person, die seiner Meinung nach die Aufgabe am besten lösen kann, direkt an. Das ist auch einer der Gründe, warum er mit Schmerzen der Geschäftsreise entgegensieht, die Michael gerade kurzfristig anberaumt hat. Sie würden am nächsten Tag zu einem potenziellen Kunden fahren: Michael, Rudolf und er. Aber wer sollte dann das Stand-up leiten?

Jan geht bei Tim im Büro vorbei. „Kannst du mir einen Gefallen tun?"

Tim hat gerade viel zu tun und seufzt auf. „Mit mir kann man es ja machen", stimmt er trotzdem zu. „Ich kann das Meeting schon leiten. 10 Uhr? Da musst du mir aber mindestens 'nen Kaffee für ausgeben!"

Jan nickt. Auf Tim ist Verlass. Eine Sorge weniger.

* * *

Der Termin beim Kunden verläuft gut. Rudolf und Michael sind angetan von den Aussichten, einen neuen Kanal für den Vertrieb der Produkte aufzumachen. Ausgelassen rekapitulieren die beiden auf der Rückfahrt das Gespräch und überlegen, mit welchen Projekten sie den Kunden schlussendlich überzeugen werden können.

Jan sitzt im Zug etwas abseits und wertet besorgt die Daten aus. Er hat den drei Anforderern zwei Wochen Durchlaufzeit versprochen. Bei der Analyse des Durchlaufzeit-Histogramms fällt ihm auf, dass das bei der aktuellen Geschwindigkeit nicht einzuhalten ist. Aber es kann nicht an der Kapazität liegen! Eigentlich hat er ausreichend Mitarbeiter, um die vierzehn Tickets zu stemmen. Er beschließt, mit den Kollegen darüber zu sprechen. Er hat sowieso schon länger vor, mit ihnen gemeinsam die Daten auswerten. Dann klappt er seinen Laptop zu, schließt die Augen und freut sich auf zu Hause.

* * *

Gerade als er zur Haustür hineingehen will, kommt ihm Anja entgegen.

„Hallo, Schätzchen!", ruft sie ihm zu und Jan zuckt zusammen. Sie weiß genau, wie ungern er diesen Kosenamen mag! Sie lacht und umarmt ihn. „Was freue ich mich, dich zu sehen!", begrüßt sie ihn herzlich und er kann seinen Groll nur noch kurz aufrechterhalten.

„Ich mich auch!", entgegnet er ihr und die beiden gehen gemeinsam in die Küche.

„Darf ich dich mit einer Einladung zum Essen bestechen?" Er hat keine Lust zu kochen und hat noch einen Plan für den Abend.

„Italienisch würde ich zustimmen. Ich habe tierisch Lust auf Pizza! Aber warum musst du mich bestechen?“ Sie hat den Braten wohl gerochen und muss den Umfang erst einmal abschätzen.

„Ich würde gerne mal wieder mit dir über unser Kanban-System sprechen.“

Anja sieht ihn an und fragt beim Hinausgehen: „Ist alles in Ordnung? Macht es Probleme?“

Jan schüttelt den Kopf und öffnet ihr die Autotür. „Spring rein, wir fahren zur ‚Vecchia Stazzione‘. Dann kann ich dir den aktuellen Stand mal erklären. Ich würde nur gerne mal deine Einschätzung hören. Und vielleicht kann ich auch noch ein paar Tipps und Verbesserungsvorschläge abgreifen! Lass mich noch kurz einen Block und einen Kuli holen. Ich will mir ein paar Sachen aufschreiben.“

* * *

„Mi amore, danke für das leckere Essen!“, imitiert Anja einen schlechten italienischen Akzent und hebt ihr Glas Rotwein. „Nun schieß los! Sonst bin ich gleich zu betrunken.“

Jan lacht. „Da bist du noch weit von entfernt! Nicht aus dem Deal stehlen, hier.“

Er muss noch fahren und sich im Gespräch konzentrieren. Er trinkt einen Schluck Wasser und beginnt: „Also pass auf. Wir haben ein Kanban-System aufgesetzt. Wir haben ein Board an die Wand gebracht und die einzelnen Arbeitsschritte beschrieben bzw. unterteilt. Wir visualisieren die Blockaden und verfolgen diese auch. Wir treffen uns jeden Morgen und reden darüber, was so ansteht. Insbesondere besprechen wir, welche Blockaden behoben werden müssen.“

„Das klingt doch schon mal gut! Aber?“ Anja rückt auf ihrem Stuhl nach vorne.

„Nix aber. Ich bin ja auch noch nicht fertig! Wir haben ja auch WIP-Limits eingeführt. Ich habe mit meinen Mitarbeitern ziemlich viel darüber gesprochen und wir haben ein Level gefunden, mit dem sie gut zurechtkommen. Der Fluss der Arbeit ist noch nicht einwandfrei, aber zumindest werden wir auf die Blockaden ausreichend aufmerksam gemacht. Wir haben sogar gemeinsame Arbeit an einzelnen Tickets eingeführt!“

„So weit, so gut“, stellt Anja lobend fest. „Habt ihr auch die Commitment-Meetings eingeführt?“

„Ja, das war ein guter Tipp. Du hast ja damals gesagt, dass wir die brauchen – kurz darauf war es dann wirklich so weit. Ich treffe mich mit den relevanten Anforderern bzw. den Abteilungsleitern und die geben mir dann die Anforderungen, die bearbeitet werden müssen. Alles läuft!“

Dann schwenkt er noch einmal zu seinen eigenen Mitarbeitern: „Wer mich ganz besonders überrascht hat, ist Claudia! Hast du sie mal kennengelernt? Sie ist schon länger bei uns und häufig ein wenig ängstlich.“

Jan erzählt davon, wie Claudia bei ihm im Büro gesessen hat und wie sie über Auslastung und persönliche Bewertung gesprochen hat. Begeistert sagt er: „Seitdem ich es öffentlich ganz klar gemacht habe, dass ich dahinter stehe und sie alle meine Unterstützung haben, läuft es. Gerade Claudia ergreift immer wieder die Initiative. Man könnte fast sagen, sie geht dahin, wo es wehtut." Er lacht.

Gianni, der Kellner, kommt und unterbricht die beiden kurz. „Darf es noch etwas sein?", fragt er und sein italienischer Akzent ist glaubhafter als Anjas Imitation von vor einigen Minuten. „Vielleicht noch einen Rotwein für die Dame? Und Signore noch etwas? Die *Dolce*?"

Jan winkt ab, er hat schon zu viel gegessen. Anja bittet Gianni um einen Rotwein. Sie bedeutet Jan, weiter zu berichten.

„Generell kann man wohl sagen, dass wir deutlich dienstleistungsorientierter aufgestellt sind. Irgendwas fehlt aber noch."

„Zwei Sachen fehlen", behauptet Anja und wartet darauf, von Jan um eine Erklärung gebeten zu werden. Er denkt lange darüber nach, was noch fehlen könnte. Dann gibt er auf und fordert sie auf: „Na los, du hast gewonnen. Was fehlt noch?"

Sie nimmt von Gianni das Glas Rotwein entgegen, nimmt einen Schluck und sagt triumphierend: „Feedbackzyklen und Kundenorientierung!"

„Kundenorientierung? Ich bitte dich. Hast du mir nicht zugehört? Ich habe dir doch schon ganz viel darüber erklärt!", blafft Jan sie an.

„Entschuldige, ich wollte eure Erfolge nicht schmälern. Mit Kundenorientierung meine ich: Weißt du, ob deine Kunden, Rudolf und Jessica und wie heißt der Kollege aus dem Marketing noch?"

„Sebastian."

„Richtig. Wie die und die tatsächlichen Kunden deine Dienstleistung empfinden. Wir haben bei uns eine sogenannte Fitness-for-Purpose-Umfrage. Wir haben im Unternehmen ja verschiedene Dienstleistungen, die voneinander abhängen. Und insbesondere die Dienstleistungen, die wir in Richtung unserer Kunden erbringen, überprüfen wir häufig mal, ob sie denn fit-for-purpose sind."

„Okay, ich kann Englisch, aber kannst du mir dieses fit-for-purpose mal erklären?"

„Ja, mi amore, das kann ich." Sie lacht. „Es ist lustig – wir sitzen gerade bei einem Italiener und es gab natürlich auch Pizza. Fit-for-purpose wird immer gerne am Beispiel eines Pizzabringdienstes erläutert."[2]

„Pizza?" Jan schaut ungläubig. „Diese Kanban-Typen haben schon interessante Weltansichten."

---

2 [AndZhe 2017]

„Es geht ja ums Prinzip. Man beurteilt eine Dienstleistung je nach dem Kontext oder der Rolle, in der man sich befindet. Das konkrete Beispiel mit dem Pizzalieferanten ist so, dass eine Projektleiterin zum einen Pizza für ihr Team bestellt, das gerade hart an einer Deadline arbeitet. Da ist es für das Team wichtig, dass die Pizza richtig lecker und heiß ist und mit qualitativ hochwertigen Zutaten belegt wurde. Preis und Lieferzeit sind nicht so sonderlich wichtig. Das Beispiel geht dann weiter, dass die Projektleiterin nach Hause kommt und die Kinder Hunger haben. Sie bestellt nochmal Pizza, aber jetzt kommt es darauf an, dass vor allem einfache Zutaten auf der Pizza sind und sie so schnell wie möglich da ist. Alles über 20 Minuten ist ein absolutes *No-Go*. Preislich sollte es auch nicht übertrieben sein, weil sie die Pizza nun aus der eigenen Tasche zahlt."

Jan bestätigt: „Klar, die beiden Situationen kenne ich auch. Wenn meine Frau hungrig ist, ist die Zeit fast wichtiger als alles andere – im Gegensatz zu einer Situation mit meinen Kollegen."

Anja lacht und wirft mit ihrer Serviette nach ihm und zischt gutmütig: „Aufpassen, mein Lieber!"

Er grinst und sagt: „Okay, wir haben also offensichtlich zwei Arten von Qualitäten von Dienstleistung. Die hängen vom Kunden ab. Und weiter?"

„Ich erkläre es dir mal an unserem Beispiel. Erstmal abstrakt: Wir besprechen mit unseren Kunden – intern wie extern und implizit und explizit – was ihnen wichtig ist, wenn sie unsere Dienstleistung in Anspruch nehmen. Wir stellen dann sogenannte Fitnesskriterien auf. Also eine Liste von Kriterien, anhand derer wir zumindest in etwa beurteilen können, ob wir diese Erwartungen tatsächlich erfüllen."

Jan erinnert sich an die Dienstleistungsprinzipien: „Ah, das war doch ‚Verstehe und fokussiere dich auf die Bedürfnisse und Erwartungen deiner Kunden', oder?"

„Ja, genau. Und dann messen wir hin und wieder – oder gegebenenfalls auch kontinuierlich – und gucken, ob wir denn tatsächlich den Sinn unserer Dienstleistung richtig erfüllen – passend zum Zweck."

„Spannend. Das muss ich mal mit meinen drei Anforderern machen. Du hattest aber noch einen zweiten fehlenden Punkt: Feedbackzyklen. Erzähl mir mehr davon. Ich habe nämlich das Gefühl, dass wir da ja schon ganz viel machen!"

„Kann schon sein, dass du das glaubst. Ich habe noch nicht gehört, dass ihr viel von dem macht, was die Kanban-Methode vorschlägt."

Jan verschränkt die Arme und zieht die Augenbrauen hoch. Anja lässt sich nicht irritieren und beginnt: „Also. In der speziellen Praktik für Dienstleistungen in der Kanban-Methode gibt es mindestens mal sieben Feedbackzyklen. Commitment-Meeting, Kanban-Meeting."

„Machen wir!", unterbricht Jan kurz.

„Delivery Planning, Service Delivery Review, Operations-Review, Risk-Review und zu guter Letzt das Strategy-Review“, fährt Anja unbeirrt fort. „Ihr macht zwei Meetings, die sich verkleiden wie Feedbackzyklen. Aber zumindest beim Commitment-Meeting könntest du noch viel mehr machen! Die Anforderer benötigen ja auch ein Feedback, wie die Abarbeitung so läuft – und wie viel sie nachschieben können. Ob der Durchsatz konstant ist, welche Probleme auftreten, wie viele Kanban für sie verfügbar sind und so weiter und so fort.“

„Wo bekomme ich die Daten denn her? Gibt's da auch noch ein Meeting für?“, witzelt Jan.

„Sehr witzig, Signore! Die Daten musst du wohl unabhängig von den Meetings erheben. Durchlaufzeit, Durchsatz, Verteilung der Durchlaufzeiten etc. Allerdings werden sie dann im Service-Delivery-Review tatsächlich aggregiert und bewertet.“

„Verstehe. Ja, ich habe mit den drei Kollegen sowieso schon besprochen, dass ich ihnen diese Daten mal zeige. Und was mache ich, wenn sich die Daten mit der Zeit verändern?“

„Nun,“, sagt Anja, „dann müsst ihr halt mal nachdenken! Die Kanban-Methode ist ja eine Brain-On-Methode. Ihr müsst bei der Verwendung euer Hirn verwenden! Das heißt also, ihr müsst ständig darüber reflektieren, was ihr seht und wie ihr darauf reagieren solltet. Das ist nicht ganz trivial.“

Das hat Jan auch schon gemerkt. Manchmal hat er das „Mach das, tu dies und wunderbare Dinge werden passieren“-Herangehensweise anderer Frameworks schon vermisst. Es hilft doch ungemein, Gleise zu haben, die einen leiten. Er hingegen ist momentan völlig frei unterwegs und muss selbst steuern. Er freut sich, dass seine Frau ihn unterstützt. Ohne sie wäre er etwas verloren! Wenn sie nicht da wäre, bräuchte er wahrscheinlich tatsächlich einen Coach, der ihm Richtung und Unterstützung gibt.

Gleichzeitig merkt er aber, dass die Einigung auf Maßnahmen mit kooperativer Verbesserung deutlich leichter ist. Wenn niemand „die perfekte Lösung“ hat, die nur noch aus dem Handbuch abgelesen werden muss, müssen alle nachdenken. Und was wissen die Erfinder dieser Lösungen schon über die Realität bei Peaches & Co?

„Gut. Dann bringe ich die Metriken mit in das Commitment-Meeting. Dann haben wir die Informationen, um die Entscheidung zu treffen, was als Nächstes ausgewählt wird.“ Jan macht sich eine Notiz. „Sollte ich sonst noch etwas mitbringen? Vielleicht habe ich noch nicht an alles andere gedacht!?“

„Alles, was ihr im Kanban-Meeting entdeckt! Oder vielmehr das, was für die Anforderer sinnvoll sein könnte. Falls es Informationen gibt, die die Pull-Entscheidung für sie einfacher, besser oder sicherer machen, sollten diese Informationen dort verfügbar sein. Das müsst ihr über die Zeit hinweg selbst herausfinden, was das ist.“ Anja zieht entschuldigend die Schultern hoch.

„Verstehe. Erzähl mal bitte mehr über die anderen Meetings.“ Jan rückt das Papier, das er vorhin schon aus der Tasche gezogen hat, noch einmal zurecht und nimmt den Stift in die Hand.

„Wenn du sowieso schon mitschreibst: Es gibt eine Unterteilung in die Mengen der Dienstleistungsmeetings und der Verbesserungsmeetings. Commitment-, Kanban- und Delivery-Planning-Meeting sind die drei Dienstleistungsmeetings. Sie sind notwendig, um die Dienstleistung zu erbringen. Das hast du ja schon selbst gemerkt.“

„Aber wir haben kein Delivery-Planning.“ Jan ist verunsichert. „Mache ich was falsch?“

„Nein, nein. Es ist nicht zwingend, dass du das machst. In vielen Fällen ist es aber auch mal sinnvoll. Beispielsweise, wenn man eine Rendez-vous-Planung macht. So nennt man das, wenn zwei Dinge gleichzeitig am gleichen Platz sein müssen. Ich könnte mir vorstellen, dass das bei euch auch manchmal der Fall ist. Zum Beispiel bei Sebastians Marketingkampagnen. Da wäre es schlecht, die Anforderungen schon vor der Bewerbung an die Kunden herauszugeben. Und fatal, es erst danach zu tun. Da kann man durchaus mal etwas koordinieren. Behalt es im Hinterkopf und dann könnt ihr es bei Bedarf ja einsetzen.“

„Das klingt gut. Erzähl mir etwas über die Verbesserungsmeetings. Die scheinen mir tatsächlich noch zu fehlen. Es passiert aktuell eher zufällig, dass wir Veränderung beschließen.“

Anja beginnt mit dem Service-Delivery-Review. „Ihr habt wahrscheinlich noch nicht strukturiert darüber nachgedacht, ob eure Dienstleistung die Erwartungen und Bedürfnisse eurer Kunden erfüllt. Da ihr euch noch keine größeren Gedanken über fit-for-purpose gemacht habt, könnt ihr das ja im Grunde nicht wissen.“

„Ich weiß ja schon, wie viele Anforderungen Rudolf, Jessica und Sebastian jeweils so benötigen“, wirft Jan ein.

* * *

„Na, das ist ja schon mal ein Anfang. Beim Service-Delivery-Review schaut man sich an, ob die Dienstleistung diese Erwartungen erfüllt. Wenn du ein einzelnes Kanban-System hast, in dem mehrere Teams oder Einheiten einen Beitrag leisten, nimmst du Repräsentanten all dieser Einheiten mit in das Review. Dort wird betrachtet, wie die aktuelle Leistungsfähigkeit mit dem Bedarf übereinstimmt. Falls es nicht zusammenpasst, können wir vielleicht lokal schon etwas tun. Kleinere Aktionen wie beispielsweise die Anpassung von Warteschlangen innerhalb des Kanban-Systems können wir dort beschließen. Das sollte ja beispielsweise die Durchlaufzeit senken. Wir müssen aber auch immer im Hinterkopf behalten, dass lokale Optimierung auch zu globaler Suboptimierung führen kann. Deswegen müssen wir da vorsichtig sein.“ Sie macht eine kurze Pause und weist ihn auf etwas hin: „Bevor du fragst, erwähne ich es direkt. Wenn wir uns Leistungsfähigkeit des Systems und den Bedarf ansehen, kann es natürlich sein, dass die Leistungsfähigkeit zu gering ist. Diese Information muss dann an diejenigen gehen, die Aufträge in das System geben. Sie sollen ja nicht mit falschen Daten rechnen. Sie müssen dann nämlich entsprechend ihr Verhalten anpassen und weniger rein tun."

„Okay, wie passen jetzt noch Operations-Review und – wie hieß es noch – dazu?"

Anja lacht: „Risk-Review. Lass mich damit anfangen. Oder nee. Kurzer Ausflug: Im Operations-Review können wir dann das Gesamtsystem verbessern." Sie grinst. „Verwirrung komplett? Gut. Und zurück zum Risk-Review: Ihr sammelt doch die Blockaden, oder? Da haben wir uns mal drüber unterhalten, ne? Jedenfalls werden die im Risk-Review ausgewertet. Und dann folgen daraus so Aktionen wie Umweg, Einplanen oder Wegsprengen – falls du dich erinnerst." Sie macht eine kurze Pause und Jan nickt. Dann erklärt sie: „Im Risk-Review machen wir genau das: Wir betrachten Risiken. Wir sehen uns also genau an, welche Dinge, die zu Verzögerungen führen, auftreten und welche Auswirkungen sie haben. Hier wird alles betrachtet, was nicht zwangsläufig aus dem System-Setup folgt. Anhand dieser Information entscheiden wir über Risikomitigationsstrategien."

Jan guckt sie verwirrt an. „Was für Strategien?"

„Risikomitigation. Wir schwächen also die Auswirkungen der Risiken ab. Klar?"

Jan nickt und sie erzählt von ihrem Kanban-Einsatz: „Statt dass wir nur aus Versehen Verbesserung passieren lassen, werten wir die Daten regelmäßig aus. Bei uns in der Firma passiert das so alle vier Wochen. Das dauert zwischen einer und zwei Stunden. Aber nicht, weil wir so viele Blockaden haben, sondern weil wir uns da eben auch gleich ein paar Gedanken zu Strategien machen. Es ist also kein reines Sammeln von Informationen, es werden Entscheidungen getroffen. Das muss man leider für jedes Risiko oder jedes Risikocluster einzeln machen. Das kann aber durchaus lohnenswert sein, wenn die Auswirkungen groß genug sind."

„Hmm. Okay", nickt Jan. „Das habe ich verstanden. Im Risk-Review – wie der Name schon sagt, werden also Risiken für die Durchlaufzeit besprochen. Und ihr überlegt euch da auch gleich Veränderungen und zu implementierende Strategien?"

„Ja. Aus den Daten, die wir da auswerten, kommen ja meistens die Ursachen für die Blockaden hervor, die wir angehen müssen. Da können wir dann gleich auch Entscheidungen darüber treffen, welche Veränderungen durchgeführt werden. Oder wie wir einfach in Zukunft damit umgehen wollen."

* * *

„Verstanden. Ich muss das jetzt mal kurz aufschreiben. Also Zweck, Teilnehmer und so weiter für das Risk-Review."

Er schreibt auf:

Risk-Review

Zweck:	Risiken im System bewerten und ggf. Mitigations-Strategien beschließen.
Moderator:	Service-Delivery-Manager
Teilnehmer:	Alle, die kürzlich etwas mit Risiken zu tun hatten.
Häufigkeit:	1–2x pro Monat
Dauer:	1–2 Stunden

Er will wissen: „Sag mir bitte noch mal, was ihr euch da alles anguckt."

„Naja, wir machen das einmal quasi als Überblick – alle Dienstleistungen, die zur Lieferung in Richtung Kunden notwendig sind, sind vertreten. Und die einzelnen Teile machen das ggf. auch noch mal für sich. Aber sie müssen halt aufpassen, dass sie nicht zu Lasten des Ganzen optimieren."

Jan sieht sie an und überlegt kurz. „Aber wenn dann dort Strategien beschlossen werden, müssen dann nicht auch die Entscheidungsträger dort vertreten sein?"

Anja strahlt ihn an und lacht. „Ja!" entgegnet sie ihm. „Genau. Zumindest bei uns im Unternehmen wollen wir, dass das keine Laberrunden sind, sondern dass da Veränderungen passieren. Es soll ja vorwärts gehen."

„Und wie geht ihr damit um, dass da ‚politische Entscheidungen' getroffen werden oder jemand sich da nicht überzeugen lässt oder zu sehr zaudert?", will Jan wissen.

„Öööööööööönt!" Anja haut auf einen imaginären roten Knopf und macht ein unangenehm lautes Geräusch. Jan sieht sich etwas schockiert um, aber nur eine Frau ein paar Tische weiter sieht zu ihnen herüber. Anja fragt: „Gegen welche Prinzipien verstoßen wir da gerade?"

Jan kratzt sich am Kopf. „Äh. ‚Gemeinsame Vereinbarung', ‚evolutionäre Veränderung' uuund ..." Er stockt und schaut sie fragend an.

Sie vervollständigt seinen Satz: „... ‚zum Leadership ermutigen'. Natürlich sind wir uns da der gemeinsamen Verantwortung klar. Da kann sich niemand verstecken." Sie bemerkt einen zweifelnden Blick bei Jan. „Vielleicht klingt das auch gerade zu negativ. Jedem der Teilnehmer ist klar, dass es nur mit der eigenen

Zustimmung weitergeht – oder zumindest nicht gegen sein Veto. Das ist der Vereinbarungsteil. Gleichzeitig sind wir uns alle unserer Verantwortung im Klaren: Es geht einfach nicht weiter ohne uns. Das ist der Leadership-Teil. Wir haben alle ein Interesse daran, dass es vorwärts geht, und die Transparenz erzeugt da auch etwas Gruppendruck. Ich weiß nicht, wie ich es noch positiver formulieren könnte."

„Passt schon, ich glaube, ich weiß, was du meinst. Ich hatte neulich die Situation mit Sebastian, Jessica und Rudolf. Sie haben miteinander gesprochen und ein gemeinsames Verständnis dafür etabliert, dass sie ja am Wohlergehen der Firma interessiert sind. Dadurch sind sie leichter zu einer, dann wirklich, gemeinsamen Entscheidung gekommen. Aber spannend, wie die Kanban-Methode auch das Thema Veränderung und gegenseitiges Verständnis und Vertrauen aufnimmt."

Anja lenkt zurück auf das ursprüngliche Thema: „Im Risk-Review werden also Veränderungen bezüglich einzelner Risiken beschlossen. Also Strategien, um sie in Zukunft zu vermeiden oder besser damit umzugehen. Wenn man nur ein einzelnes Kanban-System hat, frage ich mich immer, warum die Trennung zwischen Service-Delivery-Review, Operations-Review und Risk-Review sein soll. Da kann man im einen Meeting auch über den Inhalt der anderen Reviews sprechen. Da sitzen ja eh meistens die richtigen Leute zusammen, da benötigt man keine explizite Trennung. Zumindest bei, wie gesagt, einem einzelnen, unabhängigen Kanban-System." Sie wischt mit einer Geste über den Tisch, als wollte sie das Thema abhandeln.

„Spannender wird es mit mehreren Systemen, die voneinander abhängen. Und da ergibt die Trennung auch viel mehr Sinn! Die Reviews unterscheiden sich dann in den Teilnehmern, den genauen Themen, die angesehen werden, und auch in den Entscheidungen, die getroffen werden. Schlussendlich kann bei mehreren Kanban-Systemen nicht einfach jeder für sich lustig herumoptimieren: Da ist die Gesamtleistung ja das Wichtige!"

„Lass mich raten. Bei mehreren Systemen wird trotzdem eher ein einzelnes, gemeinsames Risk-Review gemacht – im Austausch miteinander. Du hast deinen argumentativen Höhepunkt schon zu sehr angeteasert, meine Liebe! Weil Risiken eher global beziehungsweise zwischen den Systemen auftreten und Entscheidungen dann auch gemeinsam getroffen werden müssen!" Jan lehnt sich stolz zurück.

Anja macht kurz ein beleidigtes Gesicht, stimmt ihm dann aber teilweise zu: „Ja, da hast du Recht. Aber auch nicht so ganz vollständig! Wie dem auch sei. Wir wollen systemische Optimierung betreiben! Also gucken, wo die Risiken herkommen – vielleicht sind die Quellen ja andere Kanban-Systeme. Dann werden Veränderungen beschlossen und ausprobiert." Sie nimmt einen Schluck Rotwein. „Den Input für das Treffen bekommen wir übrigens unter anderem aus dem Service-Delivery-Review, wie eben schon gesagt, und aus dem ..."

Jetzt unterbricht Jan sie: „... dem Delivery-Planning!"

Anja haut noch einmal auf ihren imaginären Buzzer und lässt die Frau von vorhin mit einem lauten „Öööööööööönt!" wieder aufschrecken. Jan fährt sich durchs Gesicht und Anja muss über seine Geste lachen.

„Ja gesagt ist Ja gesagt!", kichert sie. Das war seit einiger Zeit der Spruch, mit dem sie sich in peinlichen Momenten gegenseitig an ihre Hochzeit erinnern.

„Ist schon gut. Aber wieso hatte ich Unrecht?", will er wissen.

„Du hast nicht ganz Unrecht gehabt! Aber das Delivery-Planning gibt uns nur ein paar Informationen, wenn bei der Lieferung Probleme auftreten. Vorerst kannst du das Meeting größtenteils ignorieren. Es dient im Grunde nur dazu, ein Lieferpaket zu schnüren. Die Informationen über die Blockaden kommen aus dem Service-Delivery-Review und dem Operations-Review. Jetzt prüfen wir mal, ob du es verstehst. Warum sollten sie aus dem Operations-Review kommen?"

Jan denkt nach und sagt dann: „Wir haben ja noch nicht wirklich über das Operations-Review gesprochen. Aber ich habe so ein Gefühl. Ich wette, da werden die Systemperformance beurteilt und miteinander Erwartungen und Bedürfnisse der einzelnen Dienste und des Kunden an und für sich besprochen. Und dann eben beides abgeglichen. Wenn wir da in einem Netzwerk von Kanban-Systemen Risiken haben, die auf lokaler Ebene nicht gefunden werden, werden die spätestens in diesem Meeting auftauchen und besprochen. Und dann eben ins Risk-Review propagiert."

Anja lehnt sich zurück. „Du hast es verstanden. Toll! Jetzt musst du es nur noch umsetzen."

Jan fasst es noch mal zusammen: „Es werden im Operations-Review und im Service-Delivery-Review also Informationen darüber gesammelt, wie gut wir gerade unsere Dienstleistung zur Verfügung stellen. Im Service-Delivery-Review ist das auf der Ebene einer einzelnen Dienstleistung. Einzelner Dienst – einzelner Service. Klar. Beim Operations-Review geschieht es über alle Dienstleistungen, die miteinander verwoben sind. Wandern denn auch Informationen aus dem Service-Delivery-Review ins Operations-Review?"

„Na klar. Ohne die Information, welche Lieferfähigkeit gerade wo existiert, kann man ja nicht sehen, ob das Gesamtsystem gerade die notwendige Lieferfähigkeit hat. Da brauchen wir also den Durchsatz, die Durchlaufzeiten und so weiter. Und jeder einzelne Dienst muss da seine aktuellen Daten bereitstellen. Dann können wir auch sehen, wo wir etwas am System verändern müssen, um Verbesserung zu erzielen. Naja, oder zumindest, womit wir experimentieren müssen."

„Mmh." Jan überlegt. „Aber ..." Er bricht noch mal ab. Er muss seine Gedanken sortieren. „Da muss ich jetzt gerade mal nachdenken", sagt er und nimmt einen Schluck Wasser.

„Vielleicht brauche ich doch noch einen Espresso?" Er bestellt noch schnell einen einfachen und kommt dann darauf zurück, was ihn vorhin so stutzig gemacht hat. „Wenn wir nun entdecken, dass die Leistungsfähigkeit nicht so ist, wie wir uns das vorstellen, was machen wir denn damit? Insbesondere dann, wenn wir weder über systemische Änderungen noch über Risikomitigationsstrategien, wie du es eben genannt hast, mehr herausholen können?“

Anja seufzt. „Du wirst es nicht glauben. Da gibt es eine extra Kadenz für: das Strategy-Review. Lass uns das mal wann anders besprechen. Ich glaube, das ist gerade noch viel zu weit weg.“

Jan nickt und trinkt den Espresso, der zwischenzeitlich gekommen ist. „Nochmal zurück zur Leistungsfähigkeit. Wir haben jetzt auch viel über Erwartungen und so gesprochen. Kannst du mir dazu noch was sagen? Ich habe gerade das Gefühl, nee, sogar das explizite Feedback, dass wir zu wenig liefern.“

„Okay. Deine Kunden, die Anforderer, die haben eine gewisse Erwartung an die Dienstleistung, ne?“ Jan nickt und sie fährt fort: „Das nennt man SLE – Service-Level-Expectation. Eine Erwartung an das Servicelevel oder die Qualität einer Dienstleistung.“

„Ich kenne SLAs ... Ist das das Gleiche?“, fragt Jan.

„Nee, sonst hieße es gleich.“ Anja ist offensichtlich immer noch zum Witzeln aufgelegt. „SLAs sind ja Agreements, also Vereinbarungen. Die werden beiderseitig getroffen. Oder angeboten und akzeptiert. Wenn ein Dienstleister die Erwartungen kennt und sich mit dem Dienstnehmer auf die Einhaltung der Erwartungen verständigt, kommt man zu SLAs. Die sind aber wie gesagt meistens vertraglich vereinbart. Das habt ihr sicher noch nicht.

Dennoch ist es wichtig, die Service-Level-Erwartungen zu kennen. Ganz nach den Dienstleistungsprinzipien: ‚Verstehe und konzentriere dich auf Bedürfnisse und Erwartungen deiner Kunden.‘ Du hast vorhin gesagt, dass du schon weißt, was die drei Anforderer so brauchen. Neben Volumen – also eine Menge des Durchsatzes – ist auch die Geschwindigkeit wichtig. Frag die drei mal, was sie sich so erwarten und was für sie ein gutes Servicelevel wäre!“

Jan nickt. Da hat er mal wieder ganz schön viele Hausaufgaben von seiner Partnerin bekommen. Sein Papier hat er fast vollgeschrieben. Hoffentlich wird er das am nächsten Tag noch entziffern können.

„Hast du noch ein bisschen Platz?“ holt Anja ihn aus seinen Überlegungen. „Ich habe noch etwas, worüber du noch nachdenken solltest: Flusseffizienz.“

Da war es wieder, das schlimme Wort mit ‚E‘: Effizienz. Jan bekommt schon beim Gedanken eine leichte Gänsehaut.

„Machen wir jetzt doch Effizienzoptimierungen?“, fragt er seine Frau.

„Naja, was denn sonst?“, kichert sie und streichelt liebevoll über seine Hand. „Aber eben nicht *Ressourceneffizienz* – die Auslastung einzelner Mitarbeiter – sondern *Flusseffizienz*: Ein Arbeitsfluss mit möglichst wenig Wartezeiten. Je höher die Flusseffizienz, desto besser für die Durchlaufzeit.“

Jan runzelt die Stirn. Langsam fühlt er sich etwas veräppelt.

„Okay, Flusseffizienz. Dann schieß mal los.“ Er guckt sie fordernd an.

Anja hält seinem Blick locker stand und diktiert ihm: „Flusseffizienz ist der Anteil der reinen Arbeitszeit an der gesamten Durchlaufzeit in Prozent. Als Bruch: Arbeitszeit durch Durchlaufzeit in Prozent. Wir haben mittlerweile durchschnittlich etwa 40 Prozent über unsere komplette Softwareentwicklung.“

„Das klingt nach nicht so viel“, spottet Jan.

Er wird aber sofort eines Besseren belehrt: „Naja, wenn man sich die Zahlen so anguckt, sind typische Flusseffizienzen in der Softwareentwicklung bei 5-15% – manchmal sogar noch niedriger. Überleg mal: 10 Tage reine Arbeitszeit und 100 Tage Durchlaufzeit.“

Jan graut es und ihm wird klar, wie es bei ihnen aussieht: „Klingt besser als bei uns. Wenn ich dein Beispiel überschlage, komme ich wohl auf 10%.“

„Jawohl, Herr Einstein.“ Anja lacht. „Dass du zu so später Stunde noch zu solch komplexen Rechenoperationen fähig bist! Toll, so einen Mann zu haben.“

Jan lässt den verdienten Spott über sich ergehen und denkt über seine Flusseffizienz nach. „Zählen da die Wartezeiten in der Eingangsspalte auch mit rein? Und im Backlog?“

„Das, mein Lieber, ist eine Frage für ein andermal. Du darfst mich aber gerne noch einmal ausführen. Vielleicht beantworte ich sie dir dann ausführlicher als ‚Ja, gehört eigentlich mit rein‘.“

„Es hängt wohl am ‚eigentlich‘. Verstehe.“

Anja winkt Gianni zu und bedeutet ihm, dass sie gerne zahlen möchten. Dann sagt sie ernster: „Sprich mal mit den Anforderern. Die Flusseffizienz hat massive Auswirkungen auf sie. Ihr müsst klar festlegen, von wo bis wo die Zeit gerechnet wird, wo das Commitment stattfindet, etc. pp. Und dann: Verbessere kooperativ. Praktik Nummer sechs!“

„Danke.“ Jan ist wirklich froh, dass seine Frau ihn an so viel Wissen teilhaben lässt.

Sie zahlen und fahren nach Hause. Ein langer Tag liegt hinter Jan und sein Kopf brummt mit den vielen Informationen, die Anja ihm gegeben hat. Zu Hause fällt er ins Bett und schläft sofort ein. Es wird schon irgendwie gut gehen.

* * *

„Jan, es tut mir schrecklich leid.“ Tim fängt schon auf dem Flur an zu reden und kommt dann zur Tür hereingestürmt. „Ich wollte es ja. Ich hatte es die ganze Zeit auf dem Schirm. Aber dann ...“

„Du hast das Kanban-Meeting vergessen!“, unterbricht Jan ihn. „Mist. Ich hätte den Kundentermin doch absagen sollen.“ Hoffentlich war nicht zu viel schiefgegangen. In einer Stunde ist das nächste Kanban-Meeting. Jetzt lohnt es sich kaum noch, die einzelnen Mitarbeiter noch mit Arbeit zu versorgen.

„Verdammt, Tim. Ich hatte wirklich gehofft, dass ich mich da auf dich verlassen kann."

Tim nickt bedrückt. „Es tut wir wirklich leid. Ich habe es einfach vergessen, weil so viel bei mir los war. Als es mir eingefallen ist, war es schon viel zu spät. Ich habe mich dann auch nicht getraut, ein neues Meeting zusammenzurufen. Das kostet dann ja auch noch mal Zeit und so."

„Ist schon gut. Ich bin wohl doch nicht so entbehrlich, wie ich es mir erhofft hatte. Gefahr erkannt, Gefahr gebannt. Oder so." Jan versucht, sich mit einem Witz über die Zeit zu bringen. Dann steht er auf und geht zu Claudia.

„Claudia, hast du ausreichend Arbeit? Kann ich dir noch weitere Aufgaben zuschanzen? Wer hat momentan nix?"

„Chef. Besprechen wir so etwas nicht im Kanban-Meeting? Du brichst gerade mein persönliches WIP-Limit." Sie schmunzelt und zeigt ihm dann die kalte Schulter.

Das saß. Er würde sich wohl noch ein wenig gedulden müssen.

* * *

Als die Uhr auf zehn springt, stehen alle im Halbkreis um das Kanban-Board. Jan tippelt unruhig hin und her und versucht, Probleme und Zuordnungen auf dem Board zu erkennen.

Neben ihm steht Claudia. Als alle da sind, eröffnet sie wie selbstverständlich das Meeting.

„Wie ich sehe, hat sich heute auch wieder Jan zu uns gesellt. Wie schön, dass du die Zeit finden konntest", spottet sie kurz. Dann fragt sie in die Runde: „Haben wir irgendwelche Probleme momentan?"

Jan sieht perplex zu, wie die einzelnen Mitarbeiter den Kopf schütteln.

Peter meldet sich und sagt: „Naja, außer dem von gestern eigentlich nicht."

Endlich kann Jan seine Verwunderung durchbrechen. Er unterbricht das Meeting mit seiner Frage: „Das heißt, ihr habt gestern Kanban-Meeting gemacht? Obwohl Tim es vergessen und dann nicht moderiert hat?"

„Meinst du, wir sind doof? Natürlich haben wir unser Kanban-Meeting gemacht. Wir müssen uns doch koordinieren." Claudia steht mit verschränkten Armen vor ihm und sieht ihn fordernd an.

Kurz versucht Jan, seine Freude zu verbergen, platzt dann aber heraus: „Wie toll! Es freut mich sehr, dass ihr das gemacht habt. Gerne mehr von diesem Engagement! Ich merke bei mir schon, dass ich weniger mit unnötigem Management zu tun habe und mich eher um die ‚harten Nüsse' kümmern kann. Ich hoffe, für euch ist die Arbeitssituation insgesamt auch besser geworden?“ Er blickt fragend in die Runde.

Zu seiner Freude nicken einige Teilnehmer kurz. Da unterbricht Claudia sein Abschweifen. „Jan, wir haben uns mal auf die Regel verständigt, dass das Kanban-Meeting kurz und fokussiert sein soll. Gibt es Anlass, die Regel zu überdenken?“

Peinlich berührt sagt er kleinlaut: „Nein, natürlich nicht … Soll ich weiter moderieren oder willst du dich darum kümmern?“

„Ist schon okay. Ich bin nicht böse, wenn ich es nicht machen muss. Und du hast ja auch noch einen ziemlich guten Überblick über die verschiedenen Aktivitäten, die sonst noch so laufen bezüglich der Blockadelösung.“

Jan nickt und geht mit seinen Mitarbeitern die einzelnen Tickets auf dem Board durch. Sie gehen von rechts nach links und diskutieren den Status jedes Tickets. Früher wäre das ein endloser Prozess gewesen, aber seit sie die WIP-Limits eingeführt haben, sind sie eigentlich recht schnell durch. Als sie beim achten Ticket angekommen sind, sagt Peter: „Das ist das Ticket, das uns gestern schon aufgefallen ist. Da kommen wir ohne Arno nicht weiter.“

„Ach, Arno. Den habe ich schon wieder ganz verdrängt gehabt.“ Jan kratzt sich kurz am Kopf und weiß nicht weiter. „Ich denke mir da was aus. Dafür benötige ich aber ein bisschen Ruhe und Hilfe beim Nachdenken.“

Peter nickt und sagt: „Okay, ich habe eh noch genügend anderen Kram auf dem Teller. Aber die Abhängigkeit von Arno ist ein immer wiederkehrendes Thema. Das müssen wir bald mal adressieren. Das füllt uns auch immer wieder das WIP-Limit.“

Jan stimmt ihm zu und moderiert den Rest des Meetings. Nachdem sie alle Tickets durchgegangen sind, stellt er noch die Frage, ob jemand in naher Zukunft fertig wird.

Peter nickt wieder: „Wie gesagt, ich habe noch Kram auf dem Teller, den sollte ich aber heute Vormittag abschließen. Dann könnte ich etwas Neues ziehen. Oder mich um Arno kümmern, wenn du meine Hilfe brauchst.“ Er sieht in die Runde und fragt seine Kollegen: „Was wäre das Sinnvollste, was ich ab heute Mittag tun kann?“

„Spannende Frage, Peter. Die sollten wir uns mal öfter stellen. Guck mal da in die Eingangsspalte. Da ist ein neues Ticket. Da weiß ich, dass es ziemlich dringend ist. Das wollte ich euch eigentlich noch aus dem Replenishment-Meeting mitgeben. Ist aber auch irgendwie schon wieder untergegangen.“

„Replenishment?“, tönt es aus mehreren Mündern. Jan winkt kurz ab: „Das erkläre ich euch später. Wir haben einfach gemeinsam entschieden, was wir als Nächstes angehen.“ Er spricht Peter direkt an: „Kannst du eine Bauchabschätzung treffen, ob die Deadline jetzt schon in Gefahr ist?“

Der schüttelt den Kopf und sagt: „Nun, wäre gut, da beim nächsten Replenishment dabei zu sein. Dann können wir das früher klären. Aber wie dem auch sei. ‚Beginne mit dem, was du gerade tust'", zitiert er, „ich werde mir das Ticket ziehen, wenn ich mit dem Rest soweit durch bin. Dann haben wir schnell eine Aussage, ob das knifflig wird oder nicht."

Jan strahlt und freut sich über seine Mitarbeiter. So viel Engagement und Diskussion über die Arbeit hat er noch nicht mal in seiner alten Firma gesehen. Und es schien auch nützlich zu sein. So konnten sie vielleicht Sebastians Geschäftsrisiken besser abbilden.

Mit einem kurzen Dank und dem Wunsch zu erfolgreicher Arbeit entlässt Jan seine Mitarbeiter in den restlichen Tag. Er wird sich die Problematik mit Arno wohl einmal durch den Kopf gehen lassen müssen. Arno arbeitet in einer anderen Abteilung und erbringt immer wieder Beistellleistungen. Fast 20 % der Arbeit muss zumindest kurz von Arno bearbeitet werden. Obwohl es keine aufwändigen Arbeitsschritte sind, die er durchführt, blockiert die Arbeit immer wieder bei ihm. Er ist für Jans Mitarbeiter nur etwa drei Stunden die Woche verfügbar. Die liegen auch noch am Donnerstagnachmittag – am Stück. In diesen drei Stunden schafft er die komplette Arbeit, die anläuft und hat meistens sogar noch ein bisschen Freilauf. Von einem Engpass kann man nun wirklich nicht sprechen. Arno ist eben nicht sofort verfügbar, wenn man ihn braucht. Eigentlich bräuchten sie ihn häufig spontan, aber Arno kann auch nicht einfach zu Jans Truppe transferiert werden. Zum einen ist dafür zu wenig Arbeit für ihn da. Zum anderen, so hat Jan schon gelernt, würde eine solche Umorganisation ohne große Not wahrscheinlich Widerstand erzeugen. Arno definiert sich stark über seine Rolle und Position in seiner eigenen Abteilung.

Jan blättert in den Notizen des vorherigen Abends. Er bleibt gedanklich am Operations-Review hängen. Aber was hat Anja gesagt? Dort wird das Netzwerk aus verschiedenen Dienstleistungen weiterentwickelt. Wenn er Arnos Arbeit als Dienstleistung ansieht, ist das der Ort, um darüber zu sprechen, was sie verändern können."

„Ham wa aba nich!", sagt er in sein leeres Büro hinein. Also müsste die Antwort wohl im Service-Delivery-Review stecken. Mal davon abgesehen, ob irgendjemand meint, dass er ein solches Meeting braucht – eine schlaue Idee scheint es zu sein, über die Dienstleistung zu reflektieren.

Mittlerweile war auch das Buch über die Kanban-Methode angekommen, das er sich gestern vor dem Abendessen mit seiner Frau bestellt hat. Zumindest so als Nachschlagewerk ist das bestimmt hilfreich. Er blättert durch und kommt bei der Übersicht des Service-Delivery-Reviews an.

Er steht auf, nimmt sich einen Marker und schreibt sich eine Übersicht auf das Flipchart in seinem Büro:

Service-Delivery-Review

Zweck: Einzelnes Kanban-System inspizieren bezüglich Lieferung entsprechend Kundenerwartungen.

Moderator: Service Delivery Manager

Teilnehmer: Service Request Manager und Repräsentanten der an der Dienstleistung beteiligten Teams. Jede Aktivität oder Funktion sollte vertreten sein.

Häufigkeit: 2x pro Monat

Umfang: Lokale Veränderungen am Flow

Dauer: 30 Minuten

Er tritt zurück und sieht das Flipchart an. Er müsste dringend mal üben, schön zu schreiben. Die Sauklaue kann ja niemand lesen.

„Gut", sagt er und überlegt, wen er dabeihaben möchte. Er würde wohl noch ein wenig Energie hineinstecken müssen. Allein schon, um herauszufinden, wer der *Service Delivery Manager* und der *Service Request Manager* sind. Bezüglich des Teams war es schon recht klar: Peter und Claudia müssen definitiv dabei sein. Dimitri im Zweifel auch. Und dann würden sie mal darüber sprechen, wie sie am sinnvollsten mit Arno umgehen.

Als er sich an den Schreibtisch setzt, um die Termineinladung zu verschicken, fällt ihm in seinen Notizen ein Satz auf, den er gestern Abend geschrieben hat: „Warum sollten wir eine Änderung beschließen?" Anja hatte ihn noch einmal darauf hingewiesen, dass er klarer haben sollte, wie denn die Kundenerwartungen und die tatsächliche Lieferfähigkeit sind. Erst dann könnte er ja auch das Service-Delivery-Review richtig durchführen. Denn wer weiß, vielleicht war Arnos Dienstleistung ja kein Problem, sondern nur ein Verhalten, das modelliert werden müsste?

sieben

Am nächsten Tag begrüßt Jan seine Mitarbeiter Peter, Claudia und Dimitri bei sich im Büro. Beim Kanban-Meeting am Morgen sind ihnen noch zwei weitere Abhängigkeiten zu Arno aufgefallen, die gelöst werden müssen. Allen ist klar, dass sie sich dringend mit dem Thema befassen müssen.

Jan eröffnet das Treffen: „Ich möchte mit euch ein sogenanntes ‚Service-Delivery-Review' machen. Wir sehen uns also an, wie die Kundenerwartungen an unsere Dienstleistung sind. Und dann, wie denn unsere wirkliche Lieferfähigkeit ist."

„Klingt hochtrabend, aber ich bin mal gespannt.", sagt Peter und wiederholt, was allen bewusst ist: „Wir sollten auf jeden Fall mal über Arno sprechen."

Die Runde nickt und Jan gibt eine Einführung in die Kundenerwartungen, die er seit gestern gesammelt hat. Dazu ist er zu den verschiedenen Stakeholdern gegangen und hat bei ihnen abgetastet, was für sie akzeptable Größen beim Durchsatz und der Durchlaufzeit sind. Natürlich haben alle eine unterschiedliche Vorstellung davon, wann etwas fertig sein sollte. Aber bezüglich dessen, was akzeptabel ist, sind sie sich erstaunlich einig. Auf einen akzeptablen Durchsatz für jeden haben sich die verschiedenen Stakeholder nicht einigen können – sie haben ja jeweils unterschiedliche Interessen. Aber sie sind mit dem, was sie aktuell bekommen, nicht ganz unzufrieden. Wenn Jans Abteilung nun 14 Tickets statt der aktuellen 10 Tickets pro Woche fertigstellen würde, könnten sie zu einer akzeptablen Verteilung kommen. Darüber hinaus erwarten sie Durchlaufzeiten von 30 Tagen – von der Zusage bis zur Bereitstellung. Dass hin und wieder etwas schief gehen kann, ist den Stakeholdern auch klar. Deswegen ist es für sie auch akzeptabel, wenn diese Zeiten in 90% der Fälle erreicht werden.

Bezogen auf unseren Bereich ist es akzeptabel, wenn die Durchlaufzeit unter 18 Tagen liegt. Also etwas mehr als die Hälfte der Zeit darf auf unsere Kosten gehen. Der Rest liegt dann in der Qualitätssicherung.

Beim Durchsatz und den Durchlaufzeiten gilt natürlich: Schneller und mehr wäre besser!"

Nachdem Jan die Zahlen gezeigt hat, sagt Claudia: „Okay, das klingt jetzt erst einmal nicht völlig abwegig. Erreichen wir das denn?"

Jan nickt. „Das fand ich auch spannend. Genau dafür ist dieses Meeting ja da. Oberflächlich gesehen schaffen wir das schon einigermaßen. Teilweise zumindest. Natürlich haben wir hier und da diverse Ausreißer, aber generell schon. Naja. Aber häufig auch nicht."

Er macht eine Pause und blickt auf die Zahlen, die er aufgeschrieben hat. Dann beschließt er mit: „Ich habe keine Ahnung, was wir jetzt damit machen."

Peter, Claudia und Dimitri lachen laut auf. „Schön, dass wir mal nicht die Planlosen sind", sagt Claudia.

„Hä?" Jan ist verdutzt. Übersieht er etwas?

Claudia nickt. „Okay, ich lasse dich mal nicht zappeln. Es gibt sicherlich Punkte, an denen wir nicht die Erwartungen treffen. Sonst wären die Kollegen ja zufrieden. Sind sie aber eher nicht. Insofern gibt es wohl ein paar Prozent der Tickets, in denen wir nicht schnell genug sind. Oder für die der Durchsatz zu gering ist. Da könnten wir ja mal in die Daten gucken, wie gut wir eigentlich wirklich sind. Wenn du am Geldautomaten 100 € erwartest, bist du ja auch nicht gut drauf, wenn nur 85 € herauskommen."

In den letzten Wochen haben sie immer wieder Daten über Durchlaufzeiten und Durchsatz gesammelt. Jan holt diese auf den großen Monitor, der in seinem Büro an der Wand hängt.

„Verstehe", sagt er und er sieht dabei aus, als würde er nichts verstehen.

Claudia hilft ihm: „Die drei Stakeholder haben gesagt, dass ihnen eine Geschwindigkeit von 18 Tagen oder weniger in 90 % der Fälle reicht. Wenn wir uns hier für die Standardtickets mal angucken, wo unsere 90 %-Linie liegt, dann ist das eher bei 21 Tagen. Mit 18 Tagen können wir eher in 70 % der Fälle rechnen. In 20 % der Fälle sind wir also zu langsam!"

Jans Gesicht hellt sich auf. „Verstehe!", sagt er diesmal deutlich sicherer. „Wir müssen also gucken, dass wir die Durchlaufzeit runter bekommen. Wie machen wir das? Wer will Überstunden machen?"

Eisiges Schweigen schlägt ihm entgegen. Der Witz ist wohl nicht so gut angekommen.

„War nur Spaß. Ich habe neulich von meiner Frau noch etwas Spannendes gelernt: die Flusseffizienz!"

Seine drei Mitarbeiter stöhnen auf. „Hast du zu lange mit Michael rumgehangen? Die Effizienz …", äfft Peter den obersten Chef mit erhobenem Zeigefinger nach.

„Nein. Flusseffizienz." Jan erklärt den Dreien das Konzept und zeigt ihnen dann auch noch, dass er eine kleine Auswertung gemacht hat. „Guckt mal hier. Unsere Flusseffizienz ist, sagen wir mal, nicht so gut. Die ist aber nur dann nicht gut, wenn die Wartezeiten hoch sind im Vergleich zur Bearbeitungszeit. Das bedeutet, wir müssen mit den Wartezeiten runter!"

Dimitri nickt und folgert: „Wir haben also noch zu viel WIP im System. Viel WIP bedeutet viele Wartezeiten."

Alle stimmen zu, aber Peter gibt zu bedenken: „Stimmt. Das ist total nachvollziehbar. Aber wenn wir mit dem WIP runtergehen, wird uns Arno den kompletten Flow kaputtmachen. Also nicht er persönlich, aber die Tickets, die auf ihn warten. Die blockierten Dinge vermeiden dann, dass wir nachziehen können. Die liegen dann ja in Bearbeitung."

„Die Menge der Arbeit dort einfach nur hochzusetzen, ist keine Option. Ich will nicht, dass ihr mehr parallel macht, wenn mal keine ‚Arno-Aufgaben' anfallen", macht Jan seinen Mitarbeitern klar. Die drei nicken wieder und Claudia will wissen, ob er eine bessere Idee hat.

„Ja. Wir wissen doch, dass Arno alle Anforderungen schafft, die wir ihm reingeben. Wie viele sind das normalerweise in einer Woche?"

Sie müssen kurz nachsehen, kommen dann aber auf ca. sechs Tickets pro Woche.

„Wenn wir Arnos Dienstleistung als ‚nicht sofort verfügbar' klassifizieren, müssen wir einen Puffer vor der Dienstleistung schaffen. Damit er dann garantiert nicht leerläuft, wenn wir eigentlich ausreichend Arbeit hätten. Der Puffer darf also nicht zu klein sein. Und wenn ich es richtig sehe, haben diese Tickets eigentlich keine Auswirkung auf die anderen, oder?"

Seine drei Mitarbeiter bestätigen seine Annahme und Jan malt auf dem Whiteboard eine Modellierung des Arbeitsflusses auf.

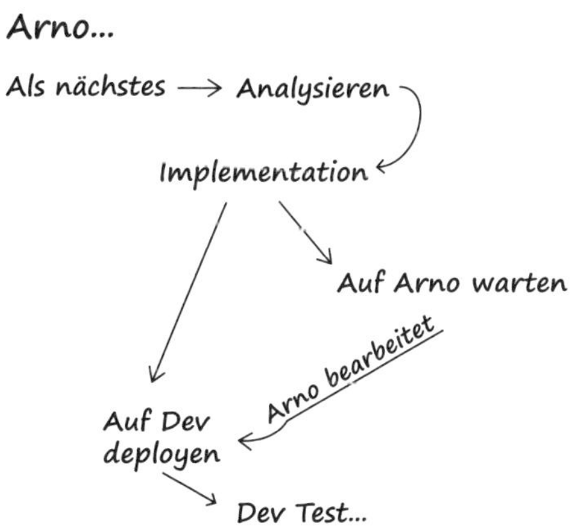

„Was wäre", denkt er laut nach, „wenn wir ein WIP-Limit von 8 auf diesen Puffer legen. Eigentlich müssen wir ihn nicht vor Überlastung schützen. Aber ich will trotzdem nicht, dass da eine unlimitierte Spalte herumgeistert. Einmal die Woche kommt Arno dann, räumt das leer und gibt es dann an die folgenden Aktivitäten weiter. Dann werden Tickets ohne Abhängigkeit zu Arno nicht blockiert und können schnell durchlaufen. Alles andere muss dann halt warten."

„Verkraften die aus der QA das denn, wenn ein Schwung von acht Tickets auf einmal kommt?“, wirft Peter ein.

„Momentan tun sie das eigentlich immer“, gibt Claudia zu bedenken. Sie zitiert die Prinzipien: „Und einer der Grundsätze ist doch ‚Beginne mit dem, was du gerade tust.‘“ Dann nickt sie kurz und sagt: „Aber wir sollten das mal im Blick behalten.“

„Absolut“, stimmt Jan ihr zu. „Ich würde dann auch noch erwarten, dass wir die Tickets, die von Arno bearbeitet werden, in unseren Messwerten wiederfinden. Da müssten wir eine zweite, kleine Verteilung im Histogramm sehen. Lasst uns das so umsetzen und in zwei Wochen noch einmal draufschauen!“

* * *

Sie sprechen noch kurz über die verschiedenen Metriken und Jan fragt nach der allgemeinen Stimmung im Team. Als sich keine weiteren Erkenntnisse und Probleme andeuten, beenden sie das Treffen und alle räumen ihre Sachen zusammen.

„Hoffentlich dauert das nicht jedes Mal so lang!“, denkt Jan sich, als die drei Kollegen aus der Tür sind. Insgesamt haben sie doch mehr als eine halbe Stunde gebraucht. Trotzdem ist er sehr zufrieden mit den Ergebnissen. Sie haben nur eine kleinere Änderung im System vorgenommen, nämlich die Menge paralleler Arbeit etwas erhöht. Eigentlich würde das weitere Variabilität im System erzeugen. Diese Variabilität haben sie mit der Modifikation, wie Tickets mit Abhängigkeit zu Arno behandelt werden, aber größtenteils herausdesignt. Gespannt erwartet er eine Verbesserung der Leistung des Systems. Und das soll sich sogar einstellen, ohne dass Prozesse oder Rollen angepasst werden müssen – ein geradezu revolutionärer Gedanke in dieser Firma. Jan stockt kurz. Wenn er recht darüber nachdenkt, ist ihm so ein Vorgehen auch allgemein in seinem Berufsleben noch nicht begegnet.

* * *

Er geht zurück zu seinem Schreibtisch. Jetzt würde er wohl mal mit Frau Dr. Schmidt telefonieren müssen. Sie ist die *Service Delivery Managerin* der Qualitätssicherungsdienstleistung im Unternehmen. Jan stutzt. Sie ist die Führungskraft der Tester. Lustig, wie er anfängt, die Dinge im Unternehmen als Dienstleistung zu sehen. „Service Delivery Manager“ ist ein Begriff, den er kürzlich in seinem Kanban-Buch gelesen hat. Er oder sie ist dafür zuständig, den Fluss der Arbeit innerhalb der Dienstleistung zu verbessern.

„Es scheint eine Kanban-Krankheit zu sein, alles als Dienstleistung anzusehen“, schießt es ihm durch den Kopf. Er ist jedenfalls schon voll infiziert.

Dr. Schmidt ist eine der wenigen, die hier noch auf das ‚Sie‘ und ihren Nachnamen bestehen. Gleichzeitig spricht sie die meisten aber mit dem Vornamen an.

Jan zuckt mit den Schultern und will gerade die Tür schließen, um Frau Dr. Schmidt anzurufen. Da kommt Michael hereingestürmt.

„Ja, mach mal die Tür zu, aber hinter mir!“, schnauzt er Jan unfreundlich an, als er sich an ihm vorbeidrückt. Er lässt sich auf einen Stuhl fallen und wartet.

„Hallo Michael. Was kann ich für dich tun?“, begrüßt Jan ihn überfreundlich. Er schließt die Tür und bietet Michael ein Glas Wasser an.

„Bei dem Zustand deiner Abteilung hätte ich eher erwartet, dass du mir Schnaps anbietest. Um die Nerven zu beruhigen!“ Michael ist wohl nicht so gut drauf.

Verdutzt fragt Jan nach. „Wieso? Ich habe das Gefühl, nein, sogar die Daten, um zu zeigen, dass es gerade besser wird!“

„Ich jedenfalls sehe, dass deine Mitarbeiter im Gebäude rumrennen. Sie sitzen also nicht an ihrem Arbeitsplatz und arbeiten. Ich sehe, wie sie gemeinsam an einem einzigen Thema sitzen. Und ich sehe eure Meetings, die so viel Zeit verbraten! Und da willst du mir sagen, dass das effizient ist? Gleichzeitig sehe ich auch, dass Kundenanfragen warten. Neulich hat mich einer von ZeCust angerufen und sich beschwert. Von unserem Hauptkunden!“ Michael wird langsam rot im Gesicht. Jan überlegt, ob er den Sturm einfach nur aushalten soll. Oder soll er vielleicht jetzt gerade gegenhalten?

„Was hat das denn zu bedeuten?“, setzt Michael seine Tirade fort. „Ich habe mit Sebastian und Rudolf mal gesprochen, Jessica habe ich noch vor mir. Die sind zwar angetan davon, dass du sie einbeziehst. Aber dann haben sie gesagt, dass sie mit der Menge der Anforderungen heruntergehen mussten, die sie vorne hineingeben! Was soll das?“

„Michael. Ich habe in Abstimmung mit den drei anderen erst einmal die Menge der Anforderungen angepasst, die wir zur Bearbeitung annehmen. Und zwar an den möglichen Output. Damit wir in Überlast nicht ständig Risiken aufbauen. Und damit wir den genannten Kollegen die Möglichkeit geben, sich ganz lange umzuentscheiden. Das machen wir, damit sie bis kurz vor der Bearbeitung entscheiden können, welche Anforderungen sie nun hoch- oder herunterpriorisieren wollen.“

„Was heißt hier ‚möglicher Output‘? Mit ein bisschen höherer Auslastung wäre der Output höher! Willst du mich eigentlich veräppeln? Ich habe doch lange genug in einer Rolle wie deiner gearbeitet.“

„Ich glaube, du unterliegst da einem Trugschluss! Wir haben uns mal angeguckt, warum die Sachen eigentlich so lange bei uns rumliegen und der Output so niedrig ist. Und es ist nicht die Auslastung der Mitarbeiter. Über die Gründe für die mangelhafte Qualität wollte ich gerade mit Dr. Schmidt reden, als du reingeplatzt bist.“

Michael will das nicht gelten lassen und fragt nach: „Wie? Willst du sagen, Effizienz sei nicht richtig?!“

Jan spürt, wie der emotionale Widerstand bei Michael stärker wird. Er fragt sich, wie er damit am besten umgehen kann. Michael fühlt sich wohl in seiner Position, Erfahrung und Autorität angegriffen.

„Nun, Effizienz kann man ja, rein formal, als Erlös geteilt durch Kosten sehen."

„Korrekt!" Michael ist in Angriffslaune. Das lässt er Jan am Ton merken.

Aber Jan hat sich auf diese Diskussion vorbereitet: „Die Kosten, unsere Mitarbeiter, sind ja aufwandsorientiert. Also je mehr Arbeit wir in etwas stecken, desto teurer."

Michael nickt und Jan erklärt weiter: „Insofern hast du Recht! Wir sollten die Kosten nicht unnötig steigern. Ich habe neulich mal ausgerechnet, wie unsere tatsächliche Auslastung ist. Die liegt aktuell bei 80 Prozent. Das heißt, auf jeden Aufwand müssen wir noch mal 25 % draufschlagen – um die restlichen 20 % auch bezahlt zu bekommen. So kommen wir zu den wirklichen Kosten."

„Viel zu viel! Da müssen wir doch reduzieren!", wirft Michael ein.

„Warte mal bitte. Lass mich mal kurz weitersprechen." Jan tritt ans Flipchart und schreibt auf:

Wirtschaftlichkeit = Erlös / Kosten

Dann ersetzt er **Kosten** durch **Aufwand x 1,25**

Wirtschaftlichkeit = Erlös / (Aufwand x 1,25)

„Aber das sind nicht alle Kosten!", gibt er zu bedenken. Michael sieht ihn verwirrt an.

„Dazu kommen noch Kontextwechsel. Da sind die Kosten abhängig von der Menge paralleler Arbeit und den Unterbrechungen."

Wirtschaftlichkeit = Erlös / ((Aufwand x 1,25) + (Kosten für Kontextwechsel))

„Ich finde realistisch, dass das 15 % der Kosten verursacht. Wahrscheinlich ist es mehr."

Jan schreibt unter die Kosten für die Kontextwechsel: **Aufwand x 0,15**

Michael zieht die Schultern hoch und sagt dann bestimmt: „Okay, dann sollen die halt fokussierter arbeiten!"

„Das halte ich auch für sinnvoll", stimmt Jan zu. Er addiert währenddessen die Kosten für Kontextwechsel und Auslastung zu 80 %. Dann lässt er Michael wissen: „Aber viel wichtiger finde ich noch diese beiden Punkte."

Er schreibt: „**+ Nacharbeit + überflüssige Arbeit**"

Jetzt steht auf dem Flipchart:

Wirtschaftlichkeit = Erlös / (eigentlicher Aufwand x (1,25 + 0,15) + Nacharbeit + überflüssige Arbeit)

„Interessant. Erklär mal weiter." Auf einmal sieht Michael interessiert zu.

„Die Nacharbeit wird hauptsächlich dadurch erzeugt, dass wir Dinge zu schnell rausbringen. Wir sagen, dass sie fertig sind. Aber eigentlich sind sie es noch gar nicht. Das glaube ich zumindest. Und wir drücken sie schnell hinten raus, weil immer neue Sachen von vorne reingedrückt werden. Der zweite Teil ist, nun ja, überflüssige Arbeit. Bei meinen Mitarbeitern herrscht der Konsens, dass ziemlich viel von dem, was wir so machen, gar nicht benutzt wird."

Jan macht eine kurze Pause. „Darüber hinaus brechen wir auch häufiger mal was ab. ‚Herunterpriorisieren' wird das hier häufig genannt." Jan sieht Michael bohrend an.

Der nickt kurz und sagt dann: „Verstehe. Du meinst mich." Er ist erstaunlich schmallippig geworden.

Jan geht nicht darauf ein, sondern fährt mit seiner Überlegung fort: „Das heißt, wenn wir den Erlös als konstant ansehen – und das ist er nicht, wenn wir unsere Kunden ständig verärgern. Da wird der Erlös eher noch sinken auf Dauer – müssten wir die Kosten bei der Nacharbeit, die überflüssige Arbeit und die Kontextwechsel herausbekommen.

Die Nacharbeit ist auch noch so eine Sache. Es passiert recht häufig, dass wir, ich sage mal huschifluschi, Anforderungen bekommen. Es muss ja ganz viel schnell angefangen werden. Da bearbeiten wir die Tickets und dann kommt heraus, dass etwas ganz anderes gefordert wurde. Oder die Anforderungen ändern sich mittendrin. Das passiert aber vorwiegend, wenn wir den Kram schon in Bearbeitung haben."

Michael sieht Jan fordernd an und stellt dann fest: „Das heißt, wir sind daran interessiert, die Dinge so schnell wie möglich durchzubekommen. Sag ich ja!"

„Genau! Damit optimieren wir tatsächlich die Effizienz! Und damit wir das hinbekommen, nehmen wir nur so viel an, wie wir auch schnell bearbeiten und verkraften können. Und das ist leider aktuell weniger, als wir eigentlich bräuchten. An der Verbesserung der Lieferfähigkeit arbeiten wir aber gerade! Wir fokussieren uns gerade auf den Fluss der Arbeit, die Wartezeiten und Verzögerungsursachen."

* * *

„Jan, ich will ehrlich sein. Wir haben ein echtes Problem. Wir müssen, ich wiederhole, **müssen** besser werden. Mehr schaffen. Mehr Geld erwirtschaften. Sonst machen wir hier bald zu! Selbst wenn wir den neuen Kunden gut an die Angel genommen haben, da muss jetzt performt werden. Ich habe momentan wenig Vertrauen, dass das mit deinem Ansatz funktioniert. Ich will bis Ende des Monats – also in zwei Wochen – Resultate sehen. Sonst muss ich mir jemand neuen für deine Position suchen. Falls das überhaupt noch geht, zeitlich."

Jan ist etwas geschockt. Eine so offene Drohung hat er nicht erwartet. Zumindest nicht nach den Erfolgen, die er bis jetzt schon erzielt hat. Er muss kurz nachdenken und nimmt sich sein Glas Wasser. Er bewegt es in seiner Hand, stellt es dann wieder ab und fragt Michael: „Sag mal. Woran werden wir merken, dass es besser wird?“

Michael schüttelt den Kopf. „Das kann doch nicht sein, dass dir das nicht klar ist! Natürlich sind wir performanter. Die Kunden sind zufriedener. Wir bekommen mehr getan!“

„Michael, du sagst mir aber nicht genau, was eigentlich die Bewertungskriterien sind. Du fabulierst hier ganz schön viel Bauchgefühl herum. Es tut mir leid, dass ich das so offen sagen muss. Aber das ist ja alles nichts, was ich wirklich greifen kann. Ich fische total im Trüben!“ Jan muss wieder eine Pause machen. Dann: „Okay, lass uns mal davon ausgehen, dass Sebastian, Rudolf und Jessica wissen, was gut für die Firma ist. Die müssten doch dann die Bewertung meiner Dienstleistung vornehmen, oder?“

Michael nickt.

„Dann bespreche ich mit denen genauer, was sie sich vorstellen. Sie sollen dir dann auch Rückmeldung geben, wie es läuft. Mit denen kann ich dann auch noch mal genauer besprechen, was wir tun können, um auch finanziell mal in die richtige Richtung zu kommen. Da wird ja, wie du eben gesagt hast, der neue Kunde nicht reichen.“

* * *

Michael seufzt und fährt dann fort: „Ja, apropos neuer Kunde! Du warst ja mit dabei. Wir brauchen da ganz dringend was. Die wollen jetzt natürlich sehen, dass wir auch liefern können. Versprochen haben wir denen ja ein bisschen was. Also: Erstmal ordentlich performen. Da muss der Rest“, er stockt kurz und merkt, was er tut. Mit einem kleinen Kopfschütteln spricht er weiter: „herunterpriorisiert werden. Oder vielmehr: Das hat höchste Prio. Mach’ das möglich. Ich schicke dir die Anforderungen in der Mail weiter.“

Mit diesen Worten steht Michael auf und geht aus der Tür. Jan bleibt sitzen und zieht die Augenbrauen hoch. Was wohl seine drei Stakeholder dazu sagen würden? Am besten würde er das mit ihnen beim nächsten Commitment besprechen. Sonst würde Michael wirklich alles stören.

* * *

Was wollte er eigentlich tun, bevor sein Chef durch die Tür gestürmt ist? Er muss kurz überlegen, dann fällt es ihm wieder ein: Dr. Schmidt, die Leiterin der Qualitätssicherung, will er noch anrufen. Er wählt ihre Nummer. Ein vorsichtiges Vorpirschen hält Jan bei ihr für sinnvoller als gleich vorbeizugehen. Außerdem war er nach der Episode mit Michael auch gar nicht in der Verfassung. Er schüttelt noch einmal unbewusst leicht den Kopf beim Gedanken an die vorherige Unterhaltung.

Nach dem dritten Klingeln hebt Dr. Schmidt ab.

„Schmidt", meldet sie sich kurz. Jan hat sofort das Gefühl, zu stören.

„Hallo, hier ist Jan." Er kommt sich vor wie ein Siebtklässler, der bei den „Großen" Kreide holen muss.

„Jan. Jan wer?", will sie barsch wissen. Doch bevor Jan antworten kann, fällt es ihr anscheinend ein: „Ach, Jan! Mit Ihnen wollte ich sowieso mal sprechen." Ihre Stimme wird angenehmer.

Er zieht verwundert die Stirn kraus. Wieso sollte Dr. Schmidt mit ihm sprechen wollen?

„Ach, ja? Wieso das denn?"

„Nun", sie pausiert kurz, „ich habe positive Sachen über Ihre Abteilung gehört. Wenn man mal das Rauschen unseres Chefs mit seiner ‚Effizienz'-Platte auf Dauerschleife ausblendet, bekommt man im Flurfunk doch ein paar wertvolle Signale. Die positiven Veränderungen bei Ihnen gehörten zu diesen Signalen."

Jan hat etwas Probleme, der technischen Sprache seiner Gesprächspartnerin zu folgen, fasst es aber als Kompliment auf. „Und wieso wollten Sie dann mit mir sprechen?", fragt er sie.

„Nun", sie pausiert wieder, „ich bin interessiert daran, wie Sie das hinbekommen haben. Ihre Vorgänger waren wohl nicht so erfolgreich. Das wird auch Michael irgendwann erkennen müssen." Jan hört, wie sie einen Schluck trinkt. Er hat ein genaues Bild vor Augen, wie die Mitvierzigerin jetzt gerade am anderen Ende des Gebäudes an ihrem Schreibtisch sitzt. Aufrecht, wie immer, an einem aufgeräumten Schreibtisch. Ein aufgeräumter Schreibtisch spiegelt zwar keine Kreativität wider, aber zeugt sicherlich von Sinn für Korrektheit und Aversion gegen Abweichung. Tolle Attribute für die Qualitätssicherung.

„Nicht so höflich formuliert heißt das Pedanz", denkt Jan und er muss ein wenig grinsen.

Die Zusammenarbeit zwischen ihren beiden Abteilungen ist bis jetzt nicht gerade reibungslos gewesen. Die QS legt immer wieder Kleinigkeiten offen, die dann Nacharbeiten und lange Wartezeiten zur Folge haben. Und wenn Jan ehrlich zu sich ist, sind es meistens auch keine Kleinigkeiten, sondern einfach eine mangelnde Qualität. Es ist nur frustrierend, dass er dafür einen auf den Pelz bekommt.

„Danke für die Blumen!", überspielt er seine Gedanken in ehrlich gemeinter Dankbarkeit. „Hören Sie, ich habe ein Problem", leitet er ein und schildert die Situation mit Michael.

„Ich glaube, ich verstehe", sagt Dr. Schmidt und fragt dann: „Aber wie kann ich Ihnen helfen? Ihre Mitarbeiter schicken meinen doch die mangelhaften Tickets. Wir können nichts machen außer prüfen."

„Darüber würde ich gerne mal ausführlich mit Ihnen sprechen. Haben Sie vielleicht mal zwei Stunden Zeit für mich? Ich möchte gerne mal den Qualitätsproblemen auf den Grund gehen und über unsere Zusammenarbeit sprechen."

Jan hört, wie sie an ihrem Computer den Kalender öffnet. „Lassen Sie mich kurz in meinen Kalender sehen. Denn aktuell ist es eng", sagt sie.

„So. Frühestens ab Dienstag. Da kann ich Ihnen wirklich mal zwei Stunden einräumen. Und Sie bringen Kaffee mit!", lacht sie.

Jan erklärt sich verwundert dazu bereit. Es ist ungewöhnlich, dass Dr. Schmidt so zugänglich ist. Wenn er ehrlich ist, verunsichert ihn das sogar ein wenig.

Leider liegt der Termin erst nach dem nächsten Commitment-Meeting mit Jessica, Sebastian und Rudolf. Zu gerne hätte er da schon Verbesserungspotenziale gehabt. Aber mit denen muss er ja auch erst einmal herausfinden, welche Auswirkungen Michaels Ticket hat und wie sie damit umgehen wollen.

* * *

„Ein typischer Fall von ‚MWD' – Michael will das!", sagt Jessica ein paar Tage später beim nächsten Commitment-Meeting. Die anderen beiden Stakeholder nicken. „Das ist ja nicht da erste Mal, dass der Chef uns kräftig von der Seite reinhaut", seufzt sie.

Rudolf merkt an: „Ich war ja bei dem Meeting beim Kunden auch mit dabei. Denen müssen wir schon zeigen, was wir können. Da jetzt so eine Dringlichkeit daraus zu machen, finde ich zwar auch nicht notwendig. Aber MWD – Michael will das! Was soll's? Es wird uns wohl nichts übrigbleiben. Verzögern wir vielleicht ein paar von Sebastians Tickets!?" Er lacht.

Sebastian blickt kurz auf und schüttelt den Kopf. „Nee, Kollege, das wird nix. Ab nächster Woche vielleicht. Jan, sind die Zahlen verlässlich?"

Jan hat zum Anfang des Treffens eine Übersicht auf den Monitor an der Wand gebracht. Die vier sehen sich nun den aktuellen Durchsatz und die Durchlaufzeiten zu den einzelnen Tickets an.

„Wir tracken das seit etwa drei Wochen. Meine Vermutung und das Versprechen der letzten Woche bestätigt sich: Wir schaffen pro Woche etwa zehn Tickets. Plusminus", sagt er stolz.

Sebastian hat eine Frage: „Willst du mir erzählen, dass jetzt alles schon in der QA ist??" Er und seine beiden Kollegen sind erstaunt über den Fortschritt, den Jans Mitarbeiter erzielt haben.

„Toll, wenn das so schnell ginge!", fügt er noch hinzu.

„Nein. Nicht ganz", antwortet Jan. „Aber fast alles. Sonst wäre es aber auch komisch! Wenn ihr euch das Board mal anschaut", er zeigt ein Bild des aktuellen Zustands des Kanban-Boards, „seht ihr, dass die meisten Tickets bei uns schon hinten raus sind. Ein paar wenige sind noch im Fluss, eines ist noch nicht angefangen. Eigentlich sollte es aber exakt so sein. Es läuft wie geplant. Und es sollte so auch weiterlaufen. Jetzt füllen wir die Eingangsspalte wieder. Wie gesagt: Aus unserer Sicht läuft es."

Die drei sehen erfreut aus. Jan lächelt und zeigt dann eine Übersicht über die Durchlaufzeiten der letzten Woche. Durch die WIP-Limits und das Absenken der parallelen Arbeit sind die Durchlaufzeiten tatsächlich sichtbar gesunken. Jan erklärt: „Wir schaffen die Tickets einigermaßen verlässlich in etwas unter einer Woche, mit ein paar Ausnahmen. Da kann ich euch später noch was drüber erzählen, wenn es euch interessiert."

Sebastian nickt und lässt Jan weitersprechen: „Wenn die Tickets bei uns fertig sind, landen sie dann aber in der QA – da habe ich momentan noch keinen Hebel dran. Bis sie also wirklich beim Kunden oder bei euch sind, dauert es einfach noch ein bisschen länger."

„Könnt ihr da bei Andrea nicht ein bisschen Druck machen?", fragt Sebastian. Er hat es offensichtlich schon auf Vornamensebene mit Dr. Schmidt geschafft.

„Nee, Druck kann ich nicht machen." Jan zieht seine Hände zu einer entschuldigenden Geste hoch.

„Aber ihr könntet doch zumindest die Tickets auf eurem Board mittracken, oder? Das würde doch Druck erzeugen!", fragt Jessica.

Jan wippt von einem Fuß auf den anderen. „Ja, das habe ich vor", stimmt er zu. „Aber das will ich erst mal mit Dr. Schmidt besprechen. Darf ich euch zu diesem Meeting hier zurückbringen? Wir haben nicht so viel Zeit!" Er sieht die drei an und sucht nach Bestätigung. „Okay. Also ja, die Daten sind verlässlich. Das bedeutet, diese Woche bekommst du, Sebastian, fünf Slots und Jessica drei Slots. Rudolf, du hast diesmal drei Schüsse frei. Ich werde Michaels Request einfach mit aufnehmen. Wahrscheinlich müssen wir da ein bisschen von unserem Infrastruktur-Budget opfern. Aber dann bekommt ihr wenig davon mit, dass wir da etwas ‚on top' machen."

Jessica blättert in ihren Unterlagen. „Das ist gut, dass ich meine drei Slots bekomme. Ich habe allerdings sechs Sachen. Blöd, jetzt muss ich echt auswählen." Sie wägt zwei große Post-its in ihren Händen gegeneinander ab. „Aber wenn die Zahlen verlässlich sind, und das waren sie ja früher leider nicht immer, kann das hier wohl auch noch nächste Woche reinrutschen." Sie legt einen Zettel zu ihren restlichen Unterlagen zurück. „Wo kommen die hin?" Sie wedelt mit einem Stapel von Post-its vor Jans Nase.

Der ist etwas perplex und stellt erstaunt fest: „Du bist ja richtig vorbereitet, Jessica! Häng' sie doch bitte hier ans Whiteboard. Ich nehme die dann nachher mit."

Sie grinst und steht auf. „Na, ein bisschen Routine werden wir hier wohl noch reinbekommen, oder? Rudolf, Sebastian, seid ihr auch so gut vorbereitet wie ich?", neckt sie die beiden.

Sebastian schreibt noch und schüttelt kurz den Kopf. Aber Rudolf drückt Jessica seine Anforderungen zum Aufhängen in die Hand, bevor sie sich hinsetzen kann. „Na klar! Ich hatte übrigens das gleiche Problem wie Jessica“, erklärt er den anderen. „Ich musste echt auswählen. Da müssen wir noch ein bisschen was tun am Durchsatz.“

Sebastian nickt: „Ja, ich habe auch noch ein ziemliches Backlog. Das hier sind jetzt die wichtigsten. Oder zumindest die, die jetzt drankommen müssen.“ Er klebt seine Tickets auf das Whiteboard.

„Aber ich muss sagen“, gesteht er, „dass diese Tickets deutlich besser vorbereitet sind, als das früher der Fall war. Jetzt weiß ich ja, dass der Rest erst einmal nicht kommen wird. Da kann ich mir die Woche länger auch noch Zeit lassen. Und für den ‚kurzen Dienstweg‘ gibt es offensichtlich ja auch die ‚MWD‘-Klasse!“ Er grinst.

„Da muss ich erst einmal ein bisschen in den Daten kramen, bevor wir das offiziell ausrufen können“, bremst Jan ihn. Er möchte ungern mit vielen „dringenden, wichtigen“ Themen am Commitment-Meeting vorbei überschwemmt werden.

Er gibt ihnen aber Hoffnung: „Wie gesagt: Ich schaue mal in den Daten. Und ich denke, solange wir miteinander sprechen, werden wir auch Lösungen finden. Wir stecken hier ja im gleichen Boot.“

Rudolf hebt den Zeigefinger und korrigiert ihn: „Im selben, sogar!“, sagt er und lacht.

Auch Jan muss lachen. „Es macht Spaß, wenn wir kooperieren.“ Dann fügt er ernst hinzu: „Wäre schade, wenn das so schnell vorbei wäre.“

„Was meinst du?“, fragt Sebastian.

Jan gibt den dreien eine kurze Zusammenfassung der Situation mit Michael und dessen Drohung, ihn zum Ende der Probezeit zu entlassen.

„Aber du hast doch die Daten, um zu zeigen, dass es besser wird. So eine Zuverlässigkeit, Geschwindigkeit und überhaupt so einen Kooperationswillen haben wir vorher nie gehabt!“ Sebastian ist fassungslos. „Ich glaube, ich werde mal mit Michael sprechen!“

Jan bremst ihn: „Warte mal. Lass uns bitte einmal schauen, dass die Dienstleistung meiner Abteilung tatsächlich so gut ist. Ich möchte ungern, dass dann nächste Woche auf einmal wieder alles anders aussieht.“

Rudolf nickt und merkt an: „Mit ein paar stichfesten Metriken in der Hand kann man mit Michael besser reden. Und wir dürfen uns jetzt auch ehrlich gesagt nicht zu hoch loben: Unsere Performance ist ‚vor Kunde‘ noch nicht gestiegen!“

Jan nickt. „Ich habe da noch ein Konzept in der Tasche. Das würde ich gerne mit euch mal durchsprechen, wenn wir hier ein bisschen Stabilität reingebracht haben!“

Sie verabschieden sich voneinander und Jan macht sich auf den Weg in sein Büro. Er hat noch immer keine Ahnung, wie er sein Kanban-Board im elektronischen Tool abbilden soll. Aber so, wie es momentan läuft, funktioniert es auch analog ganz gut. Allein das Sammeln der Metriken ist mühsam. „Mal sehen, was da noch kommt", denkt er sich. Aber für die nächsten Wochen hat er erst einmal andere Baustellen: Heute Nachmittag will er sich mit Dr. Schmidt und den Qualitätsproblemen beschäftigen. Und dann folgt ja schon die nächste Iteration, wie er die Zeit zwischen zwei Commitment-Meetings nennt. Bezüglich Qualität und Verlässlichkeit und insbesondere der Geschwindigkeit gibt es noch genug zu tun.

acht

Zwei Tage später taucht Jessica kurz vor dem Kanban-Meeting in Jans Abteilung auf.

„Ich hoffe, ihr habt noch nicht mit dem einen Ticket angefangen... Das müssen wir leider noch mal tauschen." Mit diesen Worten sucht sie den Zettel auf dem Board.

Claudia sieht das und steht auf. „Moment!", ruft sie Jessica zu und kommt an das Board. „Welches Ticket meinst du?", fragt sie Jessica, die den Zettel mittlerweile gefunden hat. Sie deutet drauf und Claudia verzieht das Gesicht.

Sie erklärt: „Das ist schon in Bearbeitung. Das müssen wir jetzt wohl fertig machen!"

„Das geht nicht!", widerspricht Jessica und will den Zettel von der Wand nehmen.

„Da hat Peter schon einiges an Arbeit investiert, wenn ich da richtig informiert bin. Das kannst du doch jetzt nicht einfach abbrechen!" Claudia ist nicht amüsiert. Sie winkt Jan heran, der mittlerweile den Kopf aus seinem Büro gesteckt hat.

Als Jan angekommen ist, baut Jessica sich vor ihm auf. Sie zeigt auf das Ticket und wiederholt ihre Forderung: „Dieses Ticket muss abgebrochen werden. Ich habe noch mal mit dem Kunden gesprochen. Die brauchen das gar nicht mehr!"

„Aber Peter hat schon Arbeit investiert", wirft Claudia wieder ein und Jessica wirft ihr einen giftigen Blick zu, den sie aber einfach ins Leere laufen lässt.

Beide sehen Jan an und warten auf ein Urteil.

Er schlägt vor, bis zum Kanban-Meeting zu warten, das gleich stattfinden wird: „Lasst uns das Meeting erst mal abhalten. Dann sehen wir auch, wie weit wir damit wirklich sind."

Obwohl sie eigentlich schon wieder weg sein will, nickt Jessica kurz.

„Besser, wir lösen das jetzt mal, bevor das vor dem Kunden landet", sagt sie und wartet, dass die anderen Kollegen sich um das Board herum versammelt haben.

Jan geht wieder durch die einzelnen Tickets durch und gemeinsam werden der Status und das beste Vorgehen für die aktuelle Situation besprochen.

Als sie bei Jessicas Ticket ankommen, klärt sie die Situation noch einmal auf: „Der Kunde hat mir gesagt, dass sie das nicht mehr brauchen. Ich habe das leider falsch einpriorisiert. Wir müssen das abbrechen."

Peter reibt sich kurz über den Nacken und überlegt. Dann nickt er Jessica zu und sagt: „Da ist schon ziemlich viel Arbeit reingelaufen. Aber wenn die Anfrage nicht mehr benötigt wird, werden wir das wohl abbrechen müssen. Das geht schon. Ich muss da noch ein bisschen aufräumen, damit wir einen sauberen Stand haben. Das kostet auch noch mal ein bisschen Aufwand."

Jessica freut sich und lobt die Gruppe: „Ich wusste, dass ich mich auf euch verlassen kann." Sie dreht sich weg und will gehen. Sie wird abrupt gebremst: Jan stellt sich ihr in den Weg.

„Moment, das geht aber so nicht." Ihr Verhalten stößt ihm auf. „Du kannst dich doch nicht andauernd über unsere Performance beschweren – zumindest den Durchsatz – und dann mal eben so etwas einpriorisieren und es dann wieder abbrechen. Wir werfen damit ja total viel Kapazität weg!"

Verärgert sieht sie ihn an. „Muss ich mich hier jetzt dafür rechtfertigen, dass ich das Kundeninteresse im Kopf habe? Wieso werde ich denn hier so angemacht!?"

Jan spürt sofort, dass er ihren Widerstand angestoßen hat. Er besinnt sich und lädt sie mit einer Erklärung zur Zusammenarbeit ein: „Ich wollte nur sagen, dass wir besprechen sollten, wie wir in Zukunft mit so etwas umgehen wollen. Natürlich sollten wir nichts Unnötiges tun. Da gebe ich dir total Recht. Aber vielleicht können wir in Zukunft solche Fälle abfangen, bevor sie unsere Kapazität auffressen?"

„Wie denn?", blafft Jessica ihn an.

Er hebt entschuldigend die Hände „Das weiß ich noch nicht. Aber ich denke, wir sollten im Service-Delivery-Review mal darüber sprechen. Vielleicht finden wir heraus, wie wir diese Tickets eventuell früher erkennen können. Du bist herzlich dazu eingeladen! Es geht dabei darum, dass wir das Arbeitssystem und unsere Prozessregeln so gestalten, dass wir nicht unnötige Arbeit verrichten." Jan möchte sie gerne dabeihaben, um ihre Sicht zu integrieren. Es könnte auch interessant sein, welche Abhängigkeiten sie hat und innerhalb welcher Grenzen sie agieren kann.

„Wann habt ihr denn dieses Service-Delivery-Review?", will sie wissen.

„Ähm, das findet heute Nachmittag statt", sagt er, nachdem er sich kurz in seinem Kalender rückversichert hat. Hoffnungsvoll will er wissen, ob sie es einrichten kann. Er gibt ihr auch direkt eine zeitliche Einschätzung: „Wir veranschlagen da 30 bis 45 Minuten."

Sie nickt. „Ich denke, das kann ich einrichten. Ja. Schickst du mir eine Einladung? Braucht ihr mich jetzt noch bei diesem Kanban-Meeting?"

„Danke, dass du das möglich machst, Jessica. Ich glaube, wir brauchen dich jetzt gerade nicht mehr. Oder hast du direkt noch etwas beizutragen? Hast du noch Informationen zu irgendeinem anderen Ticket auf dem Board?“

Jessica wirft einen Blick auf den noch nicht besprochenen Rest. „Nein, ich glaube nicht. Außer vielleicht hier oben.“ Sie deutet auf ein weiteres ihrer Tickets. „Das muss bis übernächste Woche Mittwoch durch sein. Inklusive QA. Das haben wir ein bisschen spät eingeplant. Das müsstet ihr jetzt präferiert durchziehen.“

Jan zieht die Augenbraue hoch. „Wie meinst du – ‚präferiert‘?“

Sie lächelt und erklärt: „Ich meine, dass ihr meine anderen Tickets im Zweifel etwas verzögern könnt. Und die von Rudolf und Sebastian auch, falls sie nicht explizit einen Termin genannt haben. Ich brauche nur eine Garantie, dass dieses Ticket mit der Deadline zum richtigen Zeitpunkt fertig ist. Ich würde das mit Rudolf und Sebastian noch mal klären.“

Nach kurzem Überlegen stimmt Jan ihr zu: „Mmh. Okay. Aber kannst du das bitte noch mal kenntlich machen? Schreib am besten das Datum drauf, zu dem es fertig sein soll.“

Dann dreht er sich zum Rest der Mannschaft und sagt: „Habt ihr das gehört? Auf diesem Ticket steht eine Deadline. Die sollten wir halten! Bitte zieht das Ticket so, dass wir – und die QA – sie halten können.“ Er dreht sich noch einmal zu Jessica und fragt: „Ist es besser, wenn es früher kommt? Nur, falls es irgendwie passt.“

Sie schüttelt den Kopf. „Nein. Eigentlich nicht. Ich könnte ruhiger schlafen, aber wir sind erst an dem Tag auf der Messe. Da können wir das dann erst vorstellen.“

Jan fasst für alle noch einmal zusammen: „Also so ziehen, dass wir die Deadline schaffen. Aber nicht zu früh fertig werden. Für die Qualitätssicherung veranschlagen wir mal eine Woche.“ Ihm wurde schon ganz heiß bei dem Gedanken, das bei Dr. Schmidt durchzubekommen. Da würde er sie mit Engelszungen bitten müssen. „Bei uns muss das also gestern in einer Woche fertig sein. Sportlich, sportlich.“

Jessica kann seinen vorwurfsvollen Seitenblick nicht ignorieren, mit dem er ihr zu verstehen gibt, dass sie das Ticket zu spät eingebracht hat.

„Jessica, könntest du doch noch kurz dableiben? Ich würde gerne nach Ende des Meetings noch einmal mit dir sprechen.“ Sie nickt etwas genervt und er fährt mit der Moderation des Kanban-Meetings fort.

* * *

Als das Treffen abgeschlossen ist, verstreuen sich die Mitarbeiter wieder zu ihren Arbeitsplätzen und an die Kaffeemaschine. Jan hat jetzt eine Menge Aufgaben auf dem Zettel: Blockaden, um die sich seine Mitarbeiter nicht selbst kümmern können; Tickets, die eigentlich Jans Zuständigkeitsbereich verlassen haben und nun bei Dr. Schmidts Testern liegen, aber von dort wiederkommen; Feedback für seine drei Stakeholder beim nächsten Commitment-Meeting.

Bevor sie verschwindet, greift er sich noch einmal Jessica. Er bittet sie in sein Büro.

„Danke, dass du noch dageblieben bist“, beginnt er das Gespräch. Er versucht, sich zu entschuldigen: „Ich wollte dich nicht angreifen, Jessica. Das tut mir leid.“

„Ach, kein Thema!“ Sie ist schon wieder so sonnig aufgelegt wie auch sonst immer. „Ich weiß ja, dass ich das eigentlich früher hätte wissen müssen. Das Ticket hätte es nicht so weit schaffen dürfen. Da hätte ich dann auch stattdessen mein anderes Ticket mit reinnehmen können. Kann ich das vielleicht jetzt noch nachschieben? Das ursprüngliche wird ja jetzt nicht fertiggestellt.“ Sie grinst.

„Nein, ich fürchte nicht“, verneint Jan ernst.

„Ich mache doch nur Spaß! Das hatte ich mir schon gedacht. Aber ich würde es trotzdem gerne noch mal verstehen: Warum eigentlich nicht? Ich würde es ja eigentlich nur ersetzen.“

Jan erklärt: „Naja, im Grunde müssen wir das ursprüngliche Ticket jetzt doch noch ‚fertig‘ machen. Das geht von unserer Kapazität ab. Wir können also nicht einfach etwas ersetzen, sondern müssen da ordentlich buchführen. Sonst macht uns das die Metriken kaputt. Falls wir vor dem nächsten Commitment-Meeting doch noch leerlaufen, rufe ich dich an. Das wäre aber unerwartet und wir haben ja sowieso einen Puffer mit eingebaut, um genau das zu vermeiden.“

„Ich glaube, ich verstehe, was du mir sagen willst. Ich darf das ursprüngliche, jetzt abgebrochene Ticket nicht ersetzen. Weil schon Arbeit hineingeflossen ist und es weitere Arbeit benötigt, es quasi abzubrechen. Und die Kapazität erschöpft ist.“

Jan nickt.

„Schickst du mir gleich noch die Einladung zu eurem Meeting? Ich muss jetzt los.“ Sie winkt noch kurz und ist verschwunden.

„Tja. Langsam wird es unser gemeinsames Service Delivery Meeting, nicht nur das meiner Abteilung und mir“, murmelt er kurz und macht sich dann an die Abarbeitung seiner Aufgaben.

* * *

Nach dem Mittagessen begrüßt Jan seine Mitarbeiter Claudia, Peter und Dimitri zum Service-Delivery-Review. Auch Jessica ist wie angekündigt gekommen, um teilzunehmen.

„Okay, wir haben eine halbe Stunde *Soft-Timebox*. Wir sollten also fertig sein, entscheiden aber am Ende der dreißig Minuten, ob wir noch verlängern. Lasst uns erst mal über die Punkte gehen, die wir heute besprechen sollten. Ich habe den Ticketabbruch heute Morgen und das Review der Daten. Sonst noch was?“ Er blickt in die Runde.

„Ja“, nickt Claudia und sieht auf ihren Zettel. „Wir haben das Ticket von Michael, das beschleunigt behandelt wurde. Und jetzt Jessicas Ticket, wo eine Deadline draufsteht. Die Tickets werden anders behandelt.“ Sie zeigt auf Jans Whiteboard. „Da drüben steht, dass wir Prozessregeln explizit machen sollen. Tun sich hier gerade unterschiedliche Serviceklassen auf?“

Peter zieht die Stirn kraus und fragt: „Serviceklassen? Was meinst du damit?“

„Ach ja, die sind mir auch schon begegnet“, springt Jan ihr bei und bittet sie um eine Erklärung.

„Serviceklassen legen fest, wie ein Ticket behandelt wird. Also insbesondere, wie schnell oder präferiert es gezogen wird. Oder wann es verzögert wird. So etwas eben. Wenn du an Jessicas Ticket denkst: Das ist ein Beispiel für ein ‚Fixed Date‘-Ticket. So zumindest steht es im Kanban-Buch.“ Sie grinst.

„Ah. Das heißt, dass wir Jessicas Ticket präferiert behandeln, wenn wir die Deadline in Gefahr sehen. Und gegebenenfalls auch liegen lassen, wenn viel Puffer da ist.“ Peter nickt langsam.

Jan ergänzt: „Und dann gibt es noch beschleunigte Tickets, Standard-Tickets und sogenannte *Intangibles*. Ich erkläre das später mal ausführlich. Wichtig ist, dass beispielsweise bei Michaels Ticket keine Deadline dransteht. Es wird aber trotzdem präferiert gezogen. *Expedite* heißen die auch. Die müssen so schnell wie möglich fertig gemacht werden.“

„Beispielsweise, wenn mein Rechner nicht funktioniert!“, witzelt Jessica.

Die restlichen Anwesenden grinsen etwas unsicher. Bei Jessica weiß man nie so richtig, ob sie es ernst meint oder nur einen Witz macht.

***

„Okay, also die Serviceklassen müssten wir mal reviewen. Danke Claudia.“ Er macht sich eine Notiz, um das im Risk-Review zu berücksichtigen.

„Hast du noch was?“, fragt Jan in ihre Richtung und dreht sich dann den anderen zu: „Oder ihr?“

Dimitri meldet sich und sagt: „Wir könnten mal das Tickettauschen thematisieren.“

Claudia und Peter gucken betreten zu Boden. Jessica hüstelt kurz.

„Was meinst du mit Tickettauschen?“, will Jan wissen.

„Ich bin mir sicher, dass das nur ein Sonderfall von heute Morgen ist. Aber diese Woche waren es zwei, letzte Woche auch.“

„Zwei was?“, bohrt Jan nach.

Nach kurzer Stille sagt Jessica: „Ich habe einmal ein Ticket ausgetauscht, was ich im Commitment festgelegt hatte. Und ich glaube, Sebastian hat auch mal getauscht. Die waren aber noch nicht angefangen!“ Jans Mitarbeiter nicken schuldbewusst.

Jan sieht sie wie vor den Kopf gestoßen an. „Wozu machen wir denn ein Commitment-Meeting, wenn wir uns gar nicht an die Festlegung halten? Und den ganzen

Metrikkram? Der geht doch dadurch auch kaputt!“ Ihm wird warm, denn er regt sich auf.

Eigentlich will er direkt Sebastian anrufen und ihn herzitieren. Dann kann er den beiden mal gemeinsam den Kopf waschen. Aber ihm fällt noch etwas ein; er erinnert sich daran, was Anja ihm damals beim Italiener gesagt hat. „Die Häufigkeit des Commitment-Meetings folgt zwei Dingen. Das eine ist, wie häufig neue Informationen ankommen. Das andere sind die Transaktions- und Koordinationskosten des Meetings.“

Neue Informationen beeinflussen also unsere bereits getroffenen Entscheidungen und machen sie vielleicht obsolet. Seine Kollegen müssten sich also so spät wie möglich entscheiden. Am besten auf Abruf. Das funktioniert aber nicht, denn die drei Anforderer können sich nicht kontinuierlich zur Verfügung halten. Das wären sehr hohe Transaktionskosten. Und eigentlich ist die Ankunftsrate neuer Informationen auch gar nicht so hoch.

* * *

Jan denkt kurz nach und sagt dann: „Ich verstehe. Ihr habt also das Bedürfnis, häufiger festzulegen, was in die Eingangswarteschlange kommt?“

Jessica nickt. „Das ist businessseitig so getriggert.“

Jan muss über den Jargon lachen. „Okay. Dann lasst uns das mal mit Sebastian und Rudolf durchsprechen. Die müssten das ja mitgehen. Auf Transaktionskostenseite steht ihr drei, die dabei sein müssen. Von meiner Abteilung sollte nicht nur ich dabei sein. Es wäre sinnvoll, die eine oder den anderen von euch dabeizuhaben.“ Er blickt in Richtung seiner Mitarbeiter. Peter, Claudia und Dimitri können meist etwas zu den Risiken sagen, die die Selektion der Tickets noch beeinflussen könnten.

„Die Koordinationskosten sind eher gering, glaube ich. Ich werde das weiterhin moderieren“, fügt er hinzu. „Aber bevor wir jetzt hier beschließen, das Commitment-Meeting zu verändern, hole ich auf jeden Fall von den anderen das Einverständnis ein.“

Jessica bietet an: „Das kann ich übernehmen! Ich spreche mit den beiden. Ich glaube, auch für sie hat es hauptsächlich Vorteile. Sie profitieren da genauso wie ich.“

Jan freut sich, das nicht auch noch als Aufgabe zu haben. Dann überlegt er kurz. „Ich habe ja neulich mit Dr. Schmidt gesprochen. Es wäre wahrscheinlich nicht dumm, sie mit an Bord zu haben. Ich muss mal gucken, wie wir sie ebenfalls integrieren.“

Er fasst noch einmal zusammen: „Wir wollen also keine Tickets zwischen zwei Commitment-Meetings austauschen. Deswegen verdoppeln wir die Frequenz der Meetings. Damit halbiert sich dann natürlich die Anzahl der Tickets, die jedes Mal selektiert werden müssen. Wir haben als Teilnehmer Sebastian, Jessica und

Rudolf sowie je nach Situation Claudia, Dimitri oder Peter. Hinzu kommt hoffentlich auch Frau Dr. Schmidt. Ich bin als Moderator dafür zuständig, dass das Meeting so stattfindet.“ Er blickt in die Runde und alle nicken.

Jan atmet einmal kurz durch. Froh, vorhin nicht explodiert zu sein, sondern konstruktiv mit dem Konflikt umgegangen zu sein, leitet er weiter durch das Service-Delivery-Review: „Gut, dann sehen wir uns doch erst einmal die Metriken an.“

Er hat in den letzten Tagen einige Daten gesammelt und aggregiert. Er hat sie in verschiedene Diagramme gebracht, die er unter anderem in seinem Kanban-Buch gefunden hat. Die Diagramme zeigen den Durchsatz an, die Durchlaufzeit sowohl als laufenden Messwert als auch als Häufigkeitsverteilung. Er erklärt den Kollegen, was sie sehen: „Die Durchlaufzeiten sind schon deutlich gesunken, zumindest in unserem Bereich. Hier sieht man einen klaren Trend. Ich muss mal sehen, welche Effekte da aus nicht fertiggestellten Tickets entstehen.“ Er wirft einen Seitenblick auf Jessica. „Aber hier beim Durchsatz habe ich auch mal die Menge an Tickets hinzugefügt, die eigentlich auf uns einprasseln würde. Zum Glück halten uns unter anderem Jessica und ihre Kollegen da den Rücken frei. Wir sehen: Da ist eine Lücke und die wird immer größer. Nicht rasend schnell, aber wir müssen etwas tun. Wir müssen uns also Dinge überlegen, wie wir den Durchsatz steigern oder Fehler reduzieren. Hat jemand eine Idee?“

„Naja, mehr Qualität, schneller arbeiten?“, wirft Peter sarkastisch ein.

Jan muss lachen. „Nee, das meine ich gar nicht. Welche systemischen Veränderungen müssen wir einbringen, damit wie den Durchsatz steigern können?“

Claudia meldet sich: „Wir schätzen ja immer noch relativ viel und mit großem Aufwand. Das ist fast ein eigener Arbeitstyp. Der wabert irgendwie versteckt im Hintergrund. Aber vielleicht lohnt es sich, das mal anzusehen?“

Jan wiegt seinen Kopf hin und her. Eigentlich hat er keine Lust, über die Sinnhaftigkeit mit den Kollegen zu diskutieren. Es ist ein Thema mit hohem Konflikt- und Widerstandspotenzial. Aber er sieht auch, dass sie einen nicht unbeträchtlichen Teil der Kapazität einnehmen. Er schlägt einen Kompromiss für den Moment vor: „Wir können sie jetzt gerade nicht abschaffen. Aber ich habe eine Idee. In den Schätzungen stecken ja wichtige Informationen – sonst müssten wir sie nicht machen. Dimitri und Claudia: Würdet ihr vielleicht mit mir zusammen mal herausfinden, welche Information das ist. Dann können wir analysieren, ob wir auch günstiger da rankommen.“ Die beiden erklären sich bereit und Jan spekuliert: „Wenn wir die Menge an Schätzungen reduzieren könnten, würde zumindest die Prognose besser aussehen. Die Lücke zwischen Bedarf und Lieferfähigkeit würde nicht mehr so weit auseinandergehen! Das macht doch Hoffnung. Claudia, danke für diesen Vorschlag! Den würde ich mal weiterverfolgen. Ich schätze, es wird nicht ganz reichen. Das müssen wir dann aber im nächsten Schritt danach mal evaluieren.“

Seinem Gefühl nach können sie aktuell mit den Metriken noch nicht so viel anfangen. Er blickt in die Runde und fragt dann nach: „Gibt es noch Punkte, die euch jetzt noch auffallen?“

Als sich keiner meldet, beendet Jan die Diskussion über die Metriken und sieht auf die Uhr. Dann spricht er Jessica direkt an: „Sag mal, ich möchte noch einmal auf das Ticket von heute Morgen zurückkommen. Das, welches wir abgebrochen haben. Das ist ja völlig überflüssige Arbeit gewesen im Endeffekt. Hast du vielleicht eine Idee, wie wir so etwas in Zukunft verhindern können? Das wirkt ja doch auch negativ auf unsere Kapazität ein.“

„Es tut mir ja total leid, Jan, dass ich das abbrechen musste. Aber der Kunde wollte es einfach nicht mehr!“, erwidert sie.

Jan nickt. „Darauf wollte ich gar nicht hinaus. Es geht mir nicht um schuldig oder berechtigt oder nicht. Mittlerweile kann ich davon ausgehen, dass du das mit bestem Wissen und Gewissen getan hast.“ Er macht eine kleine Pause. „Wir haben auf unserem Board ja Kriterien für jede einzelne Spalte: Wann ein Ticket weiterwandern kann und wann nicht. Vielleicht ergibt es Sinn, das auch für die Eingangsspalte zu implementieren?“

„Also eine *Definition of Done* für den Eingang?“, wirft Peter ein.

„Ja, so etwas habe ich mir vorgestellt. Man könnte es sogar noch weiterspinnen. Rudolf, Sebastian und Jessica könnten ihre Arbeit auch auf unserem Board darstellen. Dann wüssten wir schon, was so kommt.“

Jessica ist von seinem Vorschlag nicht begeistert: „Also das mit den Kriterien – ok. Das könnten wir machen. Aber dass ich unsere Arbeit auch noch bei euch in der Abteilung darstelle? Das geht mir doch ein bisschen zu weit. Da laufe ich ja nur noch hin und her.“

Jan schüttelt den Kopf. „Ja, stimmt. Das funktioniert nicht so richtig. Aber trotzdem: So ein Kanban-System wäre ja gar nicht so verkehrt für euch!“

„Nimm es mir nicht übel, Jan. Aber nicht überall sind Nägel, wenn du einen Hammer hast!“, lehnt Jessica seinen Vorstoß ab. „Trotz alledem: Die Kriterien können wir mal mit Sebastian und Rudolf durchsprechen. Darüber hinaus glaube ich, dass ein häufigeres Commitment-Meeting das Problem schon größtenteils lösen könnte. Das Ticket ist ja nur in das System gewandert, weil ich mich so früh festlegen musste. Zumindest früher, als ich die Rückmeldung vom Kunden bekommen hatte. Ich würde mich neben ihrem Einverständnis wegen des Commitment-Meetings auch kümmern, dass wir die Kriterien für die Eingangsspalte klar bekommen.“

„Na gut, dann vertagen wir den Rest mal. Aber ihr bekommt schon noch euer Kanban-System!“, scherzt Jan und Jessica zeigt lachend eine abwehrende Geste. Er fragt sicherheitshalber aber noch einmal nach: „Und du kümmerst dich um das Gespräch mit Rudolf und Sebastian? Ich kann ein paar Anforderungen für diese ‚Definition of Ready' einbringen, Claudia, Peter, Dimitri auch. Aber einen Termin brauchen wir. Suchst du einen mit den beiden anderen?"

Jessica zeigt ihm mit einem kurzen Nicken Zustimmung und schreibt etwas auf ihren Block.

„Gut, gibt es sonst noch Themen?", fragt Jan dann in die Runde.

„Die Zeit ist fast vorbei, aber wir haben nicht noch mal über Arno gesprochen", bringt Peter sein Lieblingsthema wieder auf den Tisch.

„Ich finde, wir haben noch zu wenig Daten, um da etwas Neues, Sinnvolles sagen zu können", wiegelt Jan ab, „und zum anderen hat sich noch niemand weiter beschwert. Über die Änderung des letzten Service-Delivery-Reviews hinaus möchte ich jetzt nichts machen. Und sowieso: Warum sollten wir etwas ändern, wenn wir kein Problem haben? Wir haben genügend andere Baustellen! Ich nehme es aber noch mal mit. Ich würde das gerne mal in kleinerer Runde besprechen: Peter, ich hätte dich gerne in einer kleinen Diskussion mit Jessica, Rudolf und Sebastian. Dann können wir vielleicht erst einmal ermitteln, wie groß das Problem überhaupt ist!? Vielleicht ist es doch ein größeres Thema als ich glaube? Wir werden es sehen. Aber nicht mehr heute."

Jan klappt seine Unterlagen zu. „So. Die Zeit ist rum, wir sind gut durchgekommen. Viel Spaß noch mit dem Rest des Tages. Ich werde mal gucken, dass ich nicht gefeuert werde!" Er ist aufgesprungen und schiebt jetzt seine verdutzten Mitarbeiter aus der Tür. Jessica folgt ihnen und wünscht Jan noch: „Viel Glück! Schick Michael ansonsten mal zu mir. Dann erzähle ich ihm schon was."

Jan nickt. „Vielleicht tue ich das sogar. Wir werden es sehen. Aber erst einmal bin ich mit Frau Dr. Schmidt verabredet. Wenn alles mit ihr klappt, bekommen wir einen super Flow hin! Dann kommt auch Michaels Ticket einwandfrei durch."

Er greift seine Unterlagen und macht sich auf den Weg zu Dr. Schmidt.

* * *

„Hallo, Jan!", begrüßt sie ihn. „Darf ich Ihnen etwas anbieten? Kaffee? Wasser?"

„Das ‚Du' fände ich gut. Einen Kaffee würde ich aber auch nehmen. Gerne auch in Kombination."

Dr. Schmidt lacht. „Ach ja. Forsch!" Sie zieht eine Augenbraue hoch, lässt sie aber gleich wieder fallen. „Natürlich. Jetzt müssen wir ja richtig miteinander arbeiten. Da wird es wohl Zeit. Ich bin Andrea." Sie streckt ihm die Hand entgegen.

Jan schüttelt sie und sagt: „Jan, aber das weißt du ja schon." Sofort ärgert er sich etwas über seine blöde Antwort.

„Ich muss das ‚Sie' wohl mal kurz erklären. Ich bin mit dem ‚Hamburger Sie' aufgewachsen. Und ich kann es zum einen nicht so schnell ablegen. Zum anderen finde ich es auch höflich, wenn man sich gegenseitig durch eine förmliche Anrede Respekt zollt."

Jan nickt und fügt hinzu: „Ich bin eher jemand, der schnell beim ‚Du' ist. Finde ich unkomplizierter. Aber ich verstehe, was Sie meinen. Entschuldige! Was *du* meinst."

Andrea lächelt und fragt ihn: „Wollen wir direkt starten? Was haben wir eigentlich genau vor? Hast du einen Fahrplan, den wir jetzt abarbeiten müssen?"

Jan blättert in seinen Unterlagen und zieht dann einen Zettel mit Notizen heraus.

„STATIK haben wir vor", sagt er und gibt Andrea das Blatt.

„STATIK? Ah. Hier steht es: ‚*Systems thinking approach to introducing Kanban*'. Na, ich bin gespannt." Sie sieht ihn erwartungsvoll an.

„Ich habe Kanban bei mir anders eingeführt. Das war ein bisschen weniger strukturiert. Man könnte sogar sagen ..." Er kratzt sich verlegen hinterm Ohr und beendet dann seinen Satz: „Völlig unstrukturiert und chaotisch."

„Na gut. Bei mir soll es ja ein wenig strukturierter verlaufen. Da können wir uns drauf einigen." Akkurat platziert sie ihren Stift oberhalb des STATIK-Plans. „Mal gucken. Was steht denn hier? ‚Verstehe den Zweck des Systems'. Hmm. Ja. Verstehe ich." Sie grinst. „Nächster Schritt. ‚Verstehe Quellen von Unzufriedenheiten und internen Frustrationen.' Da habe ich intern ja einige. Und den Rest? Woher bekomme ich die?"

Jan muss zurückdenken an die Diskussion, die er mit ihr vor einer halben Woche hatte. Sie hatten sich für den Nachmittag nach dem Commitment-Meeting verabredet. Jan ging bei ihr vorbei und wollte seinen Frust abladen. Schließlich war ihre Abteilung maßgeblich daran beteiligt, dass es nicht vorwärts ging – lange Wartezeiten, schlechte Reaktionsfähigkeit und ständig wurden Dinge zurückgeschickt, die eigentlich ok waren.

Als sie ihn in ihrem Büro empfing, war sie äußerst freundlich. Sie lud ihn ein, sich bei Kaffee oder Wasser zu bedienen und zu setzen.

Sie war die Erste, die auf ihr gemeinsames Thema zu sprechen kam: „Ich bin schon ganz gespannt, Jan. Ich hoffe, Sie können etwas Licht in das Dunkel bringen. Der Flurfunk ist zwar verlässlich, aber ich empfange nur sonderliche Signale. Was haben Sie gemacht, dass Ihre Abteilung so viel schneller wird? Denn das brauche ich auch!"

Mit ein paar, wenigen Sätzen hatte sie ihm komplett den Wind aus den Segeln genommen. Sie war sich also bewusst, dass ihre Abteilung nicht die schnellste war. Vielleicht sogar ein Engpass!?

„Also, naja", stammelte Jan.

„Wissen Sie", setzte Dr. Schmidt noch einmal an, „ich bin mir durchaus dessen bewusst, dass wir hier nicht die Schnellsten sind. Ich höre doch auch ständig, dass wir schneller, effizienter und vor allem ‚toleranter' sein müssen. Meistens heißt das fehlertoleranter. Wir sollen also mehr Fehler tolerieren. Aber sollen wir wirklich die Qualität opfern? Ich wäre ja mit meinen Mitarbeiterinnen und Mitarbeitern auch gerne schneller."

„Meinetwegen müssten Sie gar nicht schneller sein", sagte er und versuchte, das Thema auf seine Bedürfnisse zu lenken: „Also, nein. Schneller wäre schon schön! Aber mir fehlt total die Transparenz, wo sich unsere Aufträge eigentlich gerade befinden. Ich bräuchte ein bisschen Sichtbarkeit darüber, ob die Dinge angefangen wurden." Jan stockte. Er erinnerte sich daran, wie er so etwas Ähnliches von Sebastian gehört hatte. Jetzt fehlte noch, dass er etwas von „Durchsteuern" erzählte und er würde zu seinem eigenen, persönlichen Albtraum werden.

Er setzte noch einmal an: „Wir haben momentan keine Sichtbarkeit, in welchem Status sich unsere Tickets bei Ihnen eigentlich befinden. Das behindert uns in unserer Geschwindigkeit. Denn da kommen manchmal unerwartet Testergebnisse zurück. Und das von Dingen, die einfach schon einige Wochen bei uns zurückliegen. Zum einen wäre es toll, wenn die zeitnah zurückkämen. Also doch schneller."

Dr. Schmidt unterbrach ihn: „Was wir aber aktuell nicht hinbekommen werden. Wir sind ja nicht nur für Ihre Abteilung da!"

„Zum anderen", fuhr er fort, „wenn wir eine Einschätzung oder einen Erwartungswert darüber hätten, wie lange die Dinge denn so benötigen werden."

„Hmmm. Okay. Sie meinen also: Langsam ist fast noch okay, aber verlässlich langsam ist besser als unverlässlich schnell oder langsam?"

Er nickte und erklärte: „Mir wäre verlässlich und schnell natürlich am liebsten. Das würde etwas Stress von mir selbst nehmen. Aber wenn ich eine einigermaßen feste Größe habe, die ich auf meine Tickets draufrechnen kann, ist mir schon viel geholfen. Vorhersagbarkeit wäre wohl erst einmal das Wichtigste."

Er einen Schluck seines Kaffees und machte einen Vorschlag: „Dr. Schmidt, ich habe einen Vorschlag. Wir geben ja pro Woche etwa 10 Tickets bei Ihnen ins Team. Könnten Sie – oder Ihre Mitarbeiter – dafür sorgen, dass wir über Statusänderungen informiert werden? Also wenn Dinge angefangen oder blockiert werden oder, oder, oder?"

Sie nickte und schüttelte dann direkt den Kopf. Jan war verwirrt. „Ja und Nein. Grundlegende Statusupdates: Ja. Jede kleine Änderung: Das ist mir zu aufwändig. Da bekomme ich wieder Stress, weil die Produktivität herunter geht. Aber wofür denn?"

„Sie haben sicherlich schon das Kanban-Board bei mir in der Abteilung gesehen."

Sie nickte.

„Dort tracken wir zum einen die Arbeit, andererseits steuern wir damit unsere Kapazität."

Dr. Schmidt runzelte kurz die Stirn und fragte dann: „Wie meinen sie? Kapazität steuern?"

„Da war ich wohl etwas voreilig. Lassen Sie mich erklären.“ Er gab ihr eine kurze Einführung: „Wir bieten eine Dienstleistung an. Und die hat eine gewisse Fähigkeit zum ‚Durchsatz‘. Das heißt hinten kommt eine bestimmte Menge an Tickets heraus. Wir haben dann geschätzt, wie viele Tickets wir parallel bearbeiten können. So viele dürfen sich parallel im System befinden. Das nennen wir Work-in-Progress. Und damit wir nicht über oder unter Kapazität arbeiten, sind Output und Input über eine maximale Anzahl von Tickets gekoppelt. Wir nehmen also zweimal die Woche so viel an, wie wir in der Zwischenzeit auch verarbeiten können. Wir haben dadurch also eine Kapazitätssteuerung.“

„Das ist ja interessant.“ Dr. Schmidt wollte mehr wissen und Jan erklärte gerne: „In dem Work-in-Progress sind auch die Warteschlangen enthalten beziehungsweise deren Inhalt. Die Warteschlangen sind Zustände, in denen mit den Arbeitseinheiten nichts passiert. Das bezieht auch die Eingangsspalte mit ein. Da sehen die Kollegen, wie viel da abfließt. So können unsere Stakeholder, Jessica, Sebastian und Rudolf, beziehungsweise ihre Mitarbeiterinnen und Mitarbeiter, genau abschätzen, wie viele und welche Dinge sie voranbringen müssen. Damit wir sie dann bearbeiten können. Dadurch wissen sie dann, wie viel sie den Kunden versprechen können. Jedenfalls, wenn sie den Durchsatz berücksichtigen. Allerdings können sie sich beim Eingang nur an *unserem* Durchsatz orientieren.“ Er blickte sie lange an. „Danach verschwindet die Arbeit dann leider in Ihrem Backlog, also dem der QA. Unser Input ist nicht an Ihren Input beziehungsweise Output gekoppelt.“ Jan machte eine kurze Pause. „Diese Lücke zwischen uns würde ich gerne schließen. Ich möchte da zumindest eine grundlegende Transparenz bekommen, wie viele Tickets die QA bearbeiten kann. Sonst kann ich keine kundenrelevanten Versprechungen zur Laufzeit geben. Ich kann dann also auch nicht so richtig sagen, wie viel wir von den drei Auftraggebern akzeptieren können. Wenn ich sehen würde, dass sich die Tickets bei Ihnen zurückstauen, Frau Dr. Schmidt, kann ich dann bei mir den Hahn zudrehen. Aber Vorsicht! Ich schicke die drei Kollegen dann zu Ihnen weiter!“

Sie lachte. „Ach, mit denen werde ich noch fertig. Die geben uns ja auch immer ein paar Aufgaben zur Bearbeitung. Da macht es nichts, wenn sie dann noch einmal mehr hier aufschlagen.“

Sie überlegte lange, trank einen Schluck ihres sicherlich schon kalten Kaffees und bot Jan dann an: „Okay, das mit den Statusupdates, das kann ich Sie wissen lassen. Das sollte nicht so viel Aufwand sein. Darüber hinaus möchte ich zumindest für die Arbeitslast, die von Ihnen kommt, auch so ein Kanban-System.“ Dann forderte sie ihn auf: „Und Sie sollten mir besser dabei helfen!“

Jan war überrascht. Er freute sich über den Erfolg. Damit hatte er nicht gerechnet. Sie hatte gerade dazu eingewilligt, ein Kanban-System zu installieren!

„Nur damit ich es noch mal für mich klar habe: Sie geben mir die Statusupdates und möchten Ihre eigene Dienstleistung aber lokal managen?“, fragte er noch einmal nach.

Dr. Schmidt nickte und erklärte lächelnd: „Es scheint ja, als könnten wir auch bei uns Verbesserungen erzielen. Wir sind ja trotz aller Qualitätsmaßnahmen nicht vor Imperfektion geschützt. Wenn das mit einem Kanban-System funktioniert, prima.“

„Verstehe“, sagte Jan und stellte eine Bedingung auf: „Ich möchte, dass wir initial eine Kapazität von 10 Tickets pro Woche bekommen. Nur so kann ich den Input garantieren, den ich von den Stakeholdern und Michael auferlegt bekomme!“

„Sagen Sie mal“, antwortete sie. „Ich bin neulich an Ihrem Büro vorbeigekommen. Stand da nicht etwas von ‚Beginne mit dem, was du gerade tust‘ an der Wand? Gehört das auch zu Kanban?“, neckte sie ihn. Dann wurde sie wieder ernst: „Ich glaube, ich verstehe Ihr Bedürfnis. Lassen Sie uns gucken, dass wir das in dieser schwierigen Zeit gemeinsam gewuppt bekommen. Wann fangen wir an? Und wie?“

Jan atmete erleichtert auf und lud sie zu einem STATIK-Workshop ein. Zuerst würden sich die beiden aber alleine treffen, um das weitere, gemeinsame Vorgehen zu besprechen.

* * *

„Nicht träumen!“, sagt Andrea und holt ihn aus seinen Erinnerungen zurück. Vor ein paar Tagen hat er sie noch mit Dr. Schmidt angesprochen, heute duzt er sie. Und jetzt gerade sind Andrea und er mitten im Meeting, um das weitere Vorgehen zu besprechen.

Jan sieht sie entgeistert an. „Hey!“, beschwert er sich. Er versucht sich zu erklären: „Ich habe über Unzufriedenheiten nachgedacht!“

Andrea wedelt kurz mit der Hand. „Jaja, also raus damit. Womit bist du denn bei meiner Abteilung nun wirklich unzufrieden?“

„Wir haben ja schon vorgestern darüber gesprochen. Da ist zum einen die Dauer. Es dauert alles immer ewig!“, beschwert er sich.

„Immer und alles sind selten hilfreich, aber ich nehme es mal so auf. ‚Lange Laufzeiten‘, okay?“, sagt sie und notiert es auf ihrem Blatt.

Jan sieht sie entgeistert an. Er ist es nicht gewohnt, sprachlich so korrigiert zu werden. Natürlich hat sie aber Recht. Er gewinnt schnell wieder seine Fassung, nickt und macht weiter: „Es ist auch nicht vorhersagbar, wann etwas kommt. Manchmal sind es drei Tage, dann wieder fünf Wochen. Und in der Zwischenzeit hören wir nichts.“

„Aha.“ Andrea nickt wieder. „Noch etwas?“

„Vielleicht sollten wir die anderen auch mal fragen!? Ich meine die Stakeholder neben mir. Und wie sieht es mit euren internen Frustrationen aus? Was hält euch davon ab, die Arbeit so zu leisten, dass ihr stolz darauf sein könnt?“ Jan zückt seinen Stift.

„Ach, das fängt mit solchen Sachen wie ‚reinsteuern' an. Da steht hier jemand auf der Matte und braucht seine Sachen ganz schnell und hochpriorisiert. Und dabei hängt es an irgendjemand anderem und gar nicht an uns. Oder dass die Qualität der Tickets einfach nicht stimmt."

Gemeinsam arbeiten die beiden einige Frustrationen aus. Sie einigen sich darauf, mit den anderen Stakeholdern ein gemeinsames Verständnis zu etablieren. Heute treffen sie sich nur zur Vorbereitung: STATIK einmal durchgehen und erste Daten sammeln. Sie möchten gerne wenige Überraschungen erleben.

Jan geht STATIK weiter durch: „Gut, Schritt zwei ist ‚Analysiere Quellen und Eigenschaften des Bedarfs' und Schritt drei ist ‚Analysiere die aktuelle Leistungsfähigkeit'. Die werden wir heute nicht durcharbeiten können. Aber ich kann dir ein paar Tipps geben."

Er schildert ihr, wie sie in seiner Abteilung Arbeitstypen erarbeitet haben. Zumindest für den Teil, der von seiner Abteilung kommt, müssten das ja die gleichen Typen sein.

„Fallen dir noch weitere ein?", fragt er Andrea. Die nickt und sagt: „Ja, wir haben typischerweise noch ein paar Wartungssachen. Also Überarbeitung der Testfälle, bisschen aufräumen. Das liegt mir am Herzen. Auch wenn es immer zu kurz kommt."

Jan grinst. „Guck mal, wir haben eine weitere interne Frustration gefunden, die wir noch nicht aufgelistet haben!"

„Stimmt. Müssen wir jetzt zurückgehen?"

Jan schüttelt den Kopf. Ich habe gelesen, dass STATIK ein iterativer Prozess ist. Und verstehe jetzt auch, warum. Wir entdecken halt doch immer wieder Punkte, die wir nicht aufgeschrieben haben oder die wir erst später verstehen. Wir müssen mal die Augen offenhalten, ob uns das noch mal auffällt. Auch im restlichen Prozess."

Andrea stimmt ihm zu und zeigt auf das Blatt. „Gibt es noch etwas, was du mir zu den einzelnen Schritten von STATIK sagen kannst?"

„Äh, ja. Es wäre gut, wenn ihr da Mengengerüste abschätzen könnt. Ein paar Sachen – gerade auf Bedarfsseite – kann ich euch auch noch liefern. Das zum einen. Zum anderen: Es ist gut, sich über die Inhalte Gedanken zu machen und nicht über die Aktivitäten."

Andrea sieht ihn verwirrt an und er erklärt: „Beispielsweise eine Pizzalieferung. Da kommen nicht einzelne Aktivitäten in das Kanban-System, wie zum Beispiel Teig kneten, belegen, wegfahren und so weiter. Sondern eine einzelne Bestellung. Zum Beispiel meine." Er grinst. „Jetzt, wo ich darüber nachdenke, bekomme ich Hunger auf Pizza."

Andrea lacht. „Bleib mal bitte beim Thema. Auch wenn gleich Mittagszeit ist." Sie blickt noch einmal auf den Zettel und verkündet dann: „Ich verstehe. Ich werde mich mit meinen Mitarbeitern mal hinsetzen und das ausknobeln. Und im Zweifel können wir hier ja auch iterativ vorgehen."

Jan will weitermachen: „Modelliere den Workflow der Dienstleistung. Das ist Schritt vier von STATIK und genau die notwendigen Schritte für die Fertigstellung der Pizza. Da müsst ihr mal schauen, welche Arbeitsschritte bei euch durchgeführt werden. Fragt da gerne noch mal nach, wenn ihr etwas nicht hinbekommt."

Sein Telefon klingelt. Er bittet Andrea um Entschuldigung und nimmt ab. Claudia meldet sich und gibt ihm einen kurzen Lagebericht: „Ich denke, du solltest mal kommen. Michael war gerade hier und hat uns zusammengefaltet, weil du nicht da bist. Ich denke, es geht um sein MWD – Michael will das – Ticket."

Noch bevor er reagieren kann, legt sie auf.

Er schnauft kurz durch. „Na toll."

Andrea sieht ihn besorgt an. „Dein Gesichtsausdruck lässt vermuten, dass es etwas mit Michael zu tun hat."

Jan gibt ihr eine kurze Situationsbeschreibung und die beiden vertagen ihr Treffen auf den nächsten Tag.

„Ach, eins noch", sagt er, bevor er aufstehen will. „Falls Probleme mit Tickets auf eurer Seite auftreten, kann einer deiner Mitarbeiter in unser Kanban-Meeting kommen für ein Update? Dann können wir das schneller lösen, als dass da Ping-Pong gespielt wird."

Andrea nickt. „Das klingt wie eine gute Idee. Kommunikation von Angesicht zu Angesicht ist doch meistens schneller und reichhaltiger. Ich denke, das lässt sich bewerkstelligen!"

Jan springt auf. „Super!", sagt er und packt seine Sachen zusammen.

Als er zur Tür hinausgeht, ruft sie ihm scherzend hinterher: „Ach komm, eigentlich hast du das mit Michael doch nur eingerichtet, damit du jetzt Pizza essen gehen kannst!"

Jan muss grinsen.

„Wenn es nur so wäre!", ruft er zurück. Sie winken einander kurz zu und er geht in Richtung seines Büros.

Dort wartet schon Michael. Der sieht blass und gleichzeitig sehr wütend aus.

neun

Noch bevor Jan richtig angekommen ist, blafft Michael los: „Was ist mit dem Ticket für den neuen Kunden? Das muss kommen! Ich habe keinerlei Transparenz. Ich weiß nicht, was abgeht. Ob ihr überhaupt mal angefangen habt, will ich wissen!"

Dass Jan ruhig bleibt, regt ihn anscheinend noch mehr auf. „Wie kannst du da so ruhig bleiben? Es geht hier um deinen Job. Und auch, wenn ich ehrlich sein soll, um meinen!"

Jan bittet Michael, mit zum Kanban-Board zu kommen. Er zeigt auf das einzige weiße Ticket unter vielen gelben und ein paar grünen.

„Da! Das ist es", sagt er. Er merkt, dass Michael sich damit nicht zufriedengibt. Offensichtlich braucht sein Chef etwas Hilfe beim Verständnis.

„Wir haben eine ‚Fast Lane' eingerichtet. Da werden Tickets drübergezogen, die hochkritisch sind. Wie du hier sehen kannst, hat deine Anfrage unsere Abteilung schon verlassen. Es hängt hier in ‚Fertig'."

Michael sieht ihn erleichtert an.

„Das stimmt aber nicht ganz", setzt Jan seine Erläuterung fort. „Ich habe gerade mit Andrea Schmidt gesprochen. Wir tracken jetzt auch alle Tickets mit, die bei ihr in der Abteilung liegen." Er spricht lauter, damit auch seine Mitarbeiter ihn hören: „Und das geht hier an alle im Raum: Wir akzeptieren also, dass wir noch nicht fertig sind, wenn das Ticket unsere Abteilung verlassen hat."

Er nimmt sich einen Whiteboardmarker und einen Lappen. Er wischt das „Fertig" weg und schreibt stattdessen „Warten auf Qualität sichern", „Qualität sichern" und dahinter „Fertig" hin. Dann bewegt er Michaels Ticket in „Warten auf Qualität sichern".

„Wir warten noch darauf, dass Andreas Abteilung die Arbeit daran anfängt."

Michael nickt: „Dann muss ich jetzt bei ihr Dampf machen!?"

„Nein, nicht notwendig", hält Jan ihn vom Gehen ab. „Ich habe, wie gesagt, eben mit Andrea gesprochen. Sie hat zugesichert, dass sie dieses Ticket mit besonderer Präferenz behandeln. Wir haben es innerhalb von drei Tagen oder weniger, wenn die Qualität stimmt."

„Drei Tage oder weniger. Das klingt gut", sagt Michael erleichtert. Er bittet Jan: „Kannst du mir mal ein Statusupdate zu den anderen Tickets geben? Jetzt bin ich schon mal hier. Was bedeuten die ganzen roten Zettelchen?"

Jan erläutert das Board und weist auch noch einmal explizit auf die roten Zettel hin. „Das sind Blockaden", erklärt er. „Die hindern uns daran, weiterzumachen. Bei den meisten sind wir schon hinterher und lösen sie. Ende nächster Woche wollte ich dann gerne mal ein Risk-Review machen und alle Blockaden der letzten Wochen besprechen."

„Okay, und dann?", fragt Michael.

„Dann gucken wir mal, was wir an systemischen Änderungen durchführen können und wo wir in Zukunft Risikomitigationsstrategien entwickeln müssen. Da werde ich sicher noch einmal auf dich zurückkommen. Ein paar Dinge brauchen natürlich mehr politische Power als ich habe."

„Mich beeindruckst du mit Wörtern wie Risikomitigation nicht so", lässt Michael ihn kalt abtropfen. Trotzdem signalisiert er Kooperationsbereitschaft. Dann will er allerdings noch wissen: „Wie sieht es denn mit eurer Auslastung aus?"

Jan kontert: „Schauen wir uns doch lieber mal ein bisschen was Interessanteres an: den Durchsatz, die Durchlaufzeit und die Zufriedenheit der Stakeholder. Das Erste und das Letzte sind hochgegangen. Die Durchlaufzeit ist massiv nach unten gegangen! Wir sind also viel schneller."

„Aha", grübelt Michael, „dann lassen wir mal kurz die Auslastung beiseite. Wieso…", er unterbricht und zeigt auf Jans Bürotür. „Lass uns mal bitte in dein Büro gehen."

Als sie dort ankommen, schließt er die Tür und fängt seinen Satz neu an: „Wieso sind wir trotzdem so langsam? Ich verstehe, dass deine Abteilung jetzt schnell ist. Aber es reicht ja noch nicht! Der wirtschaftliche Nutzen unserer Anstrengungen ist echt gering."

Jan denkt kurz nach. Er will seine Kollegen nicht anschwärzen. „Vielleicht müssen wir noch mehr end-to-end denken? Ich habe das Gefühl, dass wir nicht so genau wissen, welche Dinge nun unbedingt gemacht werden müssen und auch bereit für die Bearbeitung sind. Und wir bekommen die Dinge auch noch nicht konsequent hinten raus. Ich muss leider auch zugeben: Die Qualität ist noch nicht überragend. An mehreren Stellen. Da bin ich mit Frau Dr. Schmidt aber dran."

Michael sieht ihn an und sagt dann: „Ich sehe Verbesserung in deiner Abteilung. Unkonventionell, aber immerhin. Das haben deine Vorgänger nicht geschafft. Wenn ihr dann auch noch das Ticket für den neuen Kunden aus der Tür bekommt – in drei Tagen oder weniger –, kannst du dir sicher sein, dass wir dich auch nach der Probezeit noch gerne hier haben wollen. Wenn du auch möchtest."

Jan wird ein wenig rot. „Ich denke schon“, mehr bekommt er gerade nicht heraus. Er fühlt sich zwar nicht ganz wohl, dass sein persönliches Schicksal nun an Andreas Abteilung hängt, aber er wird wohl nichts dagegen tun können.

Michael geht noch weiter: „Ich habe leider zu wenig Zeit und bin auch nicht so im Thema wie du. Ich würde dir gerne eine weitere Aufgabe zukommen lassen. Ich möchte, dass du dich um das End-to-end kümmerst, wie du es genannt hast. Mir gehen die Ideen aus, insofern können wir das mal ausprobieren. Vielleicht rettet uns das noch.“

„Okay. Ich bin etwas überrumpelt, wenn ich ehrlich sein soll“, gibt Jan zu. „Aber ich denke, das kann was werden. Ich habe schon mit Dr. Schmidt gesprochen, wir setzen ein Kanban-System bei ihr auf. Da bekommen wir einen besseren Flow von uns zu ihr und dann zum Kunden. Müssen wir eigentlich nur noch unsere drei Stakeholder davon überzeugen!“

Michael nickt ihm zu und versichert ihm: „Ich bin mir einigermaßen sicher, dass du das hinbekommen wirst. Falls du Unterstützung brauchst, sag Bescheid.“ Damit verlässt Michael das Büro.

„Ich glaube, ich bin gerade befördert worden“, schickt Jan seiner Frau in einer Kurznachricht. Die zweite, direkt danach, lautet: „Dank Kanban-Methode. Und wahrscheinlich hauptsächlich dank dir, natürlich.“

Er legt sein Telefon wieder weg und überlegt, was es jetzt zu tun gibt.

Er nimmt sich einen Zettel und schreibt darauf:

- Kanban-System Andrea – STATIK
- Risk-Review und Blockadeanalyse
- Operations-Review
- Serviceklassen
- Fit-for-purpose Kundenseite
- Quellen der Verzögerungen analysieren
- Upstream-Kanban & Backlog-Management

Den letzten Punkt hat er ebenfalls aus seinem Kanban-Buch. Als Upstream wird der Teil eines Arbeitssystems bezeichnet, der sich vor dem Commitment-Punkt befindet. In seinem Fall wäre das also der Arbeitsbereich von Sebastian, Jessica und Rudolf.

* * *

„Vielleicht sollte ich das mal auf ein Kanban-Board packen?“, denkt er und lacht. Was für eine blöde Idee!

Aber warum eigentlich nicht? Schließlich bietet er jetzt eine Dienstleistung an. Und die sollte möglichst seinen Kunden zu Gute kommen. Alles genau gleich wie bei den richtigen Kanban-Systemen?

Er fängt mit einem Board an:

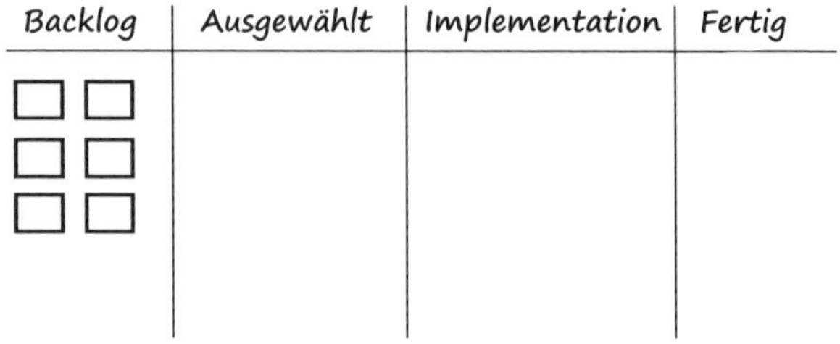

„Kanban-System Andrea“ hängt er gleich in „Implementieren“. Eigentlich will er ein priorisiertes Backlog haben. Er versucht, die verschiedenen Tickets miteinander zu vergleichen, findet aber keine einheitliche Ordnung.

„Nun, irgendein Auswahlkriterium muss es ja geben“, denkt er. „Vielleicht fange ich einfach mal mit dem an, was ich schon zugesagt habe.“ Er schreibt eine Spaltenüberschrift „Ausgewählt“ und hängt das Ticket „Serviceklassen“ darunter.

Er muss sich noch darüber Gedanken machen, wie er auswählen wird und so weiter. Als ersten Stand ist das aber wahrscheinlich erst einmal hilfreich – für ihn selbst und wenn er berichten soll, wie der Fortschritt ist.

Apropos Fortschritt: Wie würde er eigentlich feststellen, dass er Michaels Auftrag erfüllt? Es geht ja weniger darum, die Kanban-Methode bei allen zu implementieren. Das Ziel ist ja eher, zumindest mal diesen einen Wertstrom schneller zu machen. Er macht eine mentale Notiz, sich da mit den anderen bei Gelegenheit drüber zu unterhalten.

* * *

Er blickt sich in seinem Büro um. „Und nun?“, fragt er in den leeren Raum. Sein Blick wandert durch die offene Bürotür in den Raum seiner Abteilung. Dort wird konzentriert gearbeitet. Da würde es wohl keinen Nutzen bringen, zu stören. Also wieder zurück zu Andrea? Sie haben sich ja eigentlich auf einen anderen Termin vertagt.

Sein Personal-Kanban-Board starrt ihn an. Ihm geht durch den Kopf: „Ich habe implizit ein WIP-Limit von 1 auf der ‚Implementieren‘-Spalte angenommen. Das ist jetzt blockiert. Ist es sinnvoll, da nun drauf zu warten?“

Es ist wohl akzeptabel, anzunehmen, dass er zwei Tickets gleichzeitig bearbeiten kann. Eines würde wahrscheinlich sowieso häufig blockiert werden. Deswegen die komplette Implementierung abbremsen? Allein schon wegen der Abhängigkeiten zu den anderen klingt das nicht sinnvoll. Er schreibt eine 2 auf ein kleineres Post-It und klebt es neben die Spaltenüberschrift – sein WIP-Limit für die Implementierung.

Da sein Limit noch nicht erschöpft ist und er offensichtlich Kapazität hat, zieht er das Ticket „Serviceklassen“ in die Bearbeitung.

Jan merkt, wie es ihm widerstrebt, denn Lust hat er auf das Thema eigentlich nicht. Er kann nachvollziehen, wie sich einer seiner Mitarbeiter neulich gefühlt haben muss, der kein „Cherry-Picking“ in den Tickets machen durfte.

Damals wollte einer seiner Mitarbeiter ein Ticket ziehen, was angenehm zu bearbeiten sein würde. Es war allerdings nicht das nächste wichtige, sondern ein Ticket, was erst später gezogen werden sollte.

„Ist ja hier kein Wunschkonzert“, hört er sein eigenes Echo von vor ein paar Tagen.

Na gut, also Serviceklassen. Was ist denn da eigentlich zu tun? So ein Mist - es ist ihm völlig unklar, was das alles bedeutet! Da muss ja noch ganz schön viel Forschungsarbeit geleistet werden. Kein einfaches, „schönes“ Umsetzen.

Und noch nicht einmal jemand in Sicht, auf den man die Schuld - oder die Arbeit - abwälzen kann.

Jan lacht trocken. Es ist ihm etwas unangenehm, dass ihm sofort Verbesserungen auffallen. Früher hätte er die unangenehme Arbeit einfach delegiert. Heute weiß er, dass er da selbst durch muss.

Er schlägt sein Kanban-Buch auf und sucht das Kapitel über Serviceklassen heraus. Er beginnt zu lesen.

* * *

Zwanzig Minuten später schlägt er das Buch frustriert wieder zu.

„Hä!?“, sagt er laut in den leeren Raum. Er sieht, wie Claudia durch seine Aussage abgelenkt aufblickt. Er lächelt ihr kurz zu und sie lenkt den Blick wieder konzentriert auf ihren Bildschirm.

Er wird wohl einen Sparringspartner brauchen, um das Gelesene zu verstehen. Dabei hört es sich eigentlich alles ganz einfach an.

„Tim! Gut, dass ich dich erreiche!“, begrüßt er seinen Kollegen, als der seinen Telefonanruf entgegennimmt. Schon viel zu lang haben sie keinen Kontakt gehabt und Jan bereut es etwas.

In kurzer Reihenfolge sagt er in den Hörer: „Hast du kurz Zeit? Kaffee? Ja! Ja, den Guten. Ja, ich gebe aus.“ Er knallt den Hörer auf den Apparat und springt auf. Energisch reißt er die Schublade seines Rollcontainers auf und angelt einen Fünf-Euroschein heraus. Dann knallt er die Schublade wieder zu und macht sich auf den Weg. „Serviceklassen!“, denkt er im Gehen, „so schwer kann das doch nicht sein!“

* * *

Als die beiden ihren Kaffee in Empfang genommen haben, beschließen sie, eine kleine Runde zu gehen.

Jan bedankt sich bei Tim für seine Zeit: „Danke, dass du das mit mir mal durchsprichst. Ich bin mir sicher, dass es eigentlich einfach ist. Aber ich brauche noch einmal eine zweite Meinung."

Tim nickt und bestätigt: „Ja. Manchmal ist das einfach so. Worum geht es denn? Die Kanban-Methode wieder?"

„Ja, aber diesmal nicht so philosophisch. Sondern um Serviceklassen."

„Okay", Tim sieht ihn gespannt an, „was ist das denn?"

Jan überlegt kurz. „Ich versuche es mal an einem Beispiel zu erklären. Erinnerst du dich daran, wie Amazon ursprünglich mal den ‚Prime'-Status eingeführt hat?"

Tim nickt. „Klar. Ist ja nicht so, als wäre ich erst 15!"

Jan grinst. „Nein, das wollte ich gar nicht sagen. Aber damals gab es nur Standardversand und eben Prime, ne?"

Tim nickt wieder und Jan fährt fort: „Das sind zwei Serviceklassen – also Klassen bezüglich der Qualität der Dienstleistung. Für manche Kunden war es wichtig, dass sie eine kurze Lieferfrist haben."

„Und es wurde auch ziemlich vorhersagbar am nächsten Tag geliefert, wenn man bis zu einer bestimmten Uhrzeit bestellt hat!", wirft Tim ein.

„Genau. Sie haben also eine besondere Klasse für Lieferungen eingeführt. Die Kerndienstleistung von Amazon ist die Lieferung. Die schreiben ja keine Bücher selbst. Und weil Prime eben eine Premium-Dienstleistung ist, müssen Kunden, die das wollen, auch dafür bezahlen. Weil Amazon damals riskiert hat, dass ihnen andere Kunden deswegen abspringen. Oder weil sie eben neue Mitarbeiter einstellen mussten, die nur für diese Dienstleistung zur Verfügung stehen."

Tim fragt: „Und bezieht sich die Qualität der Dienstleistung nur auf die Geschwindigkeit?"

Jan muss überlegen. „Bei Amazon wahrscheinlich schon. Da muss die sonstige Qualität ja stimmen – also konstant hoch sein. Niemand will ein total verbeultes Päckchen haben! Aber vielleicht verbirgt sich da noch etwas Weiteres. Beim Arzt würde ich eigentlich Ähnliches erwarten. Aber da kann man sich mit privat und gesetzlich Versicherten leider nicht so sicher sein. Fällt dir etwas ein, wo andere Qualitäten gefordert sind?"

Auch Tim muss überlegen. „Nee, nicht wirklich. Es scheint, als wäre Geschwindigkeit das wichtigste Kriterium – zumindest zur Unterscheidung von anderen Anbietern auf dem Markt." Er sieht Jan an. „Aber du wolltest sicher nicht über meine Präferenzen bei Amazon plaudern!"

„Haha. Nein! Aber was beeinflusst denn die Geschwindigkeit am meisten? Die Größe der Tickets? Also bei Amazon die Größe der Pakete?"

Tim schüttelt den Kopf: „Nein, das ist ja Quatsch. Die Post liefert doch alles mit einem Gewicht von maximal 30 kg recht vorhersagbar aus."

„Ich hab's", jubelt Jan. „Die Pull-Strategie ist entscheidend! Manche Tickets werden präferiert selektiert und dürfen überholen! Dadurch werden sie viel schneller behandelt als andere."

„Okay. Das kann ich nachvollziehen. Aber was willst du erreichen?"

Jan erklärt: „Ich will gerne verschiedene Serviceklassen bei mir implementieren. In meinem Kanban-Buch stehen vier exemplarische Klassen: Standard, Fixed-Date, Expedite und Intangible. Fixed-Date klingt genauso, wie es gemeint ist: feste Deadline. Standard sind die Normalen. Und Expedite sind ‚Beschleunigte'. Wir hatten neulich einen Fall von ‚Michael will das' – in meinen Augen ein typischer Expedite."

Tim stimmt ihm zu: „Das haben wir auch hin und wieder. Zum Glück selten."

„Intangibles kann ich bei mir auch wiederfinden. Das sind die Sachen, von denen alle wissen, dass sie gemacht werden müssten, aber die sehr langsam laufen. Weil sie einfach keine direkte Auswirkung auf das Geschäft haben."

„Ja, verstehe. Haben wir auch!", antwortet Tim wieder. „Und nun?"

„Naja. Ich sehe, dass diese Klassen sinnvoll sind. Aber wenn ich die einführe, verändere ich ja das System. Rein aufgrund der Annahme, dass es schlau wäre! Da komme ich gedanklich nicht mit."

„Und was sagt das Kanban-Buch?", will Tim wissen.

Jan zuckt mit den Schultern. „Das bleibt da recht vage. Es sagt erst einmal nur: ‚Identifiziere und definiere Serviceklassen'. Nicht besonders hilfreich. Das ist dann auch genau das, worüber ich mit dir sprechen wollte."

„Wenn wir die vorgeschlagenen Klassen mal weglassen", schlägt Tim als Gedankenexperiment vor, „wie würden wir verschiedene Klassen identifizieren? Doch anhand ihrer Durchlaufzeit, oder? Wir haben ja eben besprochen, dass die Geschwindigkeit ein Hauptkriterium für diese Klassen ist. Also gucken, ob es in der Datenlage Premium-Kunden gibt oder nicht."

„Du meinst, ich muss nur in meine Durchlaufzeiten gucken?", fragt Jan ungläubig. Er denkt nach und Tim schweigt. Jan knetet seinen To-Go-Becher in seinen Händen. Er will ihn gerade in den Mülleimer werfen, als ihm auffällt, dass Herta mittlerweile Pfand-Becher eingeführt hat. Den würde er beim nächsten Kaffee also wieder mitbringen können.

„Jetzt, wo ich darüber nachdenke", fängt er wieder an, „könnte das ausreichen. ‚Michael will das': Das kannten alle! Weil es immer beschleunigt behandelt wird. Wahrscheinlich werde ich in den Durchlaufzeiten eine Häufung bei den eher schnellen Tickets finden – falls ich ausreichend Daten habe." Er macht eine kurze Pause. „Und klar – diese Serviceklasse hat ganz offensichtlich völlig andere Pull-Regeln als die Standard-Tickets, mit denen sich die anderen drei

Stakeholder begnügen müssen. Das hat Michael mir wieder eindrucksvoll demonstriert. Die Tickets meiner Abteilung – die Verbesserungstickets sind eher Intangibles. Die fangen die Last auf, wenn es mal wieder etwas eng wird. Ultimativ wollen wir die sicherlich wieder stärken. Aber erst einmal lautet das Credo: ‚Beginne mit dem, was du gerade tust.'"

Tim unterbricht ihn: „Gibt es weitere Klassen? Vielleicht alleine aus bestehendem Verhalten ableitbar?"

Jan erinnert sich an den Vorfall mit Jessica, als sie eine Deadline für ein bestimmtes Ticket festsetzte. Das Gleiche gab es bei manchen von Sebastians Tickets auch. Und auch hier veränderte sich das Verhalten, wie seine Mitarbeiter die Tickets ziehen.

„Jetzt wird mir einiges klar!", sagt Jan. „Wie hieß es noch bei Archimedes? Heureka!"

Tim muss lachen. „Schnack nicht! Was meinst du?"

„Na, ist doch – jetzt – glasklar: Serviceklassen heißen nur, dass die Regeln für ein bestimmtes Verhalten explizit gemacht werden. Das Verhalten ist die Pull-Strategie. Und dann kann man darüber reflektieren, ob das passt! Dann ergibt es auch Sinn, die aus bestehenden Daten abzuleiten. Das muss ich mal nachverfolgen in meinen Messwerten. Darüber hinaus können die Stakeholder mit den Klassen, bzw. der Planung, die Stabilität des Systems beeinflussen. Wenn wir vorsehen, dass ein ‚Michael will das' pro Woche kommt, kann sich der Rest darauf verlassen. Wir bekommen das schnell durch und die Geschwindigkeit der anderen Tickets leidet nicht unerwartet. Gleichzeitig werden solche Dinge immer den Flow behindern. Wir müssen also mit den Stakeholdern darüber sprechen, ob es wirklich hilfreich ist, diese Klassen zu verwenden." Er merkt, wie sich die Gedanken in seinem Kopf drehen. Er ist auf einmal von einer Dringlichkeit erfasst und will sofort los: „Tim, ich muss los. Danke für die Hilfe!"

Tim freut sich, dass er helfen konnte. Er will aber auch nicht alleine draußen stehen bleiben und begleitet Jan ins Gebäude. „Viel Erfolg! Ich bin mal gespannt, wie das Resultat dann aussieht!", ruft er Jan noch zu, als der die Treppe hochsprintet.

* * *

Als Jan in seiner Abteilung ankommt, ruft er Claudia zu sich.

„Claudia, ich habe mir ein paar Gedanken gemacht zu Serviceklassen. Tim hat mir dabei geholfen, zu verstehen, dass wir ja jetzt schon Klassen haben."

Claudia nickt und sagt: „Ja, okay. Kann ich nachvollziehen. Und jetzt?"

„Und jetzt? Naja, ich dachte, dass wir sie jetzt erst einmal explizit machen. Ich muss auch mit Andrea, also Dr. Schmidt, darüber sprechen, ob sie diese Klassen bei sich auch so abbilden kann. Oder was notwendig wäre, damit das geht."

„Aber ist sie denn schon so weit?“, gibt Claudia zu bedenken und deutet auf Jans Personal-Kanban-Board. „Ich sehe auf deinem Board nur, dass die Implementierung des Kanban-Systems stattfinden soll.“

„Du hast Recht.“ Jan muss gähnen. Er wird auf einmal wieder träge. Es ist aber auch alles irgendwie miteinander verwoben.

Claudia wechselt kurz das Thema: „Übrigens, der Flurfunk vermeldet eine neue Aufgabe bei dir. Herzlichen Glückwunsch!“, gratuliert sie ihm zu seiner Beförderung.

„Ich bin mir noch nicht ganz sicher, ob man mir gratulieren oder mich bemitleiden sollte“, merkt Jan an.

„Nein, Quatsch. Zum einen hast du ja offensichtlich die Probezeit überstanden. Das ist doch schon mal sehr gut und gibt uns allen hier viel Sicherheit! Es freut mich außerordentlich. Zum anderen hast du viele der Kollegen ja schon an Board mit der Kanban-Methode! Wenn sogar Dr. Schmidt eine Implementierung wagen möchte, ist das schon super.“

Jan nickt langsam. „Danke. Das hilft!“ Er wuschelt sich kurz durch die Haare. „Da werde ich in den nächsten Tagen wohl mal Kuchen mitbringen müssen. So als Einstand.“

Claudia lacht und sagt: „Aber ganz klar! Ich mag ja übrigens am liebsten Schokoladenkuchen.“

Jan lenkt die Diskussion zum Thema Serviceklassen zurück: „Ich würde gerne die Daten mal durchgehen, die wir haben, um verschiedene Klassen zu identifizieren. Beispielsweise die ‚MWD‘-Klasse würde ich gerne klar herausarbeiten.“

„Ich verstehe. Und was brauchst du da jetzt von mir?“, will Claudia wissen.

„Naja, ich bräuchte die Daten. Kannst du mir da helfen, die aus dem System zu bekommen? Ich brauche Durchlaufzeiten. Am besten sowohl eine Verteilung als auch die einzelnen Datenpunkte. Und eine Verknüpfung zu den jeweiligen Tickets, damit wir dann auch mal wirklich reingucken können, um zu erfahren, warum das so schnell oder so langsam gegangen ist.“

Claudia bläst die Backen auf. „Puh, das klingt irgendwie aufwändig. Das möchte ich eigentlich nicht alleine machen. Und außerdem habe ich gerade voll zu tun. Es klingt nicht sinnvoll, da so viel Zeit von mir zu beanspruchen. Wie wäre es, wenn du morgen mal im Kanban-Meeting guckst, ob jemand Slack hat!?“

Jan sieht sie lange an. Er weiß, dass sie Recht hat. Denn obwohl sie keine persönlichen WIP-Limits haben, versucht er sie über Kapazität zu beanspruchen. Dadurch würde alles andere verspätet werden. Und ob die Unterstützung des Chefs wirklich eine Dienstleistung ist, die das Team erbringen sollte? Wenn, dann wohl nur als Aufgabe in Slackzeiten wie Claudia das vorgeschlagen hat.

„Ich finde gut, dass du meine Anfrage abblockst. Auch wenn es für mich unangenehm ist“, sagt er und hat dabei den dritten Punkt der Veränderungsprinzipien im Blick: „Fördere Führungsverhalten auf allen Ebenen.“

Er nickt und stimmt ihr noch einmal zu: „Du hast absolut Recht. Ich frage morgen im Kanban-Meeting, wenn ich dann noch Hilfe benötige."

Claudia grinst, dreht sich um und geht.

„Da bleibt mir wohl nichts anderes übrig, als selbst zu arbeiten", witzelt Jan, als er wieder allein ist. Er sieht auf sein Personal-Kanban-Board. Immer noch hängen die beiden Tickets „Serviceklassen" und „Kanban-System Andrea" dort in „Implementieren". Eigentlich möchte er gerne etwas anderes machen, aber dadurch würde alles einfach länger dauern. Wie nervig das Gesetz von Little doch sein kann!

Also setzt er sich an seinen Computer und beginnt mit der Arbeit.

* * *

Als er zwei Stunden später auf die Uhr sieht, merkt er, dass er beinahe die Verabredung mit seiner Frau Anja verpennt hat. Zufrieden über das Ergebnis sieht er noch einmal die Unterlagen durch, die er erarbeitet hat.

Er hat in der Zwischenzeit vier Serviceklassen identifizieren können. Diese passen erstaunlich gut zu den Serviceklassen, die bereits im Buch stehen. Irgendetwas stört ihn genau an diesem Sachverhalt. Er wird Anja später mal fragen müssen.

Die Serviceklassen finden sich in seinen gesammelten Daten zum einen als kleinere Häufchen in der Verteilung der Durchlaufzeiten wieder. Zumindest soweit er das überblicken kann, denn die Daten aus dem stabilen Kanban-System sind noch nicht besonders üppig. Zum anderen hat er in den einzelnen Tickets Anhaltspunkte dafür finden können, wann welche Serviceklasse angemessen ist. Er plant, das morgen mal mit den drei Stakeholdern zu besprechen. Aber erst, nachdem er seine Bedenken mit Anja zusammen ausgeräumt hat.

* * *

„Lass mich raten, mein Lieber: Es passt zu gut?", fragt Anja, als Jan seine Bauchschmerzen mit den Serviceklassen anspricht.

Jan nickt. „Ja. Ich kann es nicht genau festnageln. Aber wieso finde ich genau die gleichen Serviceklassen wieder, die ich vorher im Buch gelesen habe? War der Autor so brillant?"

Anja lacht. „Das könnte sein. Oder du unterliegst einem Prägungseffekt. Das Buch hat quasi deine Wahrnehmung vorgeprägt. Vielleicht hat es die vier Serviceklassen schon mal verankert und du findest genau das, was du erwartest. Ja, soweit ich es beurteilen kann, sind sie in den meisten Fällen total sinnvoll. Aber wenn du schon merkst, dass es zu perfekt passt, würde ich das mal mit ein paar Beispielen ausprobieren. Und das, ohne dass du deinen Testpersonen verrätst, dass du schon Klassen gefunden hast."

Er schaut sie verwirrt an. Dann geht es ihm langsam auf: „Du meinst also so etwas wie an Anekdoten herausfinden, wie die Wahrnehmung über die Serviceklasse bestimmter Tickets ist?"

„Das klingt übermäßig kompliziert gesagt, aber ja. Du sprichst Personen darauf an, wie sie verschiedene Tickets charakterisieren würden. Und wenn du dann Unterschiede untereinander findest, folgen die vielleicht unterschiedlichen Pullkriterien. Zack! Unterschiedliche Serviceklassen!"

„Dass ich so eine brillante Frau habe!", freut sich Jan und nimmt sie in den Arm.

„Ich weiß, ich weiß", scherzt sie. „Aber jetzt lass uns mal mit Kanban bitte aufhören. Zum einen habe ich auch noch ein Arbeitsleben und zum anderen wollten wir kochen und dann noch ein bisschen Sport machen, ne?"

Jan nickt schuldbewusst. Er stellt fest: „Ich merke, dass diese Art der Führung ganz andere Qualitäten bei mir fordert. Ich muss viel mehr loslassen. Das ist ein bisschen unangenehm, weil ich ein geringeres Gefühl von Steuerung habe. Aber gleichzeitig sehe ich ja, dass meine Mitarbeiter die richtigen Entscheidungen treffen. Und wenn nicht, dann können wir reflektieren und die Regeln und das Arbeitssystem ändern."

„Genau", bestätigt Anja. „Und implementiere mal dein Operations-Review. Da geht auf jeden Fall noch einiges!"

Sie lacht über den skeptisch guckenden Jan. „Und jetzt Schluss. Hol mal die Butter aus dem Kühlschrank. Die Zwiebeln müssen auch noch geschnitten werden und heul da bloß nicht wieder rum!", zieht sie ihn auf.

Jan muss lachen und folgt den Anweisungen seiner Frau.

* * *

Am nächsten Morgen tut er genau das, was Anja ihm geraten hat: Er spricht mit verschiedenen Personen über Serviceklassen. Er befragt sie, welche Unterschiede es im Verhalten gibt, wenn sie eine Pull-Entscheidung treffen. Und auch darüber, wie früher, also vor dem Kanban-System, Entscheidungen und Priorisierungen getroffen wurden.

Es stellt sich heraus, dass die Serviceklassen, die Jan im Buch gefunden hat, doch recht gut passen. Hier und da gibt es zwar mal einzelne Tickets, die etwas anders behandelt werden. Aber Jan ist zuversichtlich, dass sich das legt, wenn die Klassen mal kodifiziert wurden.

Er bittet Rudolf, Jessica und Sebastian darum, heute Nachmittag bei ihm im Büro vorbeizukommen, um diese Serviceklassen zu besprechen.

Morgen würde er mit Andrea weiterarbeiten müssen – der vereinbarte Termin steht an und Jan möchte mit ihr möglichst viel Fortschritt erzielen. Er blickt auf sein Personal-Kanban-Board. Ihm ist unklar, was er dann als Nächstes ziehen sollte. Da muss er wohl mal ein Replenishment machen. „Ganz schön nerdig!", denkt er nicht zum ersten Mal.

Er schaut auf die Uhr und flucht. Beinahe hätte er das Kanban-Meeting seiner eigenen Abteilung vergessen. Er stürzt aus der Tür und gesellt sich zu seinen Mitarbeiterinnen und Mitarbeitern, die sich schon vor dem Kanban-Board versammelt haben.

zehn

Als Jan nach der Mittagspause in sein Büro zurückkehrt, sind Sebastian und Jessica schon angekommen. Sie warten vor dem Kanban-Board und gehen gemeinsam die einzelnen Tickets durch.

„Ich hoffe, ihr priorisiert hier nicht wieder herum!", begrüßt er sie flapsig.

„Nein, nein!", Jessica hebt unschuldig die Hände.

Sebastian nickt und fügt hinzu: „Zweimal die Woche *committen* gibt schon viel Flexibilität. Wir gucken nur, ob die Tickets so vorwärts *flowen*, wie wir uns das vorgestellt haben."

Jan lächelt siegessicher. „Und? Isso, oder?"

„Naja", Sebastian ist offensichtlich nicht ganz überzeugt. Er zeigt auf ein Ticket: „Bei dem da wird es eng. Da habe ich 'ne Deadline drauf. Die habe ich aber damals leider nicht abgebildet."

Jan nickt. „Verstehe." Er sieht, wie auch Rudolf eintrudelt, und bittet seine Kollegen: „Lasst uns mal in mein Büro gehen. Ich habe etwas für euch."

* * *

Nachdem die vier sich gesetzt haben, zieht Jan die verschiedenen Diagramme über Verteilungen von Durchlaufzeiten auf den großen Monitor an der Wand. Sebastian bläst kurz die Wangen auf und stöhnt.

„Das werde ich dir wohl nicht ersparen können", sagt Jan entschuldigend und erklärt dann, was sie in den Diagrammen sehen können.

„Es gibt also verschiedene Cluster von Durchlaufzeiten. Okay. Und nun?", will Sebastian wissen, als Jan die Erklärung abgeschlossen hat.

„Ist doch ganz klar!", stellt Jessica fest. „Du kannst dir quasi ein Cluster aussuchen für deine Anforderungen!"

Sebastians Gesicht hellt sich auf. „Dann nehme ich den ganz vorne. Den mit den kürzesten Durchlaufzeiten!"

Nun meldet sich auch Rudolf zu Wort: „So einfach ist das leider nicht. Lass mich raten, Jan. Das sind historische Daten?"

Jan nickt.

Rudolf fährt fort: „Das bedeutet, das ist Verhalten, das das Arbeitssystem zeigen kann. Beziehungsweise gerade tut. Also können wir nicht alle sagen, dass wir die Schnellsten sein wollen. Sonst würde sich dann ja die Belastung des Systems ändern. Wenn alle ganz schnell sein wollen, sind alle ziemlich langsam. Denkt mal an eine deutsche Autobahn. Da ist die linke Spur meistens dicht während rechts ab und zu mal einer rumdümpelt. Aber alle sind mit total hoher Prio unterwegs!“ Beim letzten Satz schnaubt Rudolf verächtlich.

Sebastian zieht die Schultern hoch und lässt sie wieder fallen. „Hach“, sagt er, „es war ja einen Versuch wert! Jan, erkläre mir doch bitte mal, wie das nun funktionieren kann.“

Jan bestätigt Rudolfs Aussage, dass der Mix tatsächlich wichtig ist. Er erläutert, dass die Daten nur dann einigermaßen aussagefähig seien, wenn der Mix stabil bleibt. Dementsprechend sollten sie Kapazität für ein „beschleunigtes Ticket“ bereithalten, das auch mal zwischendurch kommen kann. Sonst wird der Flow gestört. Er erklärt den Dreien, welche Serviceklassen er gefunden hat. Am Morgen hat er sie ja schon vorher zum Verhalten bei einzelnen Tickets gefragt und diese Beobachtungen in die Serviceklassen mit einfließen lassen.

Jessica versucht eine Zusammenfassung: „Noch mal für mich, bitte. Wir legen einen Mix fest, den wir dann einhalten müssen? Aber wenn wir die Risiken nicht so absichern wollen, können wir den Mix auch verändern.“

Jan nickt. „Das hast du, glaube ich, ganz gut zusammengefasst.“

Nach einer kurzen Pause erklärt er: „Ich habe aber auch noch gelesen, dass weniger Serviceklassen eigentlich besser sind. Das liegt daran, dass der Fluss der Arbeit vorhersagbarer wird, je weniger Turbulenzen durch langsam oder schnell bearbeitete Tickets auftreten. Wenn alles der Reihenfolge gehorcht, wird es einfach vorhersagbarer. Finde ich nachvollziehbar. Aber bis wir da sind, wird es noch ganz schön dauern. Denn Veränderung müssen wir zwar gestalten. Aber es soll in Absprache miteinander passieren!“

Jessica fährt fort: „Na klar. Steht ja da auch an der Wand: ‚Erziele Verbesserung kooperativ‘. Aber wer sucht denn die Serviceklassen für die einzelnen Tickets aus? Es kann ja nicht sein, dass Kollege Sebastian hier“, sie wirft ihm einen Seitenblick zu, „Woche um Woche die Kapazität für das ‚beschleunigte Ticket‘ beansprucht. Aber mal zwischendrin: Gibt's da eigentlich auch nen kurzen Namen für??“

Jan lacht. „Ja, auf Englisch heißen die ‚Expedite‘.“

„Na gut. Also Sebastian soll nicht immer die Expedite-Kapazität bekommen. Wie machen wir das?“, will sie wissen.

Jan hebt die Arme und streckt dann seine Hände den drei Stakeholdern entgegen, als würde er das Problem in ihre Hände legen. „Ich fürchte, das müsst ihr unter euch ausmachen. Ich könnte zwar festlegen, was welche Serviceklasse hat, aber damit würde ich wahrscheinlich mehr schaden als nützen. Ihr drei", er macht eine schweifende Handbewegung in ihre Richtung, „müsst euch einigen, wer welche Kapazität bekommt. Wenn ihr auch noch ausdiskutieren möchtet, welches Ticket welche Serviceklasse bekommt, ok. Aber den Mix würde ich erst einmal stabil halten. Allein schon, um die Vorhersagbarkeit zu stabilisieren und hoch zu halten."

Sebastian und Rudolf nicken, Jessica starrt auf den Monitor. Endlich sagt sie: „Na gut. Ausprobieren können wir das ja. Ich habe noch nicht so viel Vertrauen. Ich traue euch beiden noch nicht zu, diese Entscheidung zu treffen. Aber wir können ja hier und da mal diskutieren. Habe ich mit Sebastian ja vorhin auch am Kanban-Board gemacht."

Dann zeigt sie wieder auf das Whiteboard mit den Kanban-Praktiken. „Erziele Verbesserung kooperativ, entwickle experimentell", zitiert sie. „So muss es wohl laufen. Wann sprechen wir wieder darüber? Wegen der Auswertung dieses Experiments?"

Jan sieht sie an. „Gute Frage. Das wäre ein Diskussionspunkt für ...". Er blättert in seinen Unterlagen. „Tja. Keine Ahnung. Strategy Review? Oder vielleicht Service Delivery Review? Das muss ich herausfinden. Im Zweifel in zwei oder drei Wochen im Commitment-Meeting. Oder?"

Die drei anderen nicken. „Gut genug, erst einmal", fasst Rudolf ihre Meinung zusammen.

„Dann machen wir das so. Danke für eure Kooperation! Viel Erfolg beim Experimentieren. Und wenn euch was auffällt, sagt Bescheid!", löst er die Runde auf. Jessica, Sebastian und Rudolf bedanken sich bei ihm und gehen in ihre Abteilungen zurück.

***

Jan setzt sich kurz wieder hin, um den Rest des Tages zu planen. Jetzt müsste er noch ein paar Mails schreiben und morgen früh dann Andreas Kanban-System designen. Viel zu tun! Jan geht zu seinem Kanban-Board. „Eigentlich fehlt hier ein Schritt", denkt er. Es müsste ja noch evaluiert werden, ob es auch funktioniert, was seine Kollegen und er da implementiert haben. Er schreibt eine weitere Spaltenüberschrift „Evaluieren" und hängt das Serviceklassen-Ticket darunter. Über ein WIP-Limit würde er sich später Gedanken machen.

Jetzt, wo das Ticket die Implementierung verlassen hat, könnte er ein neues ziehen. Aber er hat aktuell keine selektiert für die nächste Bearbeitung. Realistisch gesehen würde er aber heute auch nichts Neues anfangen. Und morgen hat er sicherlich viel mit Andrea zu tun. Da könnte er danach auch noch evaluieren, was als Nächstes sinnvoll ist.

„On-demand-Replenishment – so schaut's aus!“, sagt er und denkt kurz über die Parameter nach, die Einfluss auf die Häufigkeit des Replenishments/Commitments haben: Transaktions- und Koordinationskosten, die für seine Dienstleistung einigermaßen gering waren, und die Ankunftsrate neuer Informationen. Da sich in diesem Unternehmen doch ständig Dinge bewegten, ist diese Rate bei ihm recht hoch. Also plant er lieber häufiger mit geringeren Mengen.

„Genug für heute“, denkt Jan und schaltet das Licht aus. Er ist der Letzte, der geht. Aber als er auf das Kanban-Board seiner Abteilung sieht, freut er sich. Es geht super vorwärts! Sie erzielen einen guten Fortschritt mit nachhaltiger Geschwindigkeit. Zumindest die Mitarbeiter profitierten von der Kanban-Methode. Interessant wäre jetzt noch, ob auch bei ihren Kunden ein Nutzen ankommt.

***

Als er am nächsten Morgen ankommt, geht er direkt zu Claudia. Er bittet sie darum, das Kanban-Meeting zu moderieren, weil er mit Andrea das Kanban-System aufsetzen will. Claudia macht das gerne.

Er dankt ihr und macht sich auf den Weg zu Andrea, die ihn auch schon erwartet. Sie hat gleich ein paar Stakeholder eingeladen, damit Unzufriedenheiten und Bedürfnisse diskutiert werden können. Jan richtet sich auf einen intensiven Tag ein und sie beginnen mit der Arbeit.

***

Kurz vor 13 Uhr steht das erste Design des Kanban-Systems.

„Ich glaube, jetzt müssen wir das Design nur noch einmal durch die Mitarbeiter challengen lassen, die heute nicht dabei waren. Ich glaube aber, bis hierher sieht es ganz gut aus!“, sagt Jan und guckt auf die Uhr.

Andrea nickt. Sie setzt erschöpft ihre Brille ab. „Puh, mir reicht es jetzt auch! Wollen wir jetzt einmal Mittagspause machen und es danach vielleicht noch mal mit vier kritischen Augen durchsehen? Du und ich? Jetzt gerade kann ich nicht mehr beurteilen, ob wir riesigen Quatsch veranstaltet haben oder ob das so passt.“

Auch die restlichen Teilnehmer stimmen zu, einige reiben sich müde die Augen. Das Design des Kanban-Systems ist eine schwere Aufgabe gewesen. Die Analysen des Bedarfs und der Lieferfähigkeiten haben sie vor einige Hürden gestellt – insbesondere, weil immer wieder Tickets zurückverwiesen werden. Das hat auch die Diskussion über den Workflow erschwert, den sie für das Kanban-System brauchen. Im Endeffekt haben sie dann einen „Bottom-Up“-Ansatz verfolgt, indem sie verschiedene Tickets aus dem elektronischen Werkzeug ausgewählt und durch Vergleichen unterschiedliche Status für diese erarbeitet haben.

Was sich über den gesamten Vormittag als Grundthema herauskristallisiert hat: Andreas Abteilung hat viel zu viel Work-in-Progress. Diesen abzuarbeiten, würde wahrscheinlich ziemlich lange dauern. Das würde sicherlich noch ein Diskussionsthema für den Nachmittag sein, denkt Jan und begutachtet das Ergebnis.

„Vielen Dank für eure Mithilfe. Das war ein hartes Stück Arbeit!“, bedankt sich Andrea bei den Teilnehmern des Arbeitstreffens, die verschiedene Sichtweisen in das Design des Kanban-Systems haben einbringen können.

„Sehen wir uns in 60 Minuten wieder hier?“, fragt sie in Jans Richtung. Er sieht noch einmal auf seine Uhr und nickt.

Er benötigt nun erst einmal etwas zu essen. „Oder wollen wir kurz gemeinsam zum Wok-Mann?“, fragt er Andrea.

Sie schüttelt den Kopf: „Nein, ich habe mir etwas mitgebracht. Und, sei mir nicht böse, ich glaube, ich brauche gerade eine echte Pause! Viel soziale Interaktion und so.“

Jan muss lachen. „Das kann ich verstehen. Du hast sicher Recht. Wir sehen uns gleich wieder hier“, verabschiedet er sich.

* * *

Eine Stunde später kommt Jan erholt, aber mit Sorgenfalten im Gesicht zurück. Vorhin ist er mit dem Vorsatz in die Pause gestartet, nicht über Kanban-Systeme nachzudenken. Es ist natürlich trotzdem passiert: Er musste beim Imbiss warten, weil der Koch überlastet war. In seiner Wartezeit konnte er beobachten, wie der Imbiss arbeitete.

Der Koch hatte einige Zettel mit Bestellungen an seiner Dunstabzugshaube mit einem Magnet befestigt. Diese bearbeitete er parallel. Hinzu kamen die Bestellungen, die sein Kollege am Tresen annahm und die dann als Tickets beim Koch aus dem Drucker geschossen kamen. Bei jedem neuen Ticket unterbrach der Koch seine Arbeit kurz und warf einen schnellen Blick darauf, was zu kochen war. Hin und wieder musste er Rückfragen stellen. Jan konnte nicht verstehen, warum er immer wieder nachfragen musste – eigentlich sollte es ja doch standardisiert sein. Er spekulierte aber, dass der Koch immer wieder auf die neuen Zettel guckte, um Dinge nicht zweifach kochen zu müssen – effizientes Kochen also! Aber im Grunde hatte der Koch dann aber nicht nur die 5–6 Zettel, an denen er parallel arbeitete, sondern sogar noch mehr. Denn der Laden war voll mit wartenden Gästen. Und der Kollege am Tresen, der die Bestellungen aufnahm und kassierte, schien keine Rücksicht auf die Menge paralleler Arbeit des Kochs zu nehmen.

„Dienstleistung ‚Kochen‘ folgt auf Dienstleistung ‚Bestellung aufnehmen'“, dachte sich Jan. Und natürlich akzeptierte der Kassierer nur Aufträge, bei denen sich die Kunden schon im Klaren waren, was sie haben wollten. Einen Auftrag abzubrechen, ginge wohl nur, wenn man trotzdem dafür bezahlen würde. „Quasi wie bei uns“, ging es ihm durch den Kopf.

Und dann wurde ihm klar: Wenn Andreas Abteilung die Köche waren und seine Abteilung die Kassierer, hatten sie ein Problem. Denn wenn seine Abteilung nun Rücksicht darauf nehmen würde, dass Andreas Abteilung erst einmal die vorhandenen Tickets abarbeitet, müssten sie Aufträge ablehnen.

* * *

„Du schaust so sorgenvoll!", fällt Andrea sofort auf. „Ist etwas mit dem Design nicht in Ordnung?"

„Nein. Das passt alles, glaube ich", schüttelt er den Kopf. „Die Implikation macht mir Angst!"

Er erzählt ihr kurz die Situation beim Imbiss und was er daraus folgert: „Eigentlich müssten wir warten. Gleichzeitig möchte ich nicht, dass wir nix tun. Das sieht schlecht bei Michael aus. Der fängt gerade erst wieder an, mir zu vertrauen. Wir würden auch keine Expedites oder Fixed-Date-Tickets mehr bearbeiten können. Ich weiß, dass das schon in der Planung schief gegangen ist. Aber wir müssen ja auch pragmatisch mit der Situation umgehen."

„Und was wäre, wenn wir ...", versucht Andrea ihn zu unterbrechen.

Jan fährt unbeeindruckt fort: „Nein, das ist keine Option, denn ich will auch keinen unlimitierten Puffer zwischen unseren beiden Systemen. Ich habe explizit den Auftrag, mich um die Abbildung end-to-end zu kümmern. Das geht nicht, wenn wir da quasi ein schwarzes Loch in der Mitte haben."

Andrea ist beeindruckt. „Woher wusstest du, was ich vorschlagen würde?"

Er kann sich sein Lächeln nicht verkneifen. „Weil es genau das ist, was ich früher gemacht hätte. Das führt aber nicht zur Verbesserung, sondern wenn überhaupt zu einer lokalen Optimierung. Natürlich können wir dann locker weiterschrubben. Aber dem Kunden hilft es ja alles nichts, wenn sie dann auf ihr Essen, äh, ihre Tickets ewig warten müssen, weil ihr mit zu vielen Dingen parallel jongliert!"

Er macht eine kurze Pause.

„Und sowieso: Rudolf hat mir neulich Daten zukommen lassen. Er hat mal eine Umfrage bei seinen Kunden gemacht, welche Kriterien sie zur Bewertung unserer Dienstleistung verwenden. Auf ‚Kanban' formuliert: Wann sind wir fit-for-purpose? Also wann hat unsere Dienstleistung eine Qualität, die von unseren Kunden erwartet wird."

Andrea sieht ihn interessiert an.

Mit einem leicht sarkastischen Unterton gibt er wieder, was Rudolf erarbeitet hat: „Überraschenderweise ist die Geschwindigkeit wichtig, bei Nacharbeiten noch mehr als bei initialen Anfragen. Die Qualität wird vorausgesetzt. Und was wohl immer wieder auftauchte: Wir sind nicht vorhersagbar genug." Er seufzt kurz. „Und wenn wir dann jetzt einen unlimitierten Puffer zwischen die Systeme setzen, geht es mit der Vorhersagbarkeit wieder total den Bach herunter. Von der Geschwindigkeit zum Kunden mal ganz abgesehen ..."

„Ja, den Zusammenhang habe ich bei Littles Gesetz noch im Kopf", stimmt Andrea ihm zu. „Und was machen wir nun?"

„Lass uns morgen mal im Kanban-Meeting zusammenkommen, deine Mitarbeiter und meine", schlägt Jan vor. „Wenn ich das richtig gesehen habe, kommt sowieso ein Großteil der Anforderungen von uns. Da ergibt es Sinn, wenn wir den Flow gemeinsam besprechen."

Andrea stimmt zu und Jan gibt zu bedenken: „Generell hat das aber wahrscheinlich eigentlich einen Platz im sogenannten Operations Review. Naja. Machen wir das erst einmal morgen!"

Andrea merkt, dass er etwas niedergeschlagen ist. „Danke, dass du uns heute unterstützt hast. Das war wertvoll, jemanden dabei zu haben, der sich zumindest ein bisschen auskennt!"

Jan lacht. „Ja, unter den Blinden ist der Einäugige König. Schön, wenn wir langsam vorankommen. Ich fürchte nur, dass wir nicht das großartige Finale feiern werden. Es geht halt immer nur Schritt für Schritt vorwärts."

„Ja. Lieber vorwärts in kleinen als rückwärts in großen Schritten!", scherzt die Chefin der Qualitätssicherung. „Wollen wir jetzt noch mal kritisch über das Design gehen? Und es dann mit den Kolleginnen und Kollegen durchsprechen? Vielleicht haben die ja auch für unser Thema eine Idee!"

„Prima Vorschlag. Ich merke, dass ich sonst ins Suppen-Koma falle."

„So siehst du auch aus, wenn ich mir diese Bemerkung erlauben darf", witzelt Andrea und geht zum Systemdesign, das sie an der Wand erarbeitet haben.

Nach einer weiteren Stunde Diskussion, Abwägen, Anpassungen von WIP-Limits und Nachfragen bei Kollegen glauben beide, dass das Design passt, und sie stellen es den Kollegen vor. Auch die können sich vorstellen, mit diesem System zu arbeiten, und so kann es bald losgehen.

Auch für das Replenishment, das Wiederbefüllen der Eingangsspalte, finden sie eine Lösung: Andrea schlägt vor, die Eingangsspalte jede Woche einmal neu zu bestücken.

Für Jans Team wäre das natürlich viel zu selten! Er gibt sofort zu bedenken: „Da bekommen wir doch auf einen großen Teil unserer Tickets bis zu eine Woche Verzögerung drauf. Das funktioniert nicht, Andrea!"

Sie überlegt kurz und macht dann klar: „Das kann ich nachvollziehen. Aber du bist hier ja nicht allein auf dieser Welt. Und für die anderen ist einmal die Woche schon viel!"

„Und was wäre, wenn wir das entkoppeln?", Jan hat die Augen angestrengt zu zwei Schlitzen zusammengekniffen.

Als Antwort sieht Andrea ihn nur irritiert an.

„Sagen wir mal, du reservierst mir zehn Slots pro Woche. Die füllen wir aber nach Bedarf oder Verfügbarkeit!“, rechnet er vor.

Andrea versteht seinen Gedanken und fasst zusammen: „Wir reservieren dir sechs Startblöcke im Laufe der Woche. Die musst du aber nicht sofort besetzen. Wirklich gefüllt wird ein Block erst, wenn ein Ticket von euch kommt. Aber wenn die Startblöcke belegt sind, könnt ihr nichts mehr nachschieben. Es besteht also keine Kapazität mehr.“

Sie macht eine kurze Pause und überlegt. Dann schlägt sie vor: „Das würde ich allerdings noch etwas puffern. Falls wir mal schneller sind. Also vielleicht eher zwölf Slots. Bei denen haben wir aber typischerweise einen Durchsatz von zehn Tickets pro Woche. Ich glaube, das wäre realistisch.“

„Dann schieben wir da die Dinge rein, die bei uns fertig sind. Und wenn der Puffer voll ist, bremsen wir ein. Klingt gut. Unsere Systeme sind dann also direkt gekoppelt. Das gefällt mir richtig gut!“, stellt Jan fest. „Und im Operations Review können wir ja mal besprechen, wie das funktioniert! Also schön Daten sammeln, bitte.“

Andrea nickt. „Du wirst mir noch genauer erklären müssen, welche Daten wir genau brauchen. Da benötige ich noch ein bisschen Unterstützung. Hast du vielleicht ein Template?“

Jan muss grinsen. Andrea und ihre Ordnung.

„Natürlich helfe ich dir“, sichert er ihr zu. Sie beenden ihr erfolgreiches Treffen und Jan schiebt gedanklich das Ticket auf seinem Personal-Kanban-Board weiter. Es bleibt also nur noch das Problem zu lösen, das Jan in seiner Mittagspause gefunden hat.

***

„Also, der für uns reservierte Teil der von der QA akzeptierten Arbeit beträgt zehn Tickets pro Woche. Das heißt, wir müssen da ein bisschen Buch führen, wie viele Tickets wir zu den Kolleginnen und Kollegen ’rüberschieben“, zeigt Jan nun auf dem veränderten Kanban-Board seiner Abteilung. Er erklärt: „Darüber hinaus gilt, dass Dr. Schmidts Abteilung“, er wirft der neben ihm stehenden Andrea einen kurzen Blick zu, „ein Limit von fünf parallelen Tickets einhalten wird. Damit sollten wir den Durchsatz bei ihnen bekommen, den wir auch bei uns haben.“

„Jan, ich sehe, dass da deutlich mehr als fünf Tickets aktuell in Bearbeitung sind“, merkt Claudia an.

Wieder einmal freut sich Jan über seine Mitarbeiterin. Sie zeigt immer in den richtigen Momenten Probleme auf. „Ganz genau, Claudia. Wir haben dafür leider noch keine Lösung. Und ich würde das gerne mit euch mal besprechen. Vielleicht fällt euch etwas ein.“

Er skizziert kurz, welche Lösungen sie bereits überlegt haben und warum sie sie verworfen haben.

Einer seiner Mitarbeiter, Sergej, meldet sich: „Das heißt, wir können aktuell keine Tickets weiterbearbeiten und der QA zuschieben?"

„Richtig", schaltet sich Andrea in die Diskussion ein. „Wir werden – exakt wie sie – mit einem Pull-System arbeiten. Das bedeutet auch für uns, dass wir Arbeit nur dann ziehen, wenn wir die Kapazität haben. Und da sie für uns in vielen Fällen der vorgelagerte Schritt sind, werden sie ihre Geschwindigkeit wohl oder übel an unsere anpassen müssen."

Sergej schaut unzufrieden aus der Wäsche, traut sich aber nicht, mit Andrea zu diskutieren. Er blickt zu Jan. Der nickt unterstützend und Sergej zuckt mit den Schultern. „Naja, ich werde mich wohl darauf einlassen müssen."

Auch die anderen scheinen sich damit arrangieren zu können. Im Grunde haben sie das ja schon vorher durchgesprochen gehabt.

„Ich will ja nicht penetrant sein, aber…", meldet sich Claudia wieder.

„Stimmt, danke für den erneuten Hinweis, Claudia!", unterstützt Jan sie. „Hat jemand Ideen, wie wir damit umgehen können?"

Es folgt eine Pause, in der sich niemand so richtig traut, etwas zu sagen.

Nach Sekunden, die Jan unendlich lang vorkommen, meldet sich schüchtern Holly. „Ich hätte vielleicht eine Idee", sagt sie leise. Jan erinnert sich an die Texterin aus Andreas Abteilung. Er muss kurz an den Tag zurückdenken, als er das erste Mal mit der Kanban-Methode in Berührung gekommen ist. Damals hatte er der ebenfalls noch spät anwesenden Holly beim Hinausgehen noch Tschüss gesagt.

Jan nickt ihr zu und Holly tritt einen Schritt vor. Sie erklärt: „Häufig ist es ja so, dass wir bei der QA Rückfragen oder kurze Klärungen haben, die erledigt werden müssen. Oder wir finden Fehler, die dann durch deine Mitarbeiter behoben werden. Wir testen das dann noch einmal nach und dann fließen die Tickets weiter. Und manchmal benötigen wir leider nicht nur eine Runde, sondern eher mehrere. Und ‚manchmal' bedeutet in diesem Fall", sie muss etwas grinsen, „leider eher häufig."

Jan sieht in die Gesichter seiner Mitarbeiter, die zwar schuldbewusst, aber auch ein wenig aggressiv gucken. Einige tuscheln.

Er weist sie darauf hin, dass sie für jetzt erst einmal akzeptieren sollen, was gesagt wird. Als wieder Ruhe eingekehrt ist, bittet er Holly, dass sie fortfahre.

„Was wäre also, wenn bei jedem Ticket der verantwortliche Mitarbeiter aus deiner Abteilung entweder auf Abruf bereitsteht oder sogar den Testprozess aktiv begleitet? Ich glaube, ihr nennt es Kanban-Meeting, oder? Wir könnten hier in diesem Meeting koordinieren, wen wir brauchen oder wer einspringen kann." Sie lässt ihren Vorschlag kurz wirken und beendet ihn mit: „So würden wir diesen Stau wahrscheinlich sehr schnell aufgelöst bekommen. Und ich sehe noch ein paar weitere positive Nebeneffekte. Aber da kann ich erst einmal nur spekulieren."

„Okay", sagt Jan nach einer kurzen Pause. „Das klingt machbar. Bevor wir hier rumsitzen, wäre das wahrscheinlich das Sinnvollste. Ich habe allerdings mal gute Erfahrungen mit Folgendem gemacht: Wir denken mal darüber nach, warum es eine dumme Idee ist oder was da alles schiefgehen könnte. Damit will ich deinen Vorschlag nicht abwerten!"

„Ist schon okay", antwortet Holly. „Wir machen ja häufig nichts anderes in unserem Job. Wir versuchen das, was ihr macht, ja auch erst mal kaputt zu bekommen", fügt sie lächelnd hinzu.

Jan fordert die Anwesenden auf: „Also. Lasst uns da mal ordentlich gegentreten! Was könnte schiefgehen, wenn wir das so machen, wie Holly vorgeschlagen hat!?"

Stefan, ein etwas unscheinbarer Mitarbeiter Jans, meldet sich. Er schlägt vor: „Wir schaffen Michaels Ticket nicht!"

„Gut!", antwortet Jan. „Danke! Was noch?" Er tritt ans Flipchart und schreibt mit. „Ja?", bittet er Peter um seinen Beitrag.

Der hat sich zuvor ebenfalls gemeldet und sagt nun: „Die fixed-date-Tickets könnten dadurch gefährdet werden. Haben die QA-Kollegen die gleichen Serviceklassen wie wir?"

„Ja", antwortet Andrea. „Guter Punkt. Wir dürfen also bei der Abarbeitung kein striktes FIFO – First-in-First-out – machen."

„Noch keine Lösungen, bitte", moderiert Jan. „Was ist noch schlecht an dem Vorschlag?"

Nun ist eine von Andreas Mitarbeiterinnen an der Reihe. Jan kommt nach kurzem Überlegen auch auf ihren Namen: Linda. Er bittet sie um ihren Beitrag.

„Naja, einige Tickets haben den gleichen Ansprechpartner. Wenn wir uns an das Limit halten, könnte es sein, dass ein paar von deinen Mitarbeitern gar nichts zu tun haben. Das ist auch unangenehm. Und Michael würde das wahrscheinlich auch sch...", sie zieht das Zischen lang und schließt dann mit „... lecht finden" ab.

„Absolut richtig! Danke!", freut Jan sich über den Beitrag.

„Gibt es noch etwas?"

„Die Stakeholder könnten sich beschweren, weil wir keine neue Arbeit ziehen", fügt Peter noch hinzu.

„Mmh. Stimmt", bestätigt Jan und fügt es dem Flipchart hinzu. Er fragt nach weiteren Ideen und Problemen. Aber momentan fällt den anwesenden Mitarbeitern nichts Weiteres ein.

„So", sagt Jan etwas erleichtert, dass es nur vier Punkte sind. „Wer hat Lösungsvorschläge? Andrea, du hattest doch eben etwas."

„Ja“, stimmt sie zu. „Wenn wir die Serviceklassen genau so abbilden, wie ihr das gemacht habt, bekommen wir auch Michaels und die Fixed-Date-Tickets durch. Da müssen wir dann ein bisschen Kapazität bei den WIP-Limits reservieren. Aber so macht ihr das auch, oder?“

Er nickt. Sie fährt fort: „Das bedeutet aber auch für uns, dass wir die Kapazität verfügbar halten müssen. Da würde ich gerne mit dir noch einmal drüber sprechen. Vielleicht brauchen wir da noch ein bisschen Unterstützung in der Modellierung.“

Jan nickt ihr zu und bedeutet ihr die Unterstützung. Dann geht er zum nächsten Punkt über: „Für die Unterauslastung der Kollegen habe ich eine recht einfache Lösung. Entweder, wenn ihr wollt, baut ihr Überstunden ab. Oder ihr investiert die Zeit in Fortbildung. Ich würde euch bitten, sie dann auch sinnvoll zu investieren. Also so, dass wir in Zukunft einen Nutzen haben. Beispielsweise durch eine bessere Qualität, die bei der Qualitätssicherung ankommt“, fügt er mit einem Augenzwinkern hinzu.

Zum letzten Punkt auf dem Flipchart – Rudolf, Jessica und Sebastian – sagt er noch: „Und um die Stakeholder werde ich mich kümmern. Ich habe so ein Gefühl, dass die sowieso ihr eigenes Süppchen zu kochen haben ...“

„Ich glaube, du meinst ‚Vor ihrer eigenen Haustür kehren‘!“, lacht Andrea.

„Ja, das wird's wohl sein“, meint Jan gutmütig. „Ich kümmere mich jedenfalls um sie.“

elf

Als Jan seinen drei Stakeholdern im nächsten Commitment-Meeting das Resultat der Kopplung der Ströme erklärt, herrscht Empörung und Frust.

„Das könnt ihr doch nicht einfach machen!", beschwert sich Jessica. Und selbst Rudolf, der sonst immer sehr kooperativ ist und ruhig bleibt, ist diesmal aufgebracht.

Er donnert: „Ich glaube, ich muss mich jetzt doch mal bei Michael beschweren. Das nimmt ja Ausmaße an, da habe ich nicht dran denken wollen, als wir das angefangen haben."

Jan kratzt sich am Kopf. „Klassischer emotionaler Widerstand", denkt er und überlegt, wie er das hätte verhindern können. Er versucht es über die Defensive. „Rudolf, Jessica, es tut mir wirklich leid, dass ich euch das jetzt so vor den Latz knalle. Ich merke, dass ich euch hätte integrieren müssen. Wir müssen aber jetzt mal den Fakten ins Auge blicken."

Sebastian, der erstaunlicherweise sehr ruhig geblieben ist, unterbricht ihn. Er führt Jans Gedanken in Richtung der beiden anderen fort: „Und die Fakten sagen nun mal, dass nicht ausreichend Kapazität besteht, um weitere Tickets aufzunehmen. Seht mal: Wir können nicht immer nur vorne reinstopfen und erwarten, dass hinten mehr rauskommt. Und dann auch noch in einer angemessenen Qualität."

Wie vor den Kopf gestoßen blicken alle Sebastian an. „Was hat er dir denn versprochen?", poltert Rudolf nach einer kurzen Pause los und impliziert, dass Jan Sebastian irgendwie gekauft haben muss.

Sebastian hebt die Hände: „Nichts! Gar nichts! Ehrlich. Vor allem habe ich das größte Problem von uns allen: Ich habe hier zwei Tickets, die unbedingt noch durch müssen. Da hängt eine Kampagne dran, die extrem wichtig ist. Nichtsdestotrotz ist die Realität, dass wir Output und Input koppeln müssen. Es darf nur so viel ankommen, wie auch am anderen Ende abfliegt. Und wenn zwischendrin Stau herrscht, ist niemandem geholfen, weil alles länger dauert."

Jessica und Rudolf sehen aus, als würden sie am liebsten explodieren.

„Aber warum denn gerade jetzt?“, will Jessica wissen.

Jan nickt. „Die Frage habe ich erwartet. Und ich glaube, dass es ein Punkt ist, den wir mit euch hätten besprechen sollen. Ihr kennt die Business-Risiken besser als wir. Allerdings sollten wir uns über zwei Punkte im Klaren sein. Erstens: Es wird nie den perfekten Zeitpunkt geben. Da müssen wir uns keiner Illusion hingeben.“ Er blickt die anderen an und sieht bei Rudolf und Sebastian ein leichtes Kopfnicken. Er fährt fort: „Darüber hinaus muss ich auch mal ganz rational sagen, und das ist der zweite Punkt, dass wir die Wartezeit aus dem Arbeitssystem nach vorne zu euch verschieben. Ganz deutlich: Die Wartezeit wäre eh aufgetreten. Ob sie nun bei euch oder in der Warteschlange vor Dr. Schmidts Abteilung auftritt, ist irrelevant. Jetzt haben wir sogar noch mehr Optionalität: Wir können noch umentscheiden!“

Jetzt nickt auch Jessica. Sie stimmt zu: „Auch wenn ich es rational verstehe, fühlt es sich trotzdem doof an. Wir hätten die Entscheidung mit treffen müssen!“

Nun nickt Jan und bittet um Entschuldigung. „Das ist mir jetzt auch klar. Ich habe die Dynamik unterschätzt“, gibt er zu.

„Und außerdem habe ich so ziemlich alle Prinzipien für Veränderungsmanagement in der Kanban-Methode ignoriert. Mal von den Werten dahinter ganz zu schweigen“, denkt er.

* * *

Rudolf schnaubt: „Na, dann haben wir ja jetzt auch Zeit, um das den Kunden gut zu vermitteln. Die haben wir nämlich dabei nicht berücksichtigt!“

Sebastian hakt ein: „Das wiederum finde ich relativ einfach. Wir wissen doch, dass ihnen Qualität wichtig ist. Da müssen wir ganz ehrlich sein und die Karten auf den Tisch legen. Ich schlage vor, dass wir uns da noch mal später abstimmen. Aber ich stelle mir eine Kommunikationslinie entlang des Credos vor: ‚Wir machen jetzt erst einmal fertig, was ihr uns bis jetzt aufgetragen habt. Und das ordentlich! Sollte etwas nicht mehr wertstiftend sein, sagt Bescheid, dann brechen wir es ab“, zeichnet er ein Bild in die Luft. Er verweist auch noch einmal auf die höhere Optionalität als starken Punkt für die Kunden.

„Mmh, verstehe“, grummelt Rudolf. „Glaubst du, das nehmen sie uns ab?“

Sebastian nickt. „Ich denke schon. Verletzlichkeit fördert Vertrauen. Wir legen unsere eigenen Fehler offen und ehrlich dar. Das werden sie uns abkaufen – falls wir es wirklich ehrlich meinen. Das hat Jan uns eben vorgemacht: Er hat offen zu seinem Fehler gestanden. Seien wir ehrlich. Natürlich macht jeder von uns Fehler. Insbesondere in so menschlichen Themen.“

„Du bist der Kommunikationsexperte hier“, sagt Jessica. „Aber was ist mit deinen beiden Tickets?“, fragt sie Sebastian und Jan zu gleichen Teilen. „Ich meine, ich hätte auch noch ein bisschen was.“

Sebastian stellt seine beiden Tickets vor. Er schließt mit den Worten: „Naja, und wie gesagt, wenn wir das nicht durchbekommen, haben wir echt Geld und Vertrauen das Klo runtergespült. Ich habe mich ziemlich auf die Vorhersagen von Jan verlassen."

Jan nimmt Sebastians unterschwelligen Vorwurf auf: „Was ich verstehen kann. Ich möchte euch aber noch ein Detail offenlegen, das ich bis jetzt verschwiegen habe. Es bringt etwas mehr Variabilität in unsere Bearbeitung, als wir brauchen können. Unter den gegebenen Umständen, ergibt es aber Sinn, das zu aktivieren. Wir, Andrea, ihr Team, meine Abteilung und ich, haben die Möglichkeit offengehalten, Mitarbeiter für Expedite- und Fixed-Date-Tickets frei zu halten. Die beiden Serviceklassen sind also nicht von den Staus betroffen."

Jessica seufzt auf. „Dann ist ja wohl klar, dass meine Tickets wirklich nicht durchkommen."

In Sebastians Augen blitzt Hoffnung auf und auch in Rudolf scheint Engagement zu keimen: „Dann ist ja wohl klar, dass wir deine beiden Tickets da durchschleusen! Vorausgesetzt, sie sind so wichtig, wie du sagst."

Sebastian lacht: „Ihr dürft mich nackt über den Flur scheuchen, wenn dem nicht so ist."

„Das will doch niemand sehen!", lachen die anderen. Jan ist froh über jede Entspannung und sieht Sebastian dankbar an.

„Jetzt mal ehrlich. Ich kann es euch gerne in Zahlen belegen", fügt Sebastian hinzu, als sie sich wieder eingekriegt haben.

„Ich glaube, nach der hervorragenden Zusammenarbeit der letzten Wochen benötige ich das nicht mehr", sagt Jessica und Rudolf stimmt ihr zu.

Jan bremst den Enthusiasmus ein wenig: „Wie gesagt, bringt das etwas mehr Variabilität in unseren Prozess. Ich kann euch nicht genau sagen, um wie viel länger der Stau dann dauern wird."

„Wenn es weitergeht, informierst du uns? Und zwischendurch", stellt Rudolf fest.

„Na klar. Spätestens in drei Wochen haben wir auch ein übergreifendes Meeting. Das sogenannte Operations-Review. Da gebe ich auf jeden Fall einen detaillierten Bericht über unseren Fortschritt."

„So lange soll das dauern?", will Jessica wissen.

Jan wiegt den Kopf. „Ich kann es euch heute noch nicht genau sagen. Ich rechne mit ein bisschen weniger. Aber in der Warteschlange hat sich richtig viel angesammelt. All das, was euch die Kunden an den Kopf werfen. All das, worauf sie warten. Das bekommen sie jetzt geliefert! Und bitte nagelt mich nicht auf die drei Wochen fest!"

„Hast du auch gehört, dass wir ihn darauf festnageln sollen?", fragt Jessica Rudolf spaßeshalber sofort. Dieser nickt eifrig. Jan fasst sich an den Kopf und tut so, als bekäme er Kopfschmerzen. Die beiden anderen lachen.

Jan will die Situation, in der der Input deutlich abgesenkt ist, nicht ungenutzt verstreichen lassen. Er weist darauf hin, dass in den letzten Wochen wenige der Tickets wirklich bereit für die Bearbeitung waren. In einem kleinen Risk-Review in seiner Abteilung haben sie festgestellt, dass immer noch immer wieder Informationen fehlen. Die Abhängigkeit führt zu langem gegenseitigen Warten und langen Durchlaufzeiten.

„Wie wäre es denn, wenn wir mal ansehen, wie der Arbeitsfluss der Tickets ist, bevor sie in dieses Commitment-Meeting hier reinkommen. Ich habe das Gefühl, dass wir da ein paar Sachen verbessern könnten."

Rudolf will es genauer wissen: „Was genau meinst du jetzt? Arbeiten meine Leute nicht richtig? Wir haben doch mal vereinbart, dass ihr ein Startdatum herausgebt. Wir halten dann jemanden bereit, der Fragen beantworten kann."

Jan will vermeiden, dass nach Schuldigen gesucht wird. „Nein, das will ich nicht sagen. Ich habe aber das Gefühl, dass wir ein unterschiedliches Verständnis davon haben, was es bedeutet, bereit zur Bearbeitung zu sein. Oder zumindest meine Mitarbeiter und deine. Und auf die anderen Abteilungen trifft das auch zu. Naja, und bevor wir immer weitere Optionen mit unseren Kunden akquirieren, sollten wir vielleicht die Bestehenden erst einmal so weit bekommen, dass sie auch ausgeübt werden können."

„Sprich mal bitte Klartext, Jan!", fordert Sebastian ihn auf.

„Okay. Ich möchte euch das Angebot machen, dass ich mit euch gemeinsam ein sogenanntes Upstream-Kanban-System aufbaue. Also das, was wir bei Dr. Schmidt und mir machen – nur eben bei euch. Mit einem anderen Fokus."

Die drei sehen ihn verdutzt an. „Was meinst du mit dem anderen Fokus?"

„Der Fokus des Kanban-Systems hinter unserem Commitment-Punkt ist eine schnelle, qualitativ hochwertige Lieferung der Dienstleistung. Es geht also darum, Dinge richtig und schnell zu bearbeiten. Vor dem Commitment-Punkt hingegen sollte der Fokus darauf liegen, die richtigen Dinge zu selektieren. Da habe ich euch bereits ein bisschen durch die Limitierung unserer Eingangsspalte gezwungen. Ich glaube, wenn wir da ein Kanban-System mit WIP-Limitierung hinlegen, werden wir das noch verbessern können. Darüber hinaus sollten die Tickets am Commitment-Punkt genau in so einem Zustand sein, dass sie auch schnell und hochwertig geliefert werden können."

„Ich frage mich, ob wir auch einen eigenen Commitment-Punkt haben. Und ob der vielleicht in der Kommunikation mit unseren Kunden liegt", sinniert Rudolf.

„Gute Frage!", sagt Jan. „Das sollten wir auf jeden Fall klären. Und wenn nicht, können wir wohl flexibler mit den Kundenanforderungen umgehen, als wir das momentan glauben."

Die drei Stakeholder nicken.

„Das klingt wie eine gute Idee", findet Jessica. „Wann fangen wir an?"

„Ich habe es auf meinem persönlichen Kanban-Board als Option aufgeführt. Und wir können es als Nächstes ziehen. Ich habe die Kapazität dafür momentan", erklärt Jan.

Sebastian schnaubt kurz auf. „Bei allem Respekt, Jan. Das ist schon ganz schön nerdig", sagt er mit einem verschmitzten Grinsen.

Jan lacht verlegen. „Ja, das stimmt. Aber das Personal-Kanban hilft mir, mich nicht in Details und unwichtigen Dingen zu verfangen. Ich erbringe ja auch eine Dienstleistung – möglichst schnell und qualitativ hochwertig."

„Dass es bei der Fokussierung hilft, kann ich bestätigen – aus eigener Erfahrung!", springt Rudolf ihm unterstützend zur Seite. „Ich habe mir neulich auch ein Board im Büro aufgehängt."

„Lasst uns die Bearbeitung der Tickets vor dem Commitment noch weiter professionalisieren!", fordert Jan und die drei stimmen zu. „Terminlich müsstet ihr ja jetzt auch ein bisschen Freiraum haben – ihr könnt ja nichts Neues in den Commitment-Punkt reinstopfen", merkt er heiter an.

Jessica spielt eine kurze Empörung, holt dann aber ihr Handy heraus, um einen Termin abzustimmen. Die anderen tun es ihr gleich und kurz danach sind sie verabredet: Ein Designtermin für das Upstream-Board steht.

„Ich bringe alles Notwendige mit. Ich freue mich drauf!", verabschiedet Jan die drei, als sie das Treffen beenden.

Beim Losgehen denkt er noch, dass er sich da noch mal genauer schlaumachen muss, was es mit diesen Upstream-Boards und Kanban-Systemen eigentlich auf sich hat. Der Kanban-Kosmos hält wohl neben den paar Praktiken und Prinzipien noch ziemlich viel bereit, was man lernen kann.

zwölf

Drei Wochen sind vergangen. Wie eingeladen sind alle gekommen: Andrea, Jessica, Rudolf, Sebastian und auch Michael. Jan hat seine Kollegen gebeten, dass einige ihrer Mitarbeiter teilnehmen. Auch sie sind anwesend.

Zufrieden blickt Jan in die Runde. „Schön, dass ihr gekommen seid!", begrüßt er sie und gibt den Rahmen für das Treffen vor: „Herzlich willkommen zum Operations-Review. Wie bereits in der Mail geschrieben, sind wir heute hier, um die Leistung des Gesamtsystems zu beurteilen und Veränderungen am System zu beschließen. Die folgenden zwei Stunden werden so verlaufen: Jeder von euch präsentiert die Zahlen, um die ich euch gebeten habe. Insbesondere von der Kundenseite ist das natürlich interessant." Er wirft einen Blick zu Rudolf und Jessica, die kurz nicken. „Darüber hinaus werden wir dann über Abhängigkeiten und abhängige Effekte sprechen. Also die Querverbindungen zwischen den einzelnen erbrachten Dienstleistungen und wie wir das Gesamtsystem verbessern können. Ein Hinweis: Das hier ist ein Meeting, das ab nun monatlich stattfinden wird. Ich bin heute mal der Moderator. Normalerweise würde Michael das machen. Er hat mich aber gebeten, das heute zu übernehmen, damit er mitdiskutieren kann. Er wird mich aber bei Notwendigkeit unterstützen."

Auch Michael nickt und sagt dann: „Ich muss auch ehrlich gestehen, dass ich mit den Kanban-Systemen noch nicht so viel Erfahrung habe wie ihr. Auch deswegen ziehe ich es vor, das von Jan moderieren zu lassen."

„Ich habe das Ganze auch noch mal aufgeschrieben", sagt Jan. Er holt ein Flipchart von der Seite des Raums und stellt es neben sich auf. Darauf hat er eine Übersicht geschrieben:

Operations-Review

Zweck:	Verbesserung des Gesamtsystems
Moderator:	Verantwortlicher fur das Gesamtsystem
Teilnehmer:	Leiter der Dienstleistungsabteilungen und Anforderungsabteilung, Repräsentanten aus den Abteilungen, Kundenrepräsentanten, Bereichs- und Geschäftsleitung.
Häufigkeit:	1x pro Monat
Umfang:	Alle Kanban-Systeme, die zur Erbringung der Dienstleistung notwendig sind.
Dauer:	Maximal 2 Stunden

„Einen Punkt muss ich noch loswerden“, fügt Jan hinzu. „Ich weiß, es ist nicht immer einfach, sich von Schuldzuweisungen zu lösen. Ich möchte euch aber dazu ermuntern, ein bisschen weiter zu denken. Die Losung dieses Meetings muss sein: Was können wir gemeinsam verändern, damit es für Peaches & Co und seine Kunden besser wird. Ich erinnere an das dritte Prinzip der Serviceorientierung der Kanban-Methode.“

„Entwickle die Regeln, um die Ergebnisse für die Kunden und das Unternehmen zu verbessern?“, kommt es bei Sebastian wie aus der Pistole geschossen.

Jan lächelt fröhlich. Seine Abteilungsleiterkollegen haben riesige Schritte gemacht, seitdem er mit ihnen einen Workshop gemacht hat. Gemeinsam haben sie Designs für die verschiedenen Teile des Upstream-Systems erarbeitet. Schnell kommt er zurück zum Operations-Review: „Ja, genau! Die Weiterentwicklung der Regeln geht aber nur mit regelmäßiger Reflexion über das Gesamtsystem. Also lasst uns anfangen. Wer beginnt?“

„Ich glaube, wir haben die größte Veränderung hingelegt!“, sagt Andrea und steht auf. „Deswegen setze ich gleich mal das Benchmark für alle anderen und fange an.“ Sie grinst und beginnt, über die Länge der Warteschlangen zu erzählen, die sich in den letzten drei Wochen deutlich reduziert haben. Sie erklärt anhand eines Diagramms die aktuellen Durchlaufzeiten und die Historie dieser Zeiten. Deutlich zu sehen ist, dass diese Zeiten massiv gesunken sind. Andrea hebt auch hervor, dass der Durchsatz weiter gestiegen ist.

„Seitdem wir zum einen die Unterstützung von einem Teil von Jans Mitarbeitern hatten und die restlichen Kollegen den Slack in die Schaffung von Qualitätssystemen investiert haben, sind wir deutlich schneller. Hier seht ihr noch eine Metrik, die zeigt, wie auch die Menge an gefundenen Fehlern massiv sinkt." Sie betont: „Und das ist nicht so, weil wir unseren Qualitätsstandard gesenkt haben!" Sie muss grinsen, denn keiner der anwesenden Kollegen hätte das auch nur annähernd vermutet.

„Ganz im Gegenteil!", fährt sie fort. „Wir haben es sogar geschafft, qualitativ besser zu werden. Ich bin mir sicher, dass das unsere Kunden honorieren." Sie blickt zu Michael, der etwas überrascht den Daumen hebt.

„Kannst du deine Ergebnisse noch mal ganz kurz zusammenfassen?", bittet Jan sie.

„Na klar. Also wir sind schneller geworden, haben unsere Puffer reduziert, die Qualität verbessert und warten jetzt auf neue Arbeit! Insgesamt liegt unsere Fähigkeit, Tickets abzuarbeiten, etwas über der Last, die aktuell bei uns anliegt. Wir könnten also mehr verkraften! Als wichtigste Info, gerade für die drei Kollegen auf der Anforderungsseite: Wir haben den Stau durch Zusammenarbeit mit Jans Abteilung vollständig abgebaut. Wir können also wieder neue Arbeit akzeptieren."

Jan lacht. „Prägnant und einigermaßen kurz. Danke sehr."

Die Kollegen nicken anerkennend. Besonders Jessica und Rudolf sind erfreut, dass sie nun endlich wieder neue Dinge starten werden können. Andrea setzt sich stolz wieder auf ihren Platz.

„Es kommt mir vor, als wäre es sinnvoll, wenn ich dann weitermache", sagt Jan und tritt nach vorne. Auch er hat Diagramme zu Durchlaufzeiten und Durchsatz mitgebracht. Er spricht viel über die einzelnen Maßnahmen, die sie getroffen haben, um den Fluss systemisch zu verbessern. Er berichtet über die systematische Änderung, die für Tickets mit Abhängigkeit zu Arno eingeführt wurde. Auch dass Arno seine Zeit mittlerweile auf zwei Tage aufgeteilt hat, fordert die Geschwindigkeit der Abteilung weiter. Sie sind hierdurch verlässlicher geworden.

Jan erläutert noch an einem Bild der Systemauslastung, wo sich welche Warteschlangen befinden und wie sie diese durch aktives Management reduziert haben.

Seine Zusammenfassung der letzten Wochen lautet: „Wir hatten eine recht lange Zeit, in der wir viel Slack hatten. Da musste sich das Gesamtsystem erst einschwingen. Mittlerweile sind die Durchlaufzeiten bei uns recht stabil und vorhersagbar. Das gilt für alle Serviceklassen. Wir haben die Menge an Schätzungen reduziert. Wir haben sie zum einen durch einfachere Schätzungen ersetzt und zum anderen mit Messwerten aus unserem Kanban-System. Das ist der positive Teil. Aus der aktuellen Kapazität heraus ergibt sich allerdings, dass sich unser Durchsatz immer noch unter dem bewegt, was Andreas Abteilung aktuell zu leisten fähig ist. Und auch unter dem, was unsere drei Abteilungen auf der Anforderungsseite bräuchten."

„Und das habt ihr immer noch nicht in den Griff bekommen?", will Michael wissen. „Könnt ihr nicht mal ein bisschen mehr in die Tasten hauen?"

Sebastian – von dem Jan das nie erwartet hätte – springt seinem Abteilungsleiterkollegen bei: „Michael, wir müssen ganz klar sagen: Endlich sehen wir hier mal, wie es denn wirklich ausschaut. Wir haben bereits bei Andrea sehen können, wie die Durchlaufzeit sinkt, wenn die Kollegen vorher mal ein bisschen auf die Qualität achten. Ich persönlich kann mit halbherzig fertiggestellten Tickets nichts anfangen. Und vor allem muss ich dann ewig darauf warten, wenn die unter Zeitdruck durchgeprügelt wurden. Das hätte ich früher als sehr unintuitiv empfunden. Aber wir können es eindeutig mit den Metriken belegen. Darf ich dich – insbesondere auch mal in deiner Rolle als zukünftiger Moderator dieses Meetings – darauf hinweisen, dass wir uns hier auf die Prozessregeln konzentrieren, die das Gesamtsystem orchestrieren? Also hör bitte auf mit den Schuldzuweisungen. Hast du vielleicht einen direkten Verbesserungsvorschlag für diese Situation? Vielleicht einen, der das System verändert?"

Michael blickt ihn erstaunt an. Im Raum herrscht Stille.

Dann, langsam regt sich Michael: „Nein. Habe ich nicht."

Jan merkt, dass dieser Konflikt nicht vorbei ist. Er kann aber Michael auch gerade nicht helfen, sein Gesicht zu wahren. Deswegen bittet er: „Lasst uns da gleich noch mal drüber sprechen. Ich bin mir sicher, dass wir hier eine Lösung finden können."

Er wirft einen kurzen Blick in die Runde. Die meisten blicken betreten zu Boden.

„Ihr habt die Zusammenfassung unserer Dienstleistung gehört. Wer macht weiter? Rudolf? Jessica?"

Sebastian steht auf. „Ich würde gerne weitermachen."

Jan nickt ihm zu und Sebastian tritt nach vorne.

„Jan hat uns vor knapp drei Wochen erst einmal geholfen, ein Upstream-Kanban-System aufzubauen. Wir haben also noch bei weitem nicht die Daten, die Andrea und er präsentieren konnten. Was ich allerdings präsentieren kann, ist hier zum einen die Discard-Rate. Das ist die Menge der Tickets, die wir weggeworfen haben." Mit einem Seitenblick zu Michael sagt er: „Bevor jetzt jemand mosert, es hat zwei gute Gründe, dass wir Dinge weggeworfen haben. Der offensichtlichere Grund ist, dass keine Kapazität dafür zur Verfügung stand. Das wäre aber zu kurz gegriffen. Ich habe zusammen mit meinen Mitarbeitern mal analysiert, was uns wirklichen Nutzen generiert und was nicht. Das zusammen mit der Kapazität, die uns zur Verfügung stand, ergibt ein klares Bild." Er wirft eine Folie an die Wand. „Klar wird hier, dass die meisten der Dinge, die wir weggeworfen haben, keinen Nutzen generiert hätten. Es sind ein paar noch auf unserem Board, die bald mal den Sprung schaffen müssten in den nächsten Service. Ich bin also total daran interessiert, den Durchsatz von Jans Dienstleistung zu steigern", sagt er wieder in Michaels Richtung, der kurz nickt.

„Ich kann es noch nicht quantitativ beurteilen, aber ich habe das Gefühl, dass wir aktuell sogar noch etwas mehr Kapazität in die Ausarbeitung der Optionen stecken könnten. Damit würden die Kollegen weiter hinten auch noch ein bisschen entlastet werden. Das kann ich aber noch nicht genau belegen und würde gerne in einem Monat noch einmal darüber sprechen."

„Kannst du das noch mal kurz zusammenfassen, Sebastian?", bittet Jan ihn.

„Natürlich. Wir haben durch die Blockade ziemlich viele Dinge kritisch betrachtet und einen nicht unerheblichen Teil weggeworfen. Wir haben weiterhin einen Bedarf von fünf bis sechs Tickets pro Woche."

Jan steht auf, dankt ihm und sieht Jessica an. „Machst du weiter?"

Jessica und Rudolf stehen gemeinsam auf und Michael blickt sie verwundert an. Jan kann sich ein Grinsen nicht verkneifen.

„Wir haben schon während des System-Design-Workshops gemerkt, dass wir viele Gemeinsamkeiten im Arbeitsfluss haben", erklärt Jessica.

„Also haben wir uns das mal ein bisschen genauer angesehen", ergänzt Rudolf, „Und wir haben entdeckt, dass auch die Fähigkeiten unserer Mitarbeiter sehr ähnlich sind. Bisher haben wir uns immer im Commitment-Meeting um die Kapazitäten geprügelt, um möglichst viel durchzubekommen. Jeder für sich, meine ich."

„Wobei du immer der Gutmütigere warst!", merkt Jessica an.

Rudolf lächelt und sagt: „Ja, naja, so bin ich halt." Auch Jan und ein paar andere müssen grinsen, weil sie Rudolf auch anders kennen.

Er macht eine Pause und fährt fort, als die Teilnehmer des Reviews ihn wieder konzentriert ansehen. „Wir haben dann mal gemeinsam geschaut, welche Kunden wir wie betreuen. Da haben wir gemerkt, dass wir viele Konflikte um Kapazitäten schon bei uns auflösen können. Es gibt da Synergieeffekte, die wir für die Kunden nutzen können."

Er sieht kurz in seine Papiere und knüpft an Sebastians Erfahrungen an: „Auch wir haben relativ hohe Wegwerfraten. Wir fangen die Dinge jetzt halt nicht mehr sofort an. Genau wie der Kollege aus dem Marketing vorhin erwähnt hat."

„Und unsere Kunden", er rollt mit den Augen, „entscheiden sich ja sowieso ständig um. Warum lassen wir ihnen also nicht einfach die Optionalität? Das hilft uns, weil wir nicht überschwemmt werden. Und es hilft ihnen, weil sie so den Wert maximieren können."

Jessica fügt hinzu: „Trotz alledem sind auch wir beide daran interessiert, einen höheren Durchsatz zu erzielen!" Die Teilnehmer der Runde nicken.

„Okay. Danke!“, sagt Jan. „Könnt ihr auch noch etwas zum Kundenfeedback sagen?“

Jessica antwortet: „Ja, können wir. Aber ist das hier das richtige Meeting dafür?“

Sebastian mischt sich auch ein: „Ja, ich dachte auch, da wäre ein Strategy-Review der richtige Ort für!“

„Danke, dass ihr das explizit macht. Ihr habt beide absolut Recht“, stimmt Jan ihnen zu. Er möchte trotzdem den Kundenfokus noch einmal in das Meeting bringen und erklärt deshalb: „Leider haben wir dieses Meeting noch nicht. Und ich glaube, das hier wäre die Runde, in der wir es im Zweifel diskutieren. Insofern, als Vorbereitung für ein solches Review unserer Strategie, wäre ich um ein paar Informationen dankbar.“

Jessica nickt und berichtet: „Das Feedback der Kunden ist ganz gut. Zumindest bei denen, mit denen ich gesprochen habe.“ Sie sieht zu Rudolf hinüber, der ihre Aussage bestätigt. Auch seine Kunden scheinen sich nicht gegensätzlich zu äußern. So fährt sie fort: „Natürlich ist es absolut nicht überragend. Nicht so, wie wir es haben wollen. Aber nach den letzten Monaten ist es für unsere Kunden schon mal ein Lichtblick, dass wir endlich mal das abliefern, was wir ihnen zugesagt haben. Sebastian, deine Kommunikationsstrategie ist voll aufgegangen!“

Der Abteilungsleiter des Marketings nickt zufrieden und streckt kurz den Daumen in die Höhe.

„Auch qualitativ hat sich ja einiges getan“, setzt Jessica ihren Bericht fort. „Auch das kommt gut bei unseren Kunden an. Unsere Fehler-Last ist deutlich heruntergegangen. Zumindest bezüglich neu gelieferter Dinge.“

Nun kann Jan zustimmen: „Hier sollten wir bald auch bei unserem Durchsatz eine Verbesserung sehen! Das heißt, unser Durchsatz von wirklich werthaltigen Tickets sollte tatsächlich hoch gehen.“

Er blickt zu Michael, der kaum merkbar zeigt, dass er es gehört hat.

Rudolf wendet sich an seine Kollegin: „Kannst du noch über den letzten Punkt etwas berichten? Der geht ja in eine ähnliche Richtung.“

„Ja, auf jeden Fall. Danke für den Hinweis, Rudolf“, nimmt Jessica den Faden wieder auf. Sie erklärt: „In den meisten unserer Gespräche mit den Kunden ist es für die Kunden erst einmal irritierend, dass wir mit ihnen über die Werthaftigkeit ihrer Anforderungen diskutieren wollen. Aber sie sehen auch die Kosten, die mit der Bearbeitung entstehen. Ich habe viele anstrengende Diskussionen gehabt in den letzten Wochen. Aber aus den meisten ist etwas Positives herausgekommen. Die Kunden sehen, dass wir ihre Zeit nicht verschwenden wollen. Das wäre es dann auch von mir.“

Jessica setzt sich wieder und nachdem Rudolf sich bei ihr bedankt hat, leitet er zur Verbesserung über: „Lasst uns jetzt mal darüber sprechen, wie wir schneller werden können.“

Er tritt ans Whiteboard und malt die Prozesskette auf. Er schreibt dazu den durchschnittlichen Durchsatz pro Woche und tritt dann zurück.

„Also, ganz klar, da ist ein Engpass", erklärt Rudolf das Offensichtliche.

Es herrscht leises Grübeln im Raum, bis sich endlich Claudia meldet. Jan hat sie als Repräsentantin seiner Abteilung in die Runde gebeten.

„Wenn Dr. Schmidts Abteilung so viel schneller ist als wir, haben die ja ziemlich viel Slack. Würde es da nicht Sinn ergeben, wenn wir die Konstellation der letzten Wochen mal umdrehen?"

„Was meinst du?", will Jan wissen. „Sollen die erst mal wieder einen ordentlichen Puffer generieren?"

Claudia schüttelt energisch den Kopf. „Nein, das wäre doch Quatsch! Ich will doch keine großen Batches erzeugen." Sie sieht in den Gesichtern einiger Teilnehmer Unverständnis und erklärt: „Mit Batches meine ich die Menge der Tickets, die gleichzeitig transferiert werden. Diese Menge sollten wir klein halten, damit der Fluss der Arbeit gut bleibt und nicht schwankt."

Sie geht noch einmal auf ihren Vorschlag ein: „Es geht mir darum, dass Kollegen der Qualitätssicherung bei uns mithelfen, wenn sie Kapazität haben. Selbst wenn wir dadurch nur wenige Prozente beim Durchsatz gewinnen, kommt dadurch mehr durch das System. Aktuell sind ja wohl wir der limitierende Faktor für den Durchsatz."

Andrea meldet sich und Jan gibt ihr das Wort. „Ich finde das gar keine schlechte Idee. Ich habe sogar einen Mitarbeiter, der generell fit ist, um bei euch mitzuarbeiten. Der könnte helfen, die Schnittstelle zwischen den beiden Abteilungen deutlich glatter zu machen. Der Übergang ist ja immer etwas holperig, wenn ich das richtig verstanden habe."

Claudia und Andreas Mitarbeiter nicken zustimmend.

Jan gibt noch einen Hinweis: „Wir können ja sowieso nicht sagen, ob es wirklich besser wird. Das können wir nur ausprobieren. Obwohl ich eine hohe Wahrscheinlichkeit sehe, dass sich da etwas bewegt."

Wieder nicken seine Kollegen.

„Wollen wir das so ausprobieren? Wenn in Andreas Team Kapazität frei ist, kommt jemand in unser Kanban-Meeting und unterstützt den Flow."

Die Teilnehmer des Operations-Reviews stimmen ab und der Vorschlag wird angenommen.

Jan hat selbst auch noch eine Idee: „Bei uns im Service-Delivery-Review hat sich noch ergeben: Wir haben relativ lange Wartezeiten, wenn wir auf Antworten auf Rückfragen in eure Abteilungen warten." Er deutet auf die drei Kollegen von der Anforderungsseite.

„Ich habe so eine Idee, dass wir den WIP senken könnten, wenn die Antworten schneller kämen. Es ist schon ziemlich lange her, fast schon eine Ewigkeit!

Jedenfalls habe ich mal mit Rudolf vereinbart, dass seine Mitarbeiter auf Abruf zur Verfügung stehen, wenn wir ein Ticket neu beginnen. Jetzt sind die Zeiten, bis wir das Ticket anfangen, schon deutlich geringer geworden, allein schon durch das Upstream-Kanban-System und die Pull-Regeln für die Eingangsspalte. Könnt ihr uns so etwas vielleicht zur Verfügung stellen? Ihr wisst ja, welche Tickets als Nächstes bearbeitet werden und wer die Fragen dazu am sinnvollsten beantworten kann."

Jessica und Rudolf unterhalten sich und zeigen Unterstützung für diesen Vorschlag. Rudolfs Mitarbeiter sind es ja schon gewohnt.

Sebastian wiegt seinen Kopf hin und her. Leider kann er es nicht garantieren: „Wir können es versuchen. Ich bin auch noch nicht überzeugt, dass uns das etwas bringt."

Jan schlägt vor: „Im Grunde können wir das schon jetzt mit Daten belegen. Aber wir können darüber auch noch eine Metrik führen, wie der Unterschied zwischen Tickets mit und ohne Betreuung ist. Zumindest bis zum nächsten Operations-Review."

„Das klingt gut. Das würden wir auch gerne machen", wirft Jessica ein.

Sebastian sagt: „Für vier Wochen können wir das zumindest für einige Tickets bereitstellen. Wir haben ja selbst auch noch ein bisschen Arbeit!" Er lacht.

„Gut, das sind zwei Änderungen, die wir implementieren. Das klingt gut. Ich bin gespannt auf die Auswirkungen. Gibt es weitere Anmerkungen?", will Jan wissen.

„Ja", meldet sich Michael. „Ich muss um Entschuldigung bitten."

Er spricht nach langer Zeit zum ersten Mal wieder. „Wie ich sehe, habt ihr hier eine kooperative Verbesserung gestaltet. Experimentelle Entwicklung des Gesamtsystems ist mir zwar etwas fremd. Aber ich kann sehen, dass es zu guten Ergebnissen führen kann. Und endlich, endlich sehe ich Bewegung und so etwas wie Veränderungswillen." Er sieht Jan an und nickt anerkennend. „Ich hätte nicht gedacht, dass du das schaffst. Aber ich bin wirklich positiv überrascht über die Ergebnisse. Ich weiß, dass es noch richtig haarig wird in dieser Firma. Mit den Veränderungen, die du erzielen konntest, kann ich mir vorstellen, dass wir am anderen Ende gut rauskommen. Danke dafür!" Er geht zu Jan hinüber und schüttelt ihm die Hand.

An die anderen gerichtet sagt er: „Wir haben noch einen langen Weg vor uns. Ich selbst offensichtlich auch! An meinen Moderations- und insbesondere den Selbstbeherrschungsfähigkeiten muss ich wohl noch feilen. Aber bitte, erst einmal einen Applaus für Jan!"

Jan fühlt sich, als hätte er diesen Applaus nicht verdient und sagt: „Danke euch. Im Grunde seid ihr diejenigen, die es mit mir umsetzen. Insofern muss ich den Applaus auch an euch zurückgeben." Er stimmt mit ein.

Als der Applaus abgeebbt ist, sagt Jan: „Einen Ausblick würde ich gerne noch geben. Wir haben hier eine einzelne Wertschöpfungskette in diesem Operations-Review. Ich weiß genau, dass da noch weitere existieren und wir alle in Wechselbeziehungen mit ihnen stehen. Alleine in meiner Abteilung haben noch drei bis vier Abhängigkeiten zu externen Dienstleistern und anderen Abteilungen. Die möchte ich auch gerne noch hier in dieses Meeting mit reinnehmen. Dann bekommen wir die zwei Stunden auf jeden Fall noch voll. Aber vor allem bekommen wir das Gesamtsystem inklusive der verschiedenen Ein- und Ausgänge wirklich mal in einen Verbesserungsmodus." Er pausiert kurz und denkt an das dritte Prinzip für Veränderungsmanagement der Kanban-Methode: Fördere Führungsverhalten auf allen Ebenen der Organisation.

Er schließt das Meeting mit den Worten: „Michael hat es eben schon gesagt. Es liegt ein langer Weg vor uns. Jeder von uns ist gefordert, den mitzugestalten. Ich stehe jedem von euch gerne zur Seite. Und ich bin mir sicher, jeder andere Kollege auch. Vielen Dank für eure Teilnahme."

dreizehn

Als Jan nach dem Operations-Review zurück in sein Büro kommt, geht er zu seinem Personal-Kanban-Board. Das Ticket „Operations-Review“ ist bereit, weitergezogen zu werden. Es befindet sich gerade nichts in „Evaluieren“, sodass Jan es weiterzieht. Er überlegt, wie die Evaluation am besten aussieht. Natürlich hätte er mit den Teilnehmern am Ende des Meetings über den Nutzen reflektieren können. Dafür war es jetzt wohl zu spät.

„Wahrscheinlich müssen wir erst einmal ein paar dieser Meetings durchführen, damit wir sehen, ob es uns etwas bringt“, denkt er. Er bewegt das Ticket in einen Parkplatzzustand auf seinem Board. Daneben schreibt er, wann er die Reflexion anstoßen will. So muss er sich in der Zwischenzeit nicht damit beschäftigen.

Mit einem guten Gefühl sieht er über sein Board. Er wird mit den Kollegen demnächst über weitere Risk-Reviews sprechen müssen. Das Ticket steht in seiner Liste ganz weit oben. Für heute will er sich auch nichts Neues ziehen. Er blickt auf die Uhr. Es ist kurz vor fünf. Er könnte jetzt auch seine Frau anrufen. Jetzt, im frühen Sommer, kann man am Abend schon gut draußen sitzen und so lädt er sie in ein Café am Fluss ein. Anja ist begeistert; sie verabreden sich für 17:30 Uhr.

* * *

Auf dem Weg nach draußen kommt er am Kanban-Board seiner Abteilung vorbei. Davor stehen Claudia, Peter und der Mitarbeiter, über den Andrea beim Operations-Review gesprochen hat. Jan bleibt kurz stehen und hört dem Gespräch zu.

„Ja, mmh. Wenn du jetzt Kapazität hast, dann guck doch mal hier!“ Claudia zeigt dem Kollegen ein Ticket. „Da arbeitet Jens dran. Ich glaube, der hat heute morgen im Kanban-Meeting gesagt, dass er da erhöhten Testaufwand sieht. Vielleicht gehst du mal zu ihm und sprichst das mit ihm durch? Eventuell könnt ihr da ja schon gemeinsam etwas machen!?“

Sie blickt Jan an und fragt dann: „Machen wir was falsch? Das muss doch nicht bis morgen zum Kanban-Meeting warten, oder?“

Jan schüttelt den Kopf: „Nein, absolut nicht. Ich war nur interessiert! Macht mal weiter. Ihr bekommt das hin."

Er verabschiedet sich und geht stolz zur Tür hinaus. Vor einigen Monaten hätten sie es ihm wahrscheinlich noch nicht einmal gesagt, falls sie mal keine Arbeit gehabt hätten. Was für eine angenehme, sicherheitsgebende Veränderung.

* * *

Anja wartet vor der Tür des Cafés auf ihn. Sie ist nicht nur von seinem Vorschlag des Treffpunkts begeistert gewesen, sie freut sich auch besonders, ihn zu sehen. Gemeinsam bestellen sie an der Theke etwas zu trinken und suchen sich einen Platz in der Sonne. Kurz genießen sie in Ruhe die Wärme und den Blick auf den Fluss.

Mike begrüßt die beiden. Er ist Mitarbeiter des Cafés und bringt ihnen ihre Getränke. „Schön, euch endlich mal wieder zu sehen! Na, Jan? Viel um die Ohren gehabt? Ich habe dich ja lange nicht hier gesehen!"

„Ihr macht ja immer so früh zu", entgegnet Jan und lacht. Dann gibt er zu: „Aber du hast total Recht. Es war ganz schön viel in den letzten Monaten."

Mike lächelt ihnen zu und hebt im Fortgehen die Hand. Er ruft ihnen noch zu: „Ihr zwei! Ich würde gerne mit euch plauschen, aber guckt euch mal um. Hier ist gerade richtig viel los! Aber is' toll!" Dann kümmert er sich schon um die Nächsten, die durch die Tür gekommen sind, und zeigt ihnen einen freien Platz.

„Wie schön", freut sich Anja und hält Jan ihr Glas zum Anstoßen hin. Jan lässt seinen Weißwein sachte gegen ihr Glas klingen und nimmt einen genussvollen Schluck. Er lehnt sich zurück und denkt noch einmal an die letzten Wochen und Monate. Wie die Zeit vergangen ist und wie viel sich bewegt hat!

„Woran denkst du?", will Anja wissen.

„Ach, nix."

Sie grinst.

„Na gut. Ich habe gerade über meine Arbeit nachgedacht. Über die Kanban-Implementierung." Er kratzt sich verlegen am Kopf. „Tut mir leid. Keine Arbeit jetzt, oder?"

„Lass mal raus, Jan. Ich bin schon ganz gespannt, wie dein Operations-Review lief!" Anja rückt sich auf ihrem Stuhl zurecht und neigt sich zu ihm herüber.

Sie strahlt ihn an und er beginnt: „Na gut, da lasse ich mich nicht zweimal bitten. Ich fand es ziemlich gut!"

Jan erzählt ihr kurz über den Verlauf des Meetings und insbesondere auch über die Spannung mit Michael. Er erwähnt, dass das endgültige Review dieses Meetings natürlich mit den anderen passieren muss und er es erst in zwei bis drei Monaten einplant.

„Natürlich. Das ergibt Sinn!“, nickt Anja. „Mich interessiert auch total, wie dein Resümee bezüglich der gesamten Methode ist. Und der Einführung. Wie war das alles?“

„Mmh. Gut?“

Sie lacht laut auf. „Okay. Ich sehe, ich muss es dir ein bisschen aus der Nase ziehen.“ Sie blickt kurz auf den Fluss und denkt nach. Als sie sich ihm wieder zuwendet, fragt sie: „Was hast du als besonders herausfordernd erlebt in den letzten Monaten?“

„Oh je! Die Meetings!“, platzt es aus Jan heraus. „Was wo wann passiert, finde ich unglaublich verwirrend. Ich habe mir alles notiert, aber ich muss immer wieder überlegen: Welches ist das angemessene Meeting, um eine bestimmte Diskussion zu führen. Die Namen dazu finde ich auch ein wenig kryptisch gewählt.“

Anja stimmt ihm zu: „Das kann ich verstehen. Ich finde, die Namen ergeben schon Sinn, wenn man tiefer hineintaucht. Aber die Sprache wird natürlich nicht tagtäglich benutzt. War noch etwas daran schwierig?“

Er nickt und berichtet: „Der Ablauf der Meetings. Da findet sich ziemlich wenig in der Literatur. Ich verstehe, dass das auch ganz stark kontextabhängig ist. Aber ein paar Leitlinien wären schon toll.“

Auch hier kann Anja zustimmen. „Okay. Abgesehen von den Meetings, war noch etwas schwierig?“

Jan muss überlegen und erzählt dann: „Ich fand es nicht immer leicht, mit einem generellen Einverständnis zu arbeiten. Manchmal wäre es erstmal einfacher, eine Sache einfach durchzusetzen. Oder zumindest ist es scheinbar einfacher. Dass dann Widerstand entsteht, ist mir mittlerweile klar. Aber immer und immer wieder Verständnis zu zeigen und das Einverständnis einzuholen, hat mich schon manchmal zermürbt. Es war anstrengend.“

Er macht eine kurze Pause und spricht dann weiter: „Verständnis ist ein guter Punkt. Ich glaube, ich fand es teilweise schwierig, eine systemische Denkweise anzunehmen. Dass Sebastian nicht aus purem Egoismus oder aus Selbstliebe heraus so agiert, wie er das manchmal tut, zum Beispiel. Sondern dass da das System drum herum ganz große Auswirkungen auf die Menschen hat. Und ihn und alle anderen unter Druck setzt. Da so eine Kultur des *No-Blamings* zu etablieren, ist hart. Und ich fand es auch schwierig, nicht selbst in die Falle zu tapsen und Schuld zuzuweisen. Gerade der letzte Aspekt hat uns an keinem Punkt weitergebracht. Selbst, wenn wir jemanden bestrafen wollten! Immer wenn ich dann gedacht habe, dass wir ja nach vorne blicken sollten, ist mir klar geworden: Da will ich doch niemanden verlieren. Insbesondere weil wir nur unsere Rachegelüste befriedigen wollten.“

Er reibt sich nachdenklich über die Schläfe und Anja blickt ihn fragend an. Dann lächelt er und sagt: „Ja, aber das war’s so in etwa mit dem Schwierigen.“

„Das freut mich“, antwortet sie und stellt gleich die nächste Frage: „Was hat dich überrascht bei der Einführung?“

Nach einem kurzen Nachdenken listet Jan drei Punkte auf: „Erstens hat mich die Kooperationsbereitschaft total überrascht. Wie hilfsbereit und kooperativ die Menschen werden, wenn man ihnen Experimente anbietet. Zwei Sicherheiten musste ich ihnen geben. Sie können zum Status quo zurück und sie sollen mitentscheiden, wie es weitergeht. Da haben meine Mitarbeiter und auch die Kollegen teilweise unbequeme Dinge auf sich genommen. Ich muss gerade an Claudia am Anfang denken. Die hatte so gar keine Lust auf dieses Kanban-Board.“ Er lacht kurz und erinnert sich, wie sie sich zunächst gewehrt hatte.

„Zweitens hat mich überrascht, wie die meisten doch überzeugt sind, dass sie schon das Richtige für die Firma tun. Michael hat mit seinen Denkweisen viel kaputt gemacht – mit den besten Intentionen! Und mein Vorgänger Andrew hat mit seiner Ressourceneffizienz auch gedacht, er senkt die Kosten zum Wohle der Firma. Zum Glück kann man da drauf aufbauen. Also nicht auf der Ressourceneffizienz, sondern darauf, dass sich alle an einem Wert für die Firma orientieren.“

Jan trinkt einen Schluck Wein und druckst etwas herum.

„Na? Kommt da noch etwas?“, will seine Frau wissen.

„Ja. Ich weiß nur nicht, ob ich das Dritte überraschend oder schockierend finde. Und ob ich mich da selbst herausnehmen darf.“

„Erzähl mal!“

„Ich war überrascht, wie wenig Ahnung beispielsweise Michael hatte. Gerade, was das gesamte Thema Führung angeht. Jemand, der Chef so vieler Abteilungen ist, sollte doch besser ausgebildet sein, oder?“

Anja sieht ihn lange an und nickt dann. Sie stimmt ihm zu: „Man würde sich erhoffen, dass das so ist. Das ist definitiv ein Thema für die Zukunft. Die Paradigmen von früher gelten nicht mehr uneingeschränkt. Aber ich glaube, du darfst dich da nicht ausnehmen.“

Jan nickt langsam. Er weiß, dass sie Recht hat.

„Du warst vor ein paar Wochen nämlich auch noch ziemlich planlos. Erinnere dich mal! Ich gebe dir total Recht: Führung muss gelernt sein. Und Kanban-Systeme und so weiter sind zumindest in der Dienstleistung ein wichtiger Punkt für das Management von Arbeit. Aber man muss es eben lernen. Das ist wohl das Wichtigste für Führungskräfte – das kontinuierliche Lernen über die Führung.“

Jan nickt und beide schweigen.

Nach ein paar Minuten sagt Anja: „Das fühlte sich jetzt voll nach einem Downer an. Dabei war es so gar nicht gemeint. Da liegt ja ganz viel Potenzial drin!“ Sie grinst. „Und um die Situation mal wieder ein bisschen aufzulockern: Welche der Meetings waren denn hilfreich?“

Jan zieht die Augenbrauen hoch. „Lass mich mal überlegen." Er geht die Meetings der letzten Wochen im Kopf durch. „Mmh. Mir fällt erstaunlicherweise erst einmal keines ein, das ich nicht hilfreich fand. Das ist ja schon mal erfreulich."

Anja stimmt ihm zu und Jan denkt weiter nach. Dann kommt er zu seinem Schluss: „Also ehrlich gesagt, fand ich alle hilfreich. Wir haben bis jetzt noch kein Strategy-Review gemacht. Die Risk-Reviews sind auch arg kurz geraten. Aber generell ist es so, dass alle Meetings ihre Daseinsberechtigung haben. Vielleicht könnten wir hier und da noch mal am Format oder Inhalt nachschärfen. Und ganz besonders am Namen! Aber im Großen und Ganzen bin ich über jedes von ihnen glücklich!"

„Das klingt gut. Und das ist auch meine Erfahrung. Wir schaffen eigentlich in jedem dieser Treffen einen Wert. Entweder treffen wir Entscheidungen bezüglich des Business oder wir optimieren unser Arbeitssystem. Da kenne ich ganz andere Meetings."

„Ja. Ich auch", stimmt er kopfschüttelnd zu.

„Gab es irgendetwas, was besonders hilfreich war bei dieser Implementierung?", lenkt Anja das Gespräch auf das nächste Thema.

„Na klar. Meine Frau!", erwidert Jan sofort.

Sie winkt lachend ab, aber Jan bleibt dabei: „Ganz ehrlich. Ohne dich hätte ich das nicht geschafft. Du hast mich damals auf das Thema gebracht. Warst geduldig und hast mir viel erklärt. Aber du hast mich auch ziemlich viel selbst forschen lassen."

Anja lächelt. Sie nimmt den Dank gerne entgegen: „Es freut mich, dass ich so unterstützen konnte. Dabei habe ich ja gar nicht so viel geholfen. War nicht Tim auch noch für dich da?"

„Ja, stimmt, er hat immer ein offenes Ohr gehabt. Bei dem muss ich mich auch bei Gelegenheit mal bedanken. Ich kann also zusammenfassen: Deine Impulse, fachlich wie motivierend, und Tims Verfügbarkeit als Sparringspartner waren hilfreich. Ohne diese beiden Sachen wäre es nicht so einfach gewesen."

Anja wirft ein: „Ich habe auch das Gefühl, dass es bei euch ja eigentlich fast schon optimal gelaufen ist. Eigentlich waren alle kooperationsbereit, es hat nirgendwo größere Probleme gegeben. Du hast auch ziemlich viel intuitiv richtig gemacht. Das war damals bei uns anders, als wir die Kanban-Methode eingesetzt haben. Wir haben da ja erst einmal die Kanban-Boards komisch aufgesetzt."

Anja grübelt: „Eines der Kanban-Systeme war ungünstig aufgesetzt und da hat die Umsetzung der Methode Widerstand erzeugt. Das lag aber nicht so sehr an der Methode als vielmehr an unserer fehlenden Kompetenz."

Natürlich will Jan wissen, wie sie das damals gelöst haben.

Sie erzählt: „Wir haben uns irgendwann einen Coach dazu geholt. Sie hat mit uns theoretische Grundlagen besprochen, ein paar Meetings und Workshops gemacht und uns noch mal auf den richtigen Weg gebracht. Als wir das grundlegende Verständnis klar hatten, ging es dann bei uns in etwa wie bei euch weiter."

Jan denkt nach. Dann fragt er: „Kann es sein, dass dieser Coach für euch Tims und deine Rolle gespielt hat?"

„Wie meinst du? Ach, ich glaube, ich verstehe. Lernimpulse, fachliches und methodisches Wissen und dann das Sparring? Ja. Das kann sehr gut sein. Natürlich hat sie uns noch viel, viel mehr an die Hand genommen, als ich das bei dir machen konnte. Sie hat auch diese initialen Meetings moderiert, mit den einzelnen Teamleitern gearbeitet, Erwartungen geklärt, Metriken besprochen, Daten analysiert oder zumindest dabei geholfen. Ich würde sagen, wir haben da von ihr eine massive Druckbetankung bekommen, was Theorie und Praxis angeht."

„So etwas hätte ich mir definitiv auch gewünscht, hier und da. Nicht immer nur darauf zu warten, dass wir beide so ein Thema mal wieder besprechen können."

„Sie war gar nicht ständig da!", merkt Anja an. „Nee. Eher sporadisch. Aber eben zu den richtigen Zeitpunkten. Und dann haben wir sehr intensiv mit ihr gearbeitet. Viele, viele Workshops hat sie mit uns gemacht. Und wir waren dann natürlich meistens auch gut vorbereitet. Wir wollten die Zeit ja auch nutzen, in der sie da war."

„Klingt gut", kommentiert Jan und starrt gedankenvoll in sein Glas, in dem sich die Sonnenstrahlen fangen.

„Schließen wir unser Resümee ab?", schlägt Anja vor.

„Ja. Gerne. Wie denn?"

„Ich würde sagen, wir wagen noch einen kleinen Ausblick. Was steht als Nächstes an? Mit welchen Themen willst du dich beschäftigen?"

„Also als nächste Tasks habe ich auf meinem Board", beginnt ihr Mann seinen Ausblick.

Anja unterbricht ihn: „Danach! Was steht an größeren Themen an?"

„Ach so! Mmh. Da muss ich kurz nachdenken. Ich habe über ein paar interessante Dinge gelesen. Da gibt es das ganze Thema Upstream-Kanban. Ich würde gerne mehr darüber lernen, wie wir mit unseren Kunden zusammen besser Optionen generieren und selektieren können. Das wäre auf der einen Seite, vor dem Commitment-Punkt. Auf der anderen Seite bereitet mir die Vorhersagbarkeit ein bisschen Kopfschmerzen. Wir haben ja noch ein paar Abhängigkeiten – neben Arno, wohlgemerkt. Da haben wir externe Dienstleister drin, die mal mehr, mal weniger schnell sind. Ich habe gelesen, dass wir an dieser Stelle mit Simulationen arbeiten könnten."

„Ja. Spannend! Und außerdem? Irgendwie hört es sich an, als sei da noch ein weiteres Thema versteckt."

„Ja, du hast Recht. Ich würde gerne die Menge an Serviceklassen kritisch hinterfragen. Die schädigen ja den Fluss der Arbeit immer ein wenig. Mal gucken, wie wir da zu einem besseren Flow kommen."

„Das klingt ziemlich gut. Wenn du Fragen hast", grinst Anja, „lass sie bitte im Büro und bring sie nicht mit nach Hause!"

Jan muss lachen. Die beiden haben in letzter Zeit zu Hause wirklich viel über seine Arbeit gesprochen. Dankbar für die Möglichkeit nickt er seiner Frau zu.

Sie macht ihm aber noch ein Angebot: „Aber im Ernst: Ich kann dir gerne mal die Kontaktdaten unseres Coaches zukommen lassen. Sie kennt sich damit bestimmt aus oder kann dir weitere Kontakte geben."

„Das wäre gut. Aber für momentan habe ich noch genug zu tun. Ich frage, wenn es so weit ist."

„Ja. Pull die Information, wenn du sie brauchst", lacht Anja und winkt Mike zu, damit er ihnen noch eine Runde bringt.

Anhang

Die Kanban-Methode ist durch wenige Prinzipien und Praktiken definiert. Trotzdem ist sie schwierig zu implementieren, denn konkrete Anleitungen gibt es kaum. Zwar treten bei einer richtigen Implementierung deutlich weniger Widerstände auf, aber wie Sie schon in diesem Buch gemerkt haben: Die Management-Methode wirklich im eigenen Unternehmen umzusetzen, ist nicht trivial.

Diese kurze Zusammenfassung basiert, wie der Rest des Buchs auch, auf meinen Erfahrungen bei Kunden, Gesprächen und Berichten innerhalb der Kanban-Community und den Büchern [And 2011], [AndCar 2016] und meiner Übersetzung von [Bur 2015].

1. Die Prinzipien der Methode

Prinzipien stellen Grundsätze dar. Die Kanban-Methode hat dabei zwei Untermengen von Grundsätze. Die eine Menge beschreibt, wie Veränderung grundsätzlich nach “Kanban-Manier” betrieben werden soll: mit Respekt, Verständnis, Einverständnis und Führungsverhalten aller Beteiligten. Es sind die Prinzipien für Veränderungsmanagement, die von Anfang an explizit erwähnt wurden.

Die zweite Menge enthält das Ziel unserer Veränderung und den Fokus auf die systemische Veränderung: die Dienstleistungsprinzipien.

Dienstleistungsprinzipien

Unter den Dienstleistungsprinzipien wurden die Prinzipien festgehalten, die als Grundlage für die Anwendung der Methode im Dienstleistungssektor dienen. Sie lenken den Fokus auf die Erbringung einer Dienstleistung, statt ihn auf das alte Management-Paradigma zu legen, Menschen zu managen. Diese Prinzipien lauten:

1. Verstehe und fokussiere dich auf die Bedürfnisse und Erwartungen deiner Kunden.
2. Manage die Arbeit, lasse die Menschen sich um die Arbeit herum selbstorganisieren.
3. Entwickle die geltenden Regeln, um die Ergebnisse für die Kunden und die Organisation zu verbessern.

Prinzipien für das Veränderungsmanagement

David Anderson, der Gründungsvater der Kanban-Methode, zitiert beim Veränderungsmanagement immer wieder gerne Bruce Lee, den sinoamerikanischen Kampfkünstler und Schauspieler. Er zitiert Lees Worte: „Sei wie Wasser!" [Anderson, 2013].

Insbesondere meint Anderson damit, dass Widerstand nicht durchbrochen werden sollte. Vielmehr sollten wir vermeiden, dass er aufkommt. Falls er trotzdem auftritt, sollten wir ihn umfließen. Nicht ignorieren, sondern vielmehr müssen wir Wege finden, mit dem Widerstand zum Ziel zu kommen. Der Widerstand entsteht aus unserem Menschsein. „Sei wie Wasser!" akzeptiert also diesen menschlichen Zustand von sozialer, psychologischer Prägung. Es lässt uns nach Möglichkeiten suchen, andere Wege zu gehen. Auf diesen Wegen schleifen wir vielleicht Steine rund, so dass der Widerstand mit der Zeit sinkt. Aber der Grundsatz sagt, dass wir ihn nicht von Anfang an direkt konfrontieren.

Die Prinzipien für Veränderungsmanagement der Kanban-Methode lauten:

1. Beginne mit dem, was du gerade tust,
   - und verstehe die Prozesse, so wie sie gerade gelebt werden,
   - und respektiere bestehende Rollen, Job-Titel und Verantwortlichkeiten.
2. Schaffe eine Übereinkunft, dass Verbesserung durch evolutionäre Veränderung verfolgt werden soll.
3. Fördere Führungsverhalten auf allen Ebenen – vom einzelnen Mitarbeiter bis zur Organisationsleistung.

Die ersten beiden Prinzipien sind darauf ausgelegt, dass wir Widerstände nicht aufkommen lassen beziehungsweise sie umgehen. Sie sind durch die Werte Respekt, Verständnis und Einverständnis geprägt.

Das dritte Prinzip kann man als den Motor der Methode ansehen. Wir werden keine Verbesserung erzielen können, wenn sich niemand zu handeln traut. Wir müssen dazu ermutigen, dass Missstände ausgesprochen werden. Wir müssen ermutigend einfordern, dass sie behoben werden. Das kann aber nicht nur auf einer Ebene im Unternehmen geschehen.

Egal, welches Problemfeld wir bearbeiten: Es hat Angriffspunkte auf den verschiedenen Unternehmensebenen. Hier ist jeder Einzelne gefordert, Verbesserung zu erzielen. Wenn wir eine Organisation haben wollen, die sich kontinuierlich weiterentwickelt, müssen wir zum Handeln ermutigen: jeden nach seinen Kompetenzen und Fähigkeiten.

2. Generelle und spezifische Praktiken

Die Kanban-Methode wird heutzutage hauptsächlich auf Dienstleistungen angewendet. Nichtsdestotrotz ließe sie sich womöglich auch in anderen Sektoren der Wirtschaft anwenden. Die Praktiken sind aus diesem Grund einmal spezifisch für Dienstleistungen formuliert und einmal generell. Das sollte nicht darüber hinwegtäuschen, dass auch bei den spezifischen Praktiken immer noch riesige Räume zur Interpretation und Veränderung für die eigene Situation vorhanden sind.

Die generellen Praktiken

1. Visualisiere
2. Limitiere die Menge paralleler Arbeit
3. Manage den Fluss der Arbeit
4. Mache Prozessregeln explizit
5. Implementiere Feedback-Zyklen
6. Erziele Verbesserung kooperativ, entwickle experimentell (mit Modellen und der wissenschaftlichen Methode)

Die spezifischen Praktiken für Dienstleistungen

Die spezifischen Praktiken für Dienstleistungen gehen von einem Dienstleistungsorientierungs-Paradigma aus. Sie setzen quasi eine gewisse Sicht der Dinge voraus. Dieses Paradigma enthält unter anderem, dass kreative Arbeit und Wissensarbeit inhärent dienstleistungsorientiert geschieht. Wenn wir das für unsere Arbeit akzeptiert haben, können wir weitere Grundlagen legen:

Eine Dienstleistung hat einen Auftraggeber, der sowohl die Dienstleistung beauftragt als auch das Resultat entgegennimmt oder zumindest zur Kenntnis nimmt, dass es erbracht wurde.

Eine Dienstleistung besteht häufig aus einem Workflow, der sich aus einer Serie von Arbeitsschritten zusammensetzt.

Das Paradigma bestimmt dann auch die relevanten, spezifischen Praktiken. Sie lauten:

1. Visualisiere die Workflows der Dienstleistungen
2. Implementiere virtuelle Kanban-Systeme
3. Manage den Fluss der Arbeit in den Workflows und zwischen ihnen
4. Mache explizit, wie Entscheidungen getroffen und wie Risiken gehandhabt werden und welche Grenzen das Empowerment Einzelner hat
5. Implementiere die Kanban-Kadenzen
6. Erziele Verbesserung kooperativ, entwickle experimentell (verwende Modelle wie die Warteschlangentheorie, Engpasstheorie, Quellen für Verzögerungen, Optionen-Theorie und Transaktions- und Koordinationskosten)

* * *

Wie gesagt, die spezifischen Praktiken sind klarer in den Anforderungen, aber sie lassen sehr viel Raum für Interpretation. Lassen Sie sich nicht davon abschrecken. Sie haben in diesem Roman schon viele Interpretationsmöglichkeiten der einzelnen Praktiken gelesen. Im Internet werden Sie weitere Quellen finden, die Hilfestellung beispielsweise zur Visualisierung von Dienstleistungs-Workflows oder zur Verwendung der Metriken und Diagramme geben.

* * *

Ganz besonders die Kanban-Kadenzen sind ein wichtiger Punkt in diesem Buch, weil sie das organisatorische Rahmenwerk für die Managementmethode bilden. Sie machen es möglich, dass an den richtigen Orten mit den richtigen Personen über die richtigen Probleme gesprochen werden. Damit Sie nicht wie Jan von den vielen Meetings verwirrt werden, gebe ich Ihnen noch eine kurze Übersicht:

- *Menge zur Erbringung der Dienstleistung*
  - Commitment-Meeting: Auffüllen des Systems, gegenseitige Zusage über Arbeitsinhalte
  - Kanban-Meeting: Managen des Flusses der Arbeit, Koordination der Mitarbeiter
  - Delivery-Planning: Planung der Lieferinhalte, insbesondere bei regelmäßigen Lieferungen statt kontinuierlicher Lieferung der Ergebnisse
- *Menge zur Verbesserung der Dienstleistung*
  - Service-Delivery-Review: Reflexion über das einzelne Kanban-System
  - Risk-Review: Begutachtung und Beurteilung von auftretenden Risiken, Entwicklung von Strategien zum Umgang
  - Operations-Review: Reflexion über das Gesamtsystem, Abstimmung von systemischen Veränderungen, Veränderung von Regeln der Zusammenarbeit
  - Strategy-Review: Review der Kundenbedürfnisse und der Lieferfähigkeit, Adaption der Dienstleistung an den Markt

Literatur

[Ada 2017] *Adams, Douglas:* Per Anhalter durch die Galaxis; 3. Auflage, Kein & Aber, Zürich 2017

[And 2011] *Anderson, David:* Kanban: Evolutionäres Change Management für IT-Organisationen. dpunkt.verlag, Heidelberg 2011

[And 2013] *Anderson, David:* Kanban and Evolutionary Management. Keynote bei der Lean Kanban Central Europe 2013; *https://www.lkce13.com/videos/anderson/*

[AndCar 2016] *Anderson, David; Carmichael, Andy:* Essential Kanban condensed. Lean Kanban University Press, Seattle, 2016; leankanban.com/guide

[AndZhe 2017] *Anderson, David; Zheglov, Alexei:* Fit for Purpose: How Modern Businesses Find, Satisfy, Keep Customers. Blue Hole Press; 2017

[Bur 2015] *Burrows, Mike:* Kanban. dpunkt.verlag, Heidelberg 2015

[Gold 2013] *Goldratt, Eliyahu M.:* Das Ziel: Ein Roman über Prozessoptimierung. Campus, Frankfurt 2013